中文社会科学引文索引（CSSCI）来源集刊

主办：中南大学法学院

ECONOMIC

经济法论丛

LAW

2021年第1卷（总第37卷）

REVIEW

名誉主编·漆多俊
执行主编·王红霞

法律出版社
LAW PRESS·CHINA

经济法论丛

投稿邮箱：elr1998@163.com

联系电话：0731-88660273

通信地址：湖南长沙麓山南路605号中南大学南校区法学院302室

邮政编码：410012

卷　首　语

2021年是中国共产党成立100周年，也是“十四五”规划和2035年远景目标的开局之年。随着法治中国建设持续取得实质性新进展，全面建设社会主义现代化国家也开启了新征程。新时代充满了新机遇和新挑战，也向经济法学研究提出了更多新命题。

本卷《经济法论丛》由市场规制法、金融财税法、经济法实施、相关研究及域外法制5个栏目13篇佳作组成。

“市场规制法”专栏发表了3篇具有突出问题意识的好文。兰磊教授《干预定价自主权与垄断行为之关系辨析：以转售价格维持为切入点》一文揭示并批驳了实践中从干预定价自主权来推导出垄断的错误逻辑，厘清了自主定价权的公权属性，并强调反垄断执法机关考察转售价格维持时应回归到竞争损害分析上来。翟巍教授《社会公共服务视野下行政垄断行为之厘定、识别与规制》一文聚焦社会公共服务领域高频发生的行政垄断，指出其与公权力机关实施的合法社会保障行为的高度形似与实质差别，建议在审慎甄别的基础上，建构横跨多部门法的社会公共服务领域行政垄断行为的统合规制机制。平台垄断是2020年迄今经济法领域最热门的话题之一。李丹博士《平台企业的垄断行为规制研究》一文不仅强调反垄断法应顺应平台经济发展规律、有效规制平台垄断，而且针对如何优化“相关市场界定—市场优势分析—具体行为认定”规则逐一提出了具体的务实主张。

“金融财税法”专栏的文章充分呈现科际整合的研究特色。张凯教授《金融科技风险治理：监管挑战与治理路径》一文深入挖掘了金融科技风险的基本内涵、衍生机理与传导路径，从技术短板、法律“瓶颈”、监管盲区等方面揭示了金融科技风险的监管困境，并提出有针对性的治理对策。管斌教授等《海南自由贸易港建设的金融法治创新——一个空间视角》一文针对海南自由贸易港金融资源分布不合理、非均衡状态，融合性地运用了戴维·哈维的空间理论，从立法、行政、司法三个方面开展观察，并提出了制度集成创新的具体举措。此外，还收录了博士生彭程《个人所得税制中专项附加扣除权的证成与展开——将纳税人置于家庭婚姻的场域中考量》、张旭《减税降费政策:基于收益分配权的法律解析》两篇新锐文章。

本卷特别设立了"经济法实施"专栏。谈萧教授《经济公法视角下行业处罚的类型构造》一文关注"行业处罚"这一既往被忽视的重要议题,提出了行业组织可以设置的处罚类型及其实践中的表现形态与作用机制,明确了行业处罚措施设置时所应遵循的若干原理。陶鹏远《经济法司法审判中公共政策的引入与创制》一文洞悉了不同公共政策导向所引发的同案异判,对经济法司法审判中引入公共政策的正当性和方式进行了剖析,并揭示了其本质,文中诸多见解饶富启发意义。

破产法虽然从部门法意义上被划归为商法,但其中的诸多制度与经济法关系密切。大规模侵权事件往往伴随债务人企业的财务危机。在此情形下,如何有效保护未来侵权债权人利益成为重要议题。博士生谢肇煌《破产重整框架下的大规模侵权损害赔偿基金》一文以实用主义为导向,提出了在破产重整框架下设立以侵权债权人为受益人的信托基金新思路。博士范志勇《从社会共识到法治价值共识的破产联动》一文关注到重大突发公卫事件中社会共识的生成及其所促成的破产联动,对如何利用危机的契机功能推动制度变革开展了建设性的分析。

2020 年年底,日本通过了《工人合作社法》,张德峰教授迅速组织力量对全文进行了翻译,为相关研究提供了重要素材。该译文连同李胜利教授翻译的韩国《法规中反竞争因素评估指南》一同收录于本卷"域外法制"专栏。

《经济法论丛》自漆多俊教授创办迄今已走过 23 个年头,发表了一大批有重要价值的学术成果,成长为我国经济法学研究的重要阵地,再度入选 CSSCI 来源集刊。衷心感谢国内外专家学者的大力支持和诚挚帮助。《经济法论丛》唯愿在学界同仁的共同关心和见证下,始终秉持学术品格,不断提升专业水准,进一步彰显特色,充分释放影响力,为促进经济法学思想的交流和中国经济法学事业的繁荣发展贡献力量。

王红霞

2021 年 3 月 1 日

目　　录

【域外法制】

CONTENTS

Market Regulation Law

Finance, Taxation and Finance Law

Implementation of Economic Law

Correlational Research

Extraterritorial Rule of Law

【市场规制法】

干预定价自主权与垄断行为之关系辨析：以转售价格维持为切入点*

兰　磊**

摘　要：我国反垄断执法机关存在以转售价格维持（Resale Price Maintenance，RPM）干预经销商定价自主权论证被调查者构成垄断行为，此举混淆了不同法律关系。立法者意图和体系解释均揭示，《价格法》旨在分配定价权，并设定一种私人对抗政府干预自主定价的公权利，而非私人对抗私人的私权利。政府和私人的干预能力差异悬殊，对其作法律规制的必要性和路径亦应不同，不能从公权利推出私权利。价格法在实践中，不曾将定价自主权解释为私权利。即便有此私权利，RPM通常也不构成干预自主定价。鉴于《价格法》与《反垄断法》是两部不同法律，对违法行为设定了不同的构成要件，即便RPM偶尔构成干预自主定价，也不当然违反《反垄断法》。反垄断执法机关考察RPM时应回归《反垄断法》的自身逻辑，关注竞争损害分析。

关键词：反垄断法；法律关系；公权利；私权利；转售价格维持

一、问题的提出：《价格法》与《反垄断法》的论证杂糅

自2008年8月1日《反垄断法》实施以来，我国反垄断执法机关查处了大量转售

---

* 收稿日期：2020年10月14日。

本文为2018年华东政法大学科学研究项目“大数据环境下限制竞争行为规制研究”（编号：18HZK006）的阶段性成果。

** 法学博士，华东政法大学知识产权学院副教授。

价格维持案件。①

众多处罚决定书在论证涉案 RPM 构成《反垄断法》第 14 条②调整的垄断协议时，都将 RPM 侵犯或干预经销商自主定价权或定价自主权(以下统称定价自主权)作为一个重要甚至唯一理由。例如，在“眼镜企业系列 RPM 案”中，国家发展改革委通过官方网站发布新闻公告称，“作为眼镜行业市场规模较大、占据较大市场份额的知名品牌商，涉案企业的上述行为限制了经销商的自主定价权，违反了《反垄断法》第 14 条的相关规定，达成并实施了销售镜片的价格垄断协议……”。③ 在“长安福特案”中，国家市场监管总局认为，“长安福特上述行为剥夺了下游经销商的定价自主权，排除、限制了品牌内的竞争，并实际削弱了品牌间的竞争，损害了相关市场的公平竞争和消费者的合法利益”。④

在“施乐辉案”中，上海市物价局指出：“经营者基于运营成本、利润期望和营销策略等差异，以及与其他竞争者之间竞争的需要，在销售产品时给予不同的价格水平，是市场经济中经营自主权的体现。你公司达成并实施的上述垄断协议，剥夺了经营者的自主定价权。”⑤在“一汽—大众案”中，湖北省物价局认为，“因一汽—大众……组织经销商达成并实施关于服务维修、整车销售价格垄断协议……通过控制价格，剥夺、干预了下游经营者的定价权……”。⑥

在“奔驰案”中，江苏省物价局认为，“这种价格控制，剥夺、干预了下游经销商的自主定价权，排除、限制了奔驰经销商间的价格竞争，弱化了价格信号对资源配置的引导作用，损害了消费者的利益”。⑦ 在“丰田案”中，该局认为，“当事人的行为限制了经销商间的价格竞争，剥夺了经销商自主定价权，使资源无法得到合理配置，侵害了经销商

① 转售价格维持，是指生产商或供应商在将产品出售给分销商或零售商时，对后者向第三人转售时收取之价格设置限制的情形，包括固定转售价格、设置最低转售价格、设置最高转售价格和建议转售价格。参见黄勇、刘燕南：《关于我国反垄断法转售价格维持协议的法律适用问题研究》，载《社会科学》2013 年第 10 期。如无特别指明，RPM 特指前两种类型。

② 《反垄断法》第 14 条规定：“禁止经营者与交易相对人达成下列垄断协议：(一)固定向第三人转售商品的价格；(二)限定向第三人转售商品的最低价格……”

③ 《部分眼镜镜片生产企业维持转售价格行为被依法查处》，载发展与改革委员会新闻中心，http://xwzx.ndrc.gov.cn/xwfb/201405/t20140529_613555.html。

④ 《市场监管总局对长安福特实施纵向垄断协议依法处罚 1.628 亿元》，载国家市场监管总局，http://www.samr.gov.cn/xw/zj/201906/t20190605_302109.html。

⑤ 上海市物价局第 2520160028 号行政处罚决定书。

⑥ 湖北省物价局鄂价检处〔2014〕14 号行政处罚决定书。

⑦ 江苏省物价局〔2014〕苏价反垄断案 2 号行政处罚决定书。

的合法权益”。[①]

还有一些处罚决定书，虽然没有明确使用“定价自主权”的措辞，事实上也依赖这一权利。例如，在“领鲜物流案”和“上汽通用案”中，上海市物价局作了如下完全相同的表述：“本机关认定，当事人的[RPM]行为……剥夺了经销商根据市场竞争状况作出相应价格调整的权利……排除、限制了市场竞争，损害了消费者利益和社会公共利益。”[②]在“VIVO案”中，江苏省物价局认为，“独立的经销商及零售商应当自主经营、独立决策，当事人不应对其销售价格进行干涉”。[③]

前述处罚决定书并没有明确指出“定价自主权”的法律依据。但在我国法律体系中，“定价自主权”之术语出现于1997年《价格法》。该法第11条规定，“经营者进行价格活动，享有下列权利：(一)自主制定属于市场调节的价格”。其他法律中亦有类似表述，含义与之相同。例如，1988年《全民所有制工业企业法》第26条规定，“除国务院规定由物价部门和有关主管部门控制价格的以外，企业有权自行确定产品价格、劳务价格”。1992年《全民所有制工业企业转换经营机制条例》第9条第1款规定，“企业享有产品、劳务定价权”。鉴于《价格法》是具有普适性的价格基本法，可以认为“定价自主权”这一术语的主要法律渊源是《价格法》第11条。

执法官员和机构在其他场景的讨论也印证了这一结论。例如，“裕泰案”二审诉讼过程中，海南省物价局上诉主张：“根据《中华人民共和国价格法》规定经营者享有自主定价权……本案中，裕泰公司通过与经销商达成的价格限制性条款要求经销商按照其制定的价格销售其商品，事实上限制了经销商自主定价的权利，一旦有效实施将影响市场机制的正常运转，阻碍市场在资源配置中决定性作用的发挥。”[④]徐新宇在其博士论文中披露，在“茅台案”[⑤]和“五粮液案”[⑥]中，执法机关处罚两家公司RPM行为的理由有4项，其中第4项是限制经销商定价自主权——“我国的《价格法》规定，经营者享有‘自主制定属于市场调节的价格’的权利。然而，本案中两家公司限定转售价格，导致经销商缺乏自主定价权，这使经销商面临巨大的市场风险，进一步损害经销商的合

---

① 江苏省市场监督管理局苏市监反垄断案〔2019〕1号行政处罚决定书。

② 上海市物价局第2520160027号行政处罚决定书；上海市物价局第2520160030号行政处罚决定书。

③ 江苏省物价局〔2016〕苏价反垄断案1号行政处罚决定书。

④ “海南裕泰科技饲料有限公司诉海南省物价局案”，海南省高级人民法院(2017)琼行终1180号行政判决书。

⑤ 贵州省物价局关于“茅台价格垄断罚款”公告(2013年第1号)。

⑥ 四川省发展和改革委员会川发改价检处〔2013〕1号行政处罚决定书。

法权益。"①

前述实践揭示出一个问题:我们是否可以根据一个行为侵犯《价格法》规定的定价自主权,来判断它违反《反垄断法》?②

执法机关的回答显然是肯定的。在一些案件中,它们径直以涉案RPM干预定价自主权来定性其构成垄断协议,如"眼镜案""施乐辉案"。在另一些案件中,它们虽然将干预经销商定价自主权与排除、限制竞争结合起来表述,但并没有把二者作为彼此独立的要件具体分析,而是由前者直接导出后者,如"长安福特案""奔驰案"。此际,因对竞争损害效果没有具体论证,单纯的竞争损害断言并无实际意义,本质上仍然是依干预定价自主权认定垄断行为。

笔者认为,执法机构的前述分析是错误的,实质是以涉案行为违反《价格法》来证成其同样违反《反垄断法》。此举混淆了不同的法律关系。

二、法律关系类型化是走出《价格法》与《反垄断法》论证杂糅的钥匙

(一)法律关系的基本结构

法律对任何社会关系的调整,都是通过法律规范将社会关系抽象为相应的法律关系,从而纳入法律体系之下。"法律关系是依法形成的具体主体之间的权利和义务联系",③具有相对固定的结构和元素。每个具体法律关系都包含具体的主体、客体和内容,并依据特定的法律规范形成。

法律关系的核心是其内容,即人们之间的权利和义务关系,"法律关系的内容,都表现为权利和义务关系"。④ 但这里的"权利"和"义务"都是广义概念。其中"权利"不但包括狭义的权利,还包括形成权、普通法益以及公权力(职权);"义务"不仅包括法律

---

① 徐新宇:《我国纵向垄断行为的监管框架建构研究》,中国科学技术大学2016年博士学位论文,第70页(公开资料显示,2012年1月~2018年1月其任国家发展改革委价格监督检查与反垄断局反价格垄断调查二处处长)。徐新宇还在该论文第74页披露了国家发展改革委处罚乳粉企业RPM的理由之一是"上述企业的行为侵犯了经销商和零售商的自主定价权"。

② 虽然本文以RPM执法为研究对象,但执法机关的分析逻辑同样适用于其他涉及价格的垄断行为类型,如横向固定价格协议可视为相互干预定价自主权;以迫使竞争对手合作为目的的掠夺性定价(价格战)在效果上会迫使其提价,从而可视为干预其定价自主权;以排斥竞争对手为目的的价格歧视(仅针对其客户基础降价)、捆绑折扣在效果上都会迫使其降价,从而可视为干预其定价自主权。因此,本文的分析具有远超RPM领域的普适意义。

③ 张文显:《法哲学范畴研究》(修订版),中国政法大学出版社2001年版,第106页。

④ 龙卫球:《民法总论》(第2版),中国法制出版社2002年版,第111页。

义务,还包括所谓的容忍义务(屈从)以及公共机关承担的义务(职务)。[①] 法律关系存在于具体的人(组织)之间,其中享有权利者称为权利主体,负担义务者称为义务主体。每个法律关系都指向一定的对象,如物、行为、智力成果、人身要素等,此即法律关系的客体。

因此,每一个法律关系都是独特的,由特定的主体、客体以及作为利益具体表现形态的权利义务关系组成。不同法律关系具有不同的主体、客体、权利、义务的排列组合。其中,最重要的是权利义务之组合,即权义结构。

根据法学理论,权利和义务有第一性和第二性之分。第一性权利和义务是由法律直接规定的权利和义务,或者由法律关系主体依法通过其积极活动设立的权利和义务,如财产所有权、不侵犯他人之义务。第二性权利和义务则是在第一性权利受到侵害后产生的权利和承担的责任。[②] 因而,法律关系呈现"权利—义务—责任"的组合。

(二)公私法二分是法律关系类型化的基础

随着社会生活的复杂化,现代国家的法律体系日益庞杂,各种规范在效果和内容方面均存在巨大差异。它们为不同群体设置不同类型的义务,提供不同程度的保护,运用不同的保护程序机制。因此,对法律规范进行区分就成为首要任务,由此才能确定以不同方式对不同场景提供相应救济。其中,最重要的区分便是公私法二分,因为公法法律关系与私法法律关系具有非常不同的性质,从而要求采用不同的规范技术。正如民法学者王泽鉴指出,"私法以个人自由决定为特征,公法则以强制或拘束为内容;前者强调自主决定,后者须有法律依据及一定的权限"。[③] 对个人自由权利的保障应遵循"有疑义时为自由"的原则;相反,政府必须保障私法制度有效发挥作用的条件,并且仅有正当理由时才可为了更高的价值或公益而为强制或干预。[④]

对于公法与私法的区分标准,学界提出过各种主张,如"利益说""应用说""主体说""性质说""理念说"等。[⑤] 德国学者耶利内克(Georg Jellinek)以法律关系涉及的主体为依据提出的区分标准,具有较强的代表性和实践意义。[⑥] 日本学者美浓部达吉对

---

① 参见张守文:《"权义结构"之经济法分析》,载北大法宝数据库[法宝引证码]:CLI. A. 630098(写作年份 2005 年),PDF 版本第 1 页,http://www. pkulaw. cn/fulltext_form. aspx? Db = art&Gid = 137f5e96a66a7218d91380cf906ed614bdfb;申卫星:《对民事法律关系内容构成的反思》,载《比较法研究》2004 年第 1 期。

② 参见张文显:《法哲学范畴研究》(修订版),中国政法大学出版社 2001 年版,第 319 页。

③ 王泽鉴:《民法总则》,北京大学出版社 2008 年版,第 12 页。

④ 参见王泽鉴:《民法总则》,北京大学出版社 2008 年版,第 12 ~ 13 页;龚柏华:《"法无禁止即可为"的法理与上海自贸区"负面清单"模式》,载《东方法学》2013 年第 6 期。

⑤ 参见龙卫球:《民法总论》(第 2 版),中国法制出版社 2002 年版,第 7 ~ 8 页;王泽鉴:《民法总则》,北京大学出版社 2008 年版,第 10 页。

⑥ 参见龙卫球:《民法总论》(第 2 版),中国法制出版社 2002 年版,第 8 页。

此学说加以完善,将国家局限于作为“公权者”行事的情形,而排除其以准国家地位处于私权关系的情形。其认为,“公法所规律的法主体,最少有一方是国家或是由国家予以国家的公权者,反之,私法所规律的法主体,直接地都是个人或非‘国家公权的主体’的团体,国家只当第二次的(换言之,就是在直接受规律的法主体再没有维持那法的力量,因而得到关系者的保护请求时)才受其规律”。① 学者王泽鉴称此说为“特别法规说”(“新主体说”),并将其概括为:“国家或机关以公权力主体地位作为法律关系的主体者,该适用的法律为公法;该法律对任何人皆可适用者,则为私法。”②

之所以采此标准,是因为国家(包括国家授予公权力的主体,下同)与私人(“非国家公权的主体”)处于不同地位。国家居于统治地位,拥有强力,可强制私人服从其命令;而私人处于受统治的地位,无法与国家的强力直接相对抗。因此,除非法律明确国家放弃强力而自愿与私人处于同等法律地位,否则凡涉及国家的法律关系都属于公法关系,包括国家与私人、国家与其下属部门或公务人员、国家下属部门之间以及国家相互之间的关系,它们均受公法调整。相反,私主体相互之间或者私人团体与其成员之间的关系受私法调整。

公法与私法在实质意义上具有一项重要区别,即公法在初次意义上便依靠公权的命令加以维持,而私法在初次意义上是由私人社会自身力量加以维持和实施的,只有在该等力量不足以维持而求助于国家时,国家才在第二次的意义上提供维持。因此,在私法关系中,(至少在初次意义上)私人并不是对国家承担义务,而是对其他私人承担义务;相反,在公法关系中,义务主体在初次意义上便直接对国家承担义务,或者相反,国家直接对其他主体承担义务。③

(三)法律关系的典型类型

根据公私法二分结构,义务主体可分为两类:私主体和公主体(前者简称私人,后者简称政府)。与义务主体相对应的权益(义务主体可能侵害的利益),亦可大致分为两类:私人利益和公共利益(前者简称私益,后者简称公益)。私益是具体私人享有的利益,公益则是公众所享有的整体性利益。④ 私益的权利主体是私人,公益的权利主体

---

① [日]美浓部达吉:《公法与私法》,黄冯明译,中国政法大学出版社2003年版,第36页。

② 王泽鉴:《民法总则》,北京大学出版社2008年版,第10页。

③ 参见[日]美浓部达吉:《公法与私法》,黄冯明译,中国政法大学出版社2003年版,第34~35页。

④ 公益是一个高度抽象的一般性概念,一般认为它是指“不确定的多数人的利益”,并且内容也具有不确定性,“公益内容的不确定性,既表现为利益内容的不确定性,也表现为受益对象的不确定性”。参见刘丹:《公共利益的法律解读与界定》,载《行政法学研究》2005年第2期。另参见胡鸿高:《论公共利益的法律界定——从要素解释的路径》,载《中国法学》2008年第4期。

是公众。

通过权益主体与义务主体的划分和组合,我们可以得出4种典型的权义结构,它们分别对应4种不同的权益类型:(1)私人对抗其他私人之权益(私权利),此际私人承担不侵犯他人私益之义务,否则承担民事责任;①(2)公众对抗私人之权益(公权力),此际私人承担不侵犯公益之义务,否则承担行政/刑事等公法责任;②(3)公众对抗政府之权益(公权力),此际政府承担不侵犯公益之义务,否则承担行政/刑事/宪法等公法责任;③(4)私人对抗政府之权益(公权利),此际政府承担不侵犯私益之义务,如宪法规定的人身权、财产权,否则将被提起行政复议、行政诉讼,并进而承担各种行政/刑事责任甚至宪法责任。私人享有的这种对抗政府的权利,一方面,由私人享有,属私人的权利;另一方面,由公法规范直接作出规定,又属于公法赋予之权利,因此称为"公权利"。④ 我们将前述4类权义结构类型分别标注为图式[1]、图式[2]、图式[3]、图式[4](见表1)。

---

① 例如,《民法典》第3条规定,"民事主体的人身权利、财产权利以及其他合法权益受法律保护,任何组织或者个人不得侵犯";第1165条规定,"行为人因过错侵害他人民事权益造成损害的,应当承担侵权责任"。

② 例如,《未成年人保护法》(2020年修订)第50条规定,"禁止制作、复制、出版、发布、传播含有宣扬淫秽、色情、暴力、邪教、迷信、赌博、引诱自杀、恐怖主义、分裂主义、极端主义等危害未成年人身心健康内容的图书、报刊、电影、广播电视节目、舞台艺术作品、音像制品、电子出版物和网络信息等"。该法第121条规定违反第50条规定的行为义务者,"由新闻出版、广播电视、电影、网信等部门按照职责分工责令限期改正,给予警告,没收违法所得,可以并处十万元以下罚款;拒不改正或者情节严重的,责令暂停相关业务、停产停业或者吊销营业执照、吊销相关许可证,违法所得一百万元以上的,并处违法所得一倍以上十倍以下的罚款,没有违法所得或者违法所得不足一百万元的,并处十万元以上一百万元以下罚款"。

③ 例如,《反垄断法》第五章具体规定了禁止公权力从事的行政垄断行为;第51条第1款规定,"行政机关和法律、法规授权的具有管理公共事务职能的组织滥用行政权力,实施排除、限制竞争行为的,由上级机关责令改正;对直接负责的主管人员和其他直接责任人员依法给予处分"。

④ "公权利"又称为"主观公权利",是指"公法赋予个人为实现其权益而要求国家为或者不为特定行为的权能"。[德]毛雷尔:《行政法学总论》,高家伟译,法律出版社2000年版,第152页。"主观"一词是由德语以"Recht"同时表示权利和法两种含义的特有现象引发的。为了区分表示权利和法,德国法学界通常以"Recht"前加上前缀"subjektive"表示权利,直译为"主观权利",以"objektive Recht"表示法,直译为"客观法"。尽管中文中以"权利"和"法"即可以表示这两个词的区分,但习惯上仍然译作"主观权利"和"客观法"。我国最高人民法院在引进这一理论时保留了"主观权利"和"客观法"的表述。参见"刘某明诉张家港市人民政府行政复议案",最高人民法院(2017)最高法行申169号再审行政裁定书。本文中"主观公权利"和"公权利"通用。

表1　权义结构的典型类型

权益类型		权益人	
		私人	公众
义务人	私人	私权利[1]	公权力[2]
	政府	公权利[4]	公权力[3]

注:方括号内的编号是权义结构的类型,并对应4种法律关系类型的图式编号。

从表1可以看出,私人对抗他人的法律关系(私人权利)包括两方面:既包括私人主体在私法上的权利(私权利,类型[1]),也包括私人主体在公法上的权利(公权利,类型[4])。公众对抗他人的法律关系(公权力)也包括两个方面,一方面是国家代表公众规制私人活动的职权(类型[2]),另一方面是对国家为公众谋求利益之活动的规制权(类型[3])。

表1仅呈现了第一性权利和义务的组合。如果加入法律规范和第二性义务这两个要素,我们可以将上述4种权义结构类型更加丰富地呈现为4种典型的法律关系结构类型(见图1)。

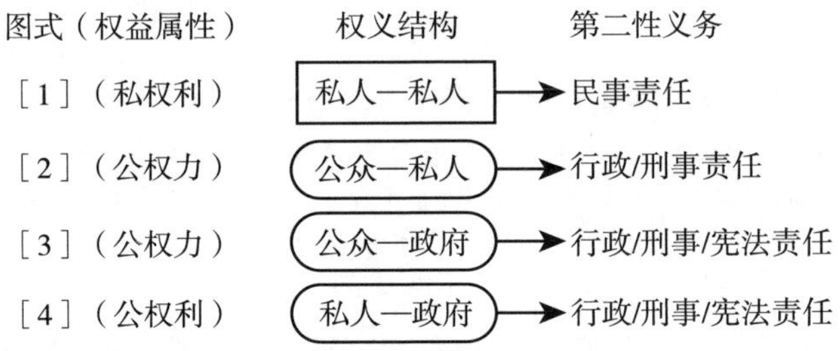

图1　法律关系结构的典型类型

注:以直角长方形表示私法规范,以圆角长方形表示公法规范;权义关系中横线左侧表示权益人,右侧表示义务人。

表1与图1共同反映出,不同法律关系的结构存在巨大差异。不同性质的法律规范即便采用同一权利(或权益)名称,也需要格外注意,因为不同法律规范形成的法律关系存在本质区别。

(四)权利与法益需要区分保护

前述仅以最典型的规范(公法和私法)以及私益中最典型的权利为基准进行简化

讨论。然而，现实情况要复杂得多。其中一项复杂化因素便是法律上“权益”的概念不仅包括权利，还包括没有上升为权利的普通的合法权益（常称为法益）。

权利和法益虽然同属利益范畴，但根据通说，二者存在明显差异。① 权利具有更大的重要性、更高程度的公示性和更加明确的边界（内涵、外延更具确定性）。② 法律对此类权益通常直接赋予“权利”之名。③ 如《民法典》第一编第五章列举的各项民事权利，由《民法典》④或者其他专门法律⑤直接创设。因此，它们具有明确的公示性和边界，权利状态和归属清楚明确，⑥且本身包含不得侵犯的含义，可有效警告他人的侵害。他人在规划行为时，对之均承担避免侵害的义务。由于权利的边界清晰，他人履行此避让义务并不会致其行为自由受到过度约束。

相反，法益仅为法律消极承认，并未由法律作出正面界定和规范。⑦ 例如，《民法典》第111条规定的受法律保护的个人信息法益。法益的公示性较差，内涵、外延和边界均比较模糊，且不具有排他性，本身亦不包含不得侵害之含义，因此不能合理期待第三人加以防免。如果法律对法益提供与权利同等程度的保护，人们在规划行为时将面临巨大困难，需要付出很高的成本去调查他人法益的边界。这会对行为人的自由设置过多约束，阻碍社会的整体发展。

---

① 讨论权利和法益的区别时通常以私益为讨论对象。至于公益，虽然不排除学理上有某种公益上升为某群体“权利”的讨论，但这种权利的明确性显然不及民事权利。曾世雄指出，法益的存在样态之一即“不特定多数人共享之生活资源”（公益）。参见曾世雄：《民法总则之现在与未来》，中国政法大学出版社2001年版，第62页。因此，本文讨论中将公益统一视为法益。除特别指明外，私益、公益均是就法益而言，以“权益”指代权利与法益的合集。

② 参见阳庚德：《侵权法对权利和利益区别保护论》，载《政法论坛》2013年第1期。

③ 参见龙卫球：《民法总论》（第2版），中国法制出版社2002年版，第121页。但权利之名与权利之实并不完全一致。

④ 如《民法典》第二编设立的各项物权。

⑤ 《民法典》第126条明确承认其他法律设置的民事权利：“民事主体享有法律规定的其他民事权利和利益。”

⑥ 参见《消费者权益保护法》第8条设定的知情权，第9条设定的自主选择权，第10条设定的公平交易权。以上各条均对权利内容和相关经营者的行为义务作出了详细描述。

⑦ 参见曾世雄：《民法总则之现在与未来》，中国政法大学出版社2011年版，第62页。“法益者，法律上主体得享有经法律消极承认之特定生活资源……谓消极承认，一方面肯定其合法性，他方面则提供相对薄弱之保护。”

正因如此,民法学界普遍认为,侵权责任法[①]对于权利(绝对权)和法益必须采取区别保护的方式。反映到侵权责任的构成要件上,区分保护可能采取不同模式,如对于过错要件、不法性要件或因果关系要件提出区分性的要求。[②] 例如,根据《德国民法典》第 823 条第 1 款的规定,该条列举的绝对权和重要法益(视为绝对权)受到侵害时,侵害行为原则上就具备了不法性。但根据该法第 823 条第 2 款和第 826 条的规定,普通法益受到侵害时,除证明行为致他人损害外,还必须单独证明行为的不法性,即是否违反了保护他人之法律或者故意违反善良风俗。[③]

总之,侵权责任法对于权利和法益采取了相当不同的规范模式——前者采结果违法模式,后者采行为违法模式。结果违法模式原则上认定造成不利后果的行为即具不法性,再从反面排除例外情形,因此保护程度更高、程序更简便;行为违法模式原则上规定行为合法,并正面规定不法性,唯有从个案证明不法性方才认定违法。[④]

三、《价格法》定价自主权的性质厘定

(一)立法意图表明《价格法》规定的定价自主权是公权利

反垄断执法机构在依定价自主权认定 RPM 违法时,实则将定价自主权理解成了经销商对抗生产商的私权利:经销商拥有定价自主权,生产商固定或限定经销商转售商品时收取之价格,即为侵犯此权利。

这是对定价自主权的曲解,错误解读了《价格法》的立法目的和权利性质。《价格法》是在我国经济体制改革时期,探索以市场作为资源配置方式的过程中制定的。其目的在于划定政府和经营者的定价权限,并对各自权限的行使作出约束性规范。这一点突出反映于第 1 条规定的该法立法目的,即"为了规范价格行为,发挥价格合理配置资源的作用,稳定市场价格总水平,保护消费者和经营者的合法权益,促进社会主义市

---

① 此处虽然仅以侵权责任法为例,但其原理同样适用于公权利与公法益之区分。在许多场合下,所谓的主观公权利实质上只是一种法益而已。例如,在"主观公权利"目前的主要应用场景——从为政府设定义务的公法规范中推导私人的主观公权利,以便赋予其提起行政诉讼的起诉资格——推导出的主观公权利并非由法律直接设定,因此属于法益范畴。但本文讨论的定价自主权是由《价格法》第 11 条直接规定的公权利。

② 参见王泽鉴:《侵权行为》,北京大学出版社 2009 年版,第 216~217 页(德国法依不法性要件,美国法依注意义务要件区分保护法益)。

③ 参见李承亮:《侵权责任的违法性要件及其类型化——以过错侵权责任一般条款的兴起与演变为背景》,载《清华法学》2010 年第 5 期。

④ 参见王泽鉴:《侵权行为》,北京大学出版社 2009 年版,第 218~220 页;李承亮:《侵权责任的违法性要件及其类型化——以过错侵权责任一般条款的兴起与演变为背景》,载《清华法学》2010 年第 5 期。

场经济健康发展，制定本法”。根据立法者的解释，《价格法》只调整如下“价格行为”，即定价以及价格管理、监督检查、调控、评估、咨询等。①

《价格法》第11条规定，经营者在价格活动中享有4项权利，其中第一项通常被称为“定价自主权”；第四项是对侵犯该权利的检举、控告权。② 然而，该法并未就私人侵害定价自主权承担何种责任明确作出规定。其原因就在于，第11条规定的“定价自主权”实为国家对于定价权的配置性规定，目的在于授权私人经营者自主定价，并承诺国家予以承认和保障，而不随意干预。

在当时的背景下，这种授权性质非常明显。正如学者杨寅指出，在我国，由于受古代统治传统和苏联法观念的影响，在很大程度上，私权的产生和存在是公权淡化、让渡的结果。③ 所以，我国市场经济发展的过程就是一个“公权淡化、让渡”的过程。④

在定价权领域，新中国成立后我国一直实行计划经济体制，一切定价权都由政府享有，经营者没有任何定价权。1978年改革开放之后，我国开始逐渐探索放开价格，允许经营者在有限领域内自行定价；“随着我国市场经济体制的确立，特别是全面深化改革的推进，国家强调要赋予市场主体更多的定价权。”⑤例如，1984年《中共中央关于经济体制改革的决定》提出，要“使企业真正成为相对独立的经济实体，成为具有一定权利和义务的法人”，就必须“扩大企业自主权”，使其“有权在国家允许的范围内确定本企业产品的价格”，从而明确了企业的“定价权”。⑥

因而这一时期的许多立法就赋予企业定价权及其他经营自主权作出专门规定。例如，1987年《价格管理条例》第17条规定企业在价格方面享有5项权利。1988年《全民所有制工业企业法》第3章（第22条至第34条）规定全民所有制工业企业拥有多项经营自主权，其中包括定价自主权。⑦ 为推动全民所有制工业企业进入市场，使企业成为独立享有民事权利和承担民事义务的企业法人，1992年《全民所有制工业企业转换经营机制条例》在第2章（企业经营权，第6条至第21条）规定了多项权利。

---

① 参见卞耀武主编：《中华人民共和国价格法释义》，法律出版社1998年版，第25页。

② 《价格法》第11条规定：“经营者进行价格活动，享有下列权利……（四）检举、控告侵犯其依法自主定价权利的行为。”

③ 参见杨寅：《公私法的汇合与行政法演进》，载《中国法学》2004年第2期。

④ 参见赵宏：《主观公权利的历史嬗变与当代价值》，载《中外法学》2019年第3期。

⑤ 张守文：《定价权分配与行使的法律规制》，载《法学》2016年第10期。

⑥ 参见张守文：《定价权分配与行使的法律规制》，载《法学》2016年第10期。

⑦ 《全民所有制工业企业法》第26条规定：“除国务院规定由物价部门和有关主管部门控制价格的以外，企业有权自行确定产品价格、劳务价格。”

在此背景下,1997 年《价格法》对所有经营者统一作出定价授权,也就顺理成章了。因此,所谓“定价自主权”的原义是一种定价授权,主要用以对抗公权力的干预和侵犯(公权利),而非对抗其他私人主体的干预和侵犯(私权利)。

(二)体系解释表明《价格法》规定的定价自主权是公权利

从体系解释的角度,也可以证明“定价自主权”是一种公权利而非私权利。正如美浓部达吉指出,“法律并没有声明某者为公法的某者为私法的,不过法律往往设有规定以表明此种旨趣。至表明此种旨趣的规定,主要的可分为两类:一是裁判管辖的规定;二是强制执行的规定”。① 就裁判管辖而言,“如法律规定关于该项争执得向法院起诉,就可以推定法律视其为私法的关系。反之,若法律规定只能提起行政上的争讼,那就可以说法律是明示其为公法的事件,不得提起民事诉讼”。② 关于私法上的权利,若义务者不履行其义务时,权利者只能依民事诉讼去请求强制执行……但关于公法关系,国家可不依民事诉讼而径自强制执行。所以如果法律规定某事件得用行政手段去强制执行时,就可以说是法律明示该事件属于公法。③

从此两个角度判断,定价自主权均应属于公权利,而不是私权利。例如,《价格法》第 11 条第 4 项对于侵犯定价自主权的行为,规定经营者有权“检举、控告”,而没有规定“起诉”。检举和控告通常用于对刑事犯罪的举报、报告或揭发。如此动用国家公权力进行调查处理,更加契合公法关系。该法第 45 条对于地方政府和各级政府部门“超越定价权限和范围”的干预定价自主权行为,还直接规定了行政处罚措施。与之相衔接,1989 年《行政诉讼法》第 11 条和 1999 年《行政复议法》第 6 条均将侵害经营自主权作为提起行政诉讼和行政复议的法定事由,而定价自主权是经营自主权的核心。④ 这些均表明,立法者具有将定价自主权设定为公权利以对抗政府的客观意图。

相反,立法者将定价自主权设定为私权利以对抗其他私人的客观意图则非常不明确。首先,《价格法》的法律责任部分没有就私人主体侵害定价自主权应承担何种责任作任何规定,无论是民事责任还是行政责任。其次,当时作为民事基本法的《民法通则》也没有定价自主权或者经营自主权的相关规定。2009 年《侵权责任法》第 2 条和 2017 年《民法总则》第 110 条,虽然都列举了众多民事权益或民事主体的权利,但其中并不包括定价自主权或者经营自主权。2020 年《民法典》亦同。最后,如果强行将《价

---

① [日]美浓部达吉:《公法与私法》,黄冯明译,中国政法大学出版社 2003 年版,第 50 ~ 51 页。

② [日]美浓部达吉:《公法与私法》,黄冯明译,中国政法大学出版社 2003 年版,第 51 页。

③ 参见[日]美浓部达吉:《公法与私法》,黄冯明译,中国政法大学出版社 2003 年版,第 53 页。

④ 参见张守文:《定价权分配与行使的法律规制》,载《法学》2016 年第 10 期,第 90 页(定价权“成为其经营自主权的重要内容”)、第 92 页(定价权“成为相关经营者经济自由权或经营自由权的重要内容”)。

格法》定价自主权条款解释为对私人设定义务，唯一可行的突破点是，第 11 条第 4 项并没有明确规定“侵犯其依法自主定价权利的行为”之主体是政府，因此并不能完全排除私主体。然而，正如下文分析表明，政府和私人作为干预主体存在显著差异，不能作如此牵强的解释。事实上，《价格法》的立法者在对第 11 条第 4 项的法律释义中已相当明确地指出，侵犯经营者定价自主权的主体仅指“行政机关及其工作人员”，尤其是“政府价格主管部门及其工作人员”：“价格法在确立市场价格机制及经营者拥有自主定价的法律权利的同时，也注意强调了政府价格主管部门及其工作人员依法行政的精神，本条赋予经营者有检举、控告侵犯其依法自主定价权利行为的权利就是一个体现，这对于监督政府价格主管部门及其工作人员依法行使行政职权，保护经营者依法享有的制定价格权利都是丨分必要的。”①

（三）义务主体的差异性表明定价自主权更宜定性为公权利

在市场经济体制下，自主定价显然是经营者享有的一项重要利益，也是一项重要的公益。市场经济体制以市场作为资源配置的决定性方式。市场之所以能够进行资源配置，原因在于其具有一种发现功能，即发现资源最有价值的用途，并引导资源优先流向此等用途，从而提高资源配置效率。市场之所以有此功能则完全得益于每个市场主体都能够根据自身利益对每单位资源效用的评价，决定是否购买或销售相关资源以及是否同意相应的交易条件。如果每一个市场主体的决策意志都是自由的，整个市场就能自发地解决“生产什么”“为谁生产”“如何生产”这 3 个资源配置的基础问题。②

然而，如果某些市场主体的决策意志受到约束，不能根据自身利益及对资源效用的判断独立决策，不仅该主体不能为自己的利益行事，市场的资源配置机制也将受到扭曲。例如，假设某生产商认为 1 个单位原材料价值 100 元，其愿意以此价格购买 10 个单位投入生产。但如果外力压低该原材料的价格，只能卖 90 元，该生产商将愿意购买更多单位的原材料；然而，其增加的购买量将导致赋予此原材料更大价值的其他生产商（如愿意以 120 元购买 2 个单位）无法获得足够的原材料，即便其赋之更大价值并愿意以更高价格购买。又如，假设该生产商愿意以 150 元的价格销售 10 个单位的产品，但外力强迫其以 200 元的价格销售。结果将导致其生产的商品无法完全售出，产品积压，生产停滞，浪费该生产商代表的愿意以合理价格向社会提供产品的生产能力。

因此，干预经营者自主定价的实质，是干扰价值规律和供求关系发挥作用，必将造成资源配置的扭曲。正如学者史际春在讨论政府干预市场定价行为时指出，“多年的

---

① 卞耀武主编：《中华人民共和国价格法释义》，法律出版社 1998 年版，第 52 ~ 53 页。

② See Kalman Goldberg, *An Introduction to the Market System*, M. E. Sharpe, p. 19 (2000).

价格改革实践经验告诉我们,某种产品或服务越是供不应求,价格越是居高不下,就越需要放开价格,通过市场来调节供求,通过竞争来形成合理的价格,并促进生产”。[①] 强行压低价格并不能解决供求失衡问题,也不能真正解决涨价问题。“如果涨价是对市场供求的真实、合理反映,那么对这种涨价的行政干预就不具有合理性,从而也丧失了合法性基础。”[②]亦如学者叶姗指出,“价格机制发挥作用的关键是价格能够灵活反映市场供求状况和资源稀缺程度,能够在波动中实现价值规律的作用”。[③]

侵害定价自主权益表现为外力对经营者自主定价意志的干预。这种干预的典型特征在于强迫经营者违背自己的定价意志,从而背离其对资源价值和交易条件的真实判断。然而,强迫必然要借助一定的强力,缺乏强力者显然无力导致经营者违背意志进行定价决策;此时也就无所谓“干预”,因为经营者定价是其决策意志的自由表达。在干预可能性和规制干预的必要性两方面,政府和私人均存在巨大差异。

在干预可能性方面,自主定价意志的最大威胁来源是政府部门及其工作人员。他们掌握公权力,以强大的国家机器(如司法、行政甚至立法权)保障权力的运行,可直接动用国家强力迫使经营者违背其自由意志。否则,经营者就会遭到严重损害,如查封、扣押、吊销营业执照,以及其他处罚和骚扰。[④] 诚如学者张翔指出,“从人类历史上看,最有可能侵害个人权利的乃是掌握各种强制力量的国家公权力”。[⑤] 相反,私主体要干预经营者的自主定价意志则要困难得多。在通常情况下,私主体都不可能拥有足以影响经营者的强力,后者若不依照前者的要求进行经营决策完全不会遭到不利益,因此前者也就无力干预其自由决策。

在规制干预的必要性方面,由于政府有些干预可能对个人权益造成损害,所以通过法律对政府设置不得干预自主定价的义务就显得弥足珍贵。相反,“私人之间地位是平等的,平等主体之间更多的是利益的平衡,除非有法律明确规定,一私人没有理由对另一私人负担太多的义务,设置太多的限制反而损害另一方的自由”。[⑥] 详言之,对

---

① 史际春、肖竹:《论价格法》,载《北京大学学报》(哲学社会科学版)2008年第6期。

② 史际春、肖竹:《论价格法》,载《北京大学学报》(哲学社会科学版)2008年第6期。

③ 叶姗:《论定价权的分立结构及其制衡逻辑》,载《学术交流》2009年第2期。

④ 参见王锴、郝欣:《论基本权利与民事权利的区别》,载《长沙铁道学院学报》(社会科学版)2014年第4期。

⑤ 张翔:《基本权利的双重性质》,载《法学研究》2005年第3期。

⑥ 王锴、郝欣:《论基本权利与民事权利的区别》,载《长沙铁道学院学报》(社会科学版)2014年第4期。另参见龙卫球:《民法总论》(第2版),中国法制出版社2002年版,第108页(“私法与公法的区别在于,前者维护个人利益,后者维护国家稳定。……民法……以设定自由为中心,而不是以约束为中心”)。

私主体设置不得干预他人定价自主的一般性义务,会严重影响其行为自由,从而在两个位阶相同的自由权之间制造严重冲突。

申言之,在私人间的交易中,有关价格的谈判和磋商是至关重要的内容,一方有报价的自由,另一方也有选择接受与否的自由。后者不接受前者的报价并不构成干预前者的定价自主权;前者未提供后者期望的报价也不构成侵犯后者的选择权。若赋予自主定价以权利地位,任何一方(买家或卖家)期待的最优价格不被他方接受时,都可能主张自己的定价自主权受到了干预。这是不可想象的。为避免此荒谬后果,就不得不设置足以吞噬此权利的庞大例外制度加以应付。

事实上,私人真正有能力干预他人自由定价权的情况仅为少数(容后分析),并需要满足严格的条件。因此,为特定人设定不得以特定方式侵害他人自主定价利益的义务,足以满足保护相关私人自主定价利益的需求,并可避免设置私权利所带来的弊端。

正是基于私主体与公主体的前述差异,我们绝对不能对政府和私人设置同等行为义务。仅就是否可限制其他经营者的定价而言,在法无明文规定的情况下,应推定私人(生产商)有此行为自由,但推定政府不可如此,否则构成干预定价自主权。[①]

(四)公私法差异表明不宜由定价自主之公权利推导私权利

前述义务主体的差异性还揭示出,我们不能因为法律对政府设置了禁止干预之义务,就从中推导出私人(生产商)亦承担同样的义务。20 世纪 60 年代,两位英国经济学家在论证 RPM 违法时,就犯了这种不当推导的错误。罗伯特·博克(Robert Bork)在一篇文章中提出,同任何有关最有效生产或销售管理决策一样,生产商使用 RPM 之决策只是一种正常的商业判断,尽管生产商在此方面可能出现判断错误,法院(当然同样适用于其他国家机关)亦不应该“以生产商可能就最有效分销模式发生错误为由”判定 RPM 违法,因为这“将等同于对任何其他正常商业判断进行司法监督”。[②]

古尔德(J. R. Gouldt)和雅米(B. S. Yamey)对此批评道,“博克的讨论没有认识到,事实上 RPM 亦涉及生产商对转售商‘正常商业判断’的‘监督’。转售商被禁止采用其认为合适的价格政策,而必须遵循生产商制定的政策”。[③] 他们特别指出,“不论 RPM

---

① 参见王锴、郝欣:《论基本权利与民事权利的区别》,载《长沙铁道学院学报》(社会科学版)2014 年第 4 期。在分析所谓“平等权”是否受侵害时,也明确指出,“要注意区分不同的主体,如果是发生在平等主体之间,并且没有对市场造成垄断的情况下,经营者的销售策略不会直接地强制性地影响到消费者的选择”。但是,“在国家与公民的关系中,不能根据自己的意思进行差别对待,国家没有意思自治的权利”。

② Robert Bork, *The Rule of Reason and the Per Se Concept: Price Fixing and Market Division, Part II*, Yale Law Journal, Vol. 75, p. 404(1966).

③ J. R. Gouldt & B. S. Yamey, *Professor Bork on Vertical Price Fixing*, Yale Law Journal, Vol. 76, p. 726(1967).

是否还有任何其他效果,总之它限制了转售商的决策自由”。[①] 他们对于经销商的决策自由给予了突出强调,实质上赋予其私权利的地位,仅仅因为限制经销商的决策自由就足以认定其非法。他们为此提供的论证是,类比博克主张的司法(政府)不得干预生产商决策自由的义务,生产商也负有不得干预经销商决策自由的义务,“如果法院‘监督’生产商决策是不恰当的,难以明显看出为何要允许生产商监督其他商业企业的决策”。[②]

禁止法院监督私人决策但允许生产商监督转售商决策,这样做当然具有良好的理由。第一个理由已如前述,即私人和政府的干预能力悬殊。第二个理由在于,生产商限制经销商定价自由时并不一定依赖强力,在多数情况下是双方合意的结果(容后分析)。第三个理由在于,RPM通常是生产商从自身利益出发提出的对其最有利的经营策略,同时也是对市场竞争和最终消费者最有利的经营策略。[③] 相反,除非在适用反垄断法时“将其局限于制裁相当可能限制产出(即损害竞争)的行为”,[④]否则法院以反垄断法之名干预生产商的RPM决策反而构成对其经营自主权的干预(容后分析)。正如博克在回应前述指责时指出,“司法对管理层正常商业判断的监督与生产商对转售商价格的控制绝不是同一回事。当生产商发现RPM有利可图时,它也符合消费者的最佳利益。[⑤] 某些转售商在此情形下更愿意不受RPM约束,这并不重要,因为每个转售商的利益都是偏狭的。应该以生产商的更全面的判断为准。这一观点立基于消费者主权观念”。[⑥]

易言之,博克认为,决定RPM行为违反反垄断法的决定因素,并非如古尔德和雅米所说的那样——“它限制了转售商的决策自由”,而在于损害竞争。这与本文的观点一致。

(五)实在法上仅存在定价自主之私法益而非私权利

前述私人无力干预经营者自主决策的一般命题存有两项例外。

第一,私主体凭借暴力,以直接侵害或威胁人身或财产之方式,强迫他人违背自己的意志进行经营决策,如迫使生产商低价销售产品。这种情形可构成《刑法》第226条

---

① J. R. Gouldt & B. S. Yamey, *Professor Bork on Vertical Price Fixing*, Yale Law Journal, Vol. 76, p. 726(1967).

② J. R. Gouldt & B. S. Yamey, *Professor Bork on Vertical Price Fixing*, Yale Law Journal, Vol. 76, p. 726(1967).

③ 关于RPM促进竞争效果的分析,参见兰磊:《最低转售价格维持的结构型合理原则分析》,载王先林主编:《竞争政策与法律评论》第5卷,法律出版社2019年版,第32~40页。

④ Robert H. Bork, *A Reply to Professors Gould and Yamey*, Yale Law Journal, Vol. 76, p. 739(1967).

⑤ 当然,要排除生产商利用RPM损害竞争的特殊情形,但此等情形的确立要以证明竞争损害为前提。

⑥ Robert H. Bork, *A Reply to Professors Gould and Yamey*, Yale Law Journal, Vol. 76, p. 739(1967).

规定的强迫交易罪,并可通过“保护规范理论”适用民法侵权责任条款,①以及有关民事法律行为效力的胁迫制度,②针对干预定价自由者请求私法上的救济。

第二,私主体若具有较高程度的市场势力,将使其他经营者在选择交易伙伴和条件时别无选择,从而被迫接受其提出的交易条件。按照反垄断法的理论,某个经营者若具有市场支配地位(垄断者),其必然就拥有强迫交易相对方按其条件进行交易的能力。③ 当然,作为理性的利润最大化者,垄断者在定价能力方面也是受到限制的,即其利润最大化价格取决于边际收益曲线与边际成本曲线的交叉点;④超过此价格以后,其边际收益将低于边际成本,从而偏离最优定价。易言之,垄断者的强力并不是随心所欲的,同样受到市场规律的约束,是价值规律作用的结果和表现,垄断者拥有此种“强力”的来源正是市场供需状况。除不适合完全放开竞争的管制行业外,强行打破市场势力附带之强力反而有悖市场规律,对市场发挥资源配置作用并无益处。

例如,强行要求一个凭借创新实现垄断的经营者低于利润最大化价格销售产品,在供应量不增加的情况下(反垄断法显然无权直接规定垄断企业的供应量),会导致其产品无法流向赋予更高价值的用途,而只能使高赋值用途与低赋值用途以非价格途径争抢此资源。正因如此,按照经典理论,反垄断法并不反对垄断地位本身,而只反对垄断行为,⑤即以不正当手段谋求垄断地位的行为,如垄断协议、滥用市场支配地位行为、

---

① 该理论从为私人设置公法义务(图式[2])的管制规范出发,以法律解释的方法,考察其是否具有保护个人的立法意图,从而为主体设定侵权责任法意义上的行为义务(类似图式[1])。大陆法系常借助侵权法上“违反保护他人之法律”的侵权责任,英美法常借助“违反法定义务”(breach of statutory duty)法则,将管制规范设定的行为义务转入侵权责任法。

② 《民法典》第150条规定:“一方或者第三人以胁迫手段,使对方在违背真实意思的情况下实施的民事法律行为,受胁迫方有权请求人民法院或者仲裁机构予以撤销。”

③ 《反垄断法》第17条第2款规定:“本法所称市场支配地位,是指经营者在相关市场内具有能够控制商品价格、数量或者其他交易条件,或者能够阻碍、影响其他经营者进入相关市场能力的市场地位。”一方影响另一方决策所需的经济力量与市场支配地位并非相同的概念,但具有市场支配地位时一定伴随此等影响力。市场支配地位又称为垄断势力(monopoly power)或者垄断地位,是在综合评判多项因素的基础上得出的一个有关经营者市场地位的结论。通说认为,垄断势力是“显著的市场势力”(substantial market power),即垄断势力(市场支配地位)只是较高程度的市场势力。此处以市场支配地位这种明显的决策影响力进行说明,较之程度更低的市场势力当然更加成立。

④ See Herbert Hovenkamp, *Federal Antitrust Policy*, 5th edition., West Academic, 2015, p. 16 – 18.

⑤ United Nations Conference on Trade and Development, *Model Law on Competition* (2020), *revised chapter IV*, TD/RBP/CONF. 9/L. 2, p. 3(“拥有支配地位本身并不被视为反竞争”).

反竞争的经营者集中。这些行为之所以违法,并不是因为垄断地位本身具有可责性,① 而是因为行为人以不正当手段追求垄断地位。从垄断地位本身不具可责性当然可以推导出,与垄断地位如影随形的经济强制力也不具有可责性。否则,谴责垄断地位附属的经济强力就是变相谴责垄断地位本身。

更重要的是,私主体干预他人自主定价意志的行为(无论凭借暴力还是经济强力)之所以遭法律否定评价,根本原因并不只是因为此行为干预了他人自主定价(侵害利益),更在于干预的方式(暴力)或后果(损害市场竞争)受到法律的否定评价。易言之,《刑法》和《反垄断法》制裁某些侵害自主定价行为时,采用的是行为法的思路而非权利法的思路,将自主定价视为一种法益而非权利。这种路径是可取的,通过为私主体设置特定行为义务,就可以规制这些特定条件下才会发生的私人干预他人自主定价的情形。

我国《价格法》在司法实践中也从来没有将定价自主权理解为一种私权利(甚或是一种是私权益)。例如,2020年6月12日笔者通过北大法宝数据库,在《价格法》第11条项下仅检索到5篇案例,②无一涉及私人侵害经营者定价自主权的争议。同日,笔者通过中国裁判文书网,在裁判依据字段以"《中华人民共和国价格法》第十一条"为关键词,也只检索到6篇案例,③同样无一涉及私人侵害经营者定价自主权的争议。

相反,国家发展改革委以《价格法》为依据制定的《制止价格垄断行为暂行规定》(已失效),虽然通篇都在规定经营者不得从事特定价格行为(图式[2]),第12条却重申了政府部门不得干预定价自主权的义务(图式[4])。④ 这表明执法机构明确将定价自主权理解为一种经营者对抗政府的公权利(图式[4]),而非一种经营者对抗经营者

① 如前述凭借创新的垄断地位是可取的,甚至是社会鼓励的,知识产权制度正是为此而设。当然,绝大多数受知识产权保护的智力成果都达不到垄断地位的程度,但至少理论上可能带来一定程度的市场势力。

② 新疆生产建设兵团额敏垦区人民法院民事裁定书,(2017)兵0901民初318号;河南省洛阳市中级人民法院民事判决书,(2017)豫03民终675号;天津市第二中级人民法院民事判决书,(2017)津02民终1983号;湖北省襄阳市中级人民法院民事判决书,(2017)鄂06民终274号;江苏省盐城市中级人民法院民事判决书,(2015)盐民终字第0480号。

③ 湖北省武汉市武昌区人民法院民事判决书,(2013)鄂武昌民商初字第00426号;湖南省长沙市岳麓区人民法院民事判决书,(2019)湘0104民初10643号;吉林省安图县人民法院民事判决书,(2017)吉2426民初1287号;安徽省芜湖市镜湖区人民法院民事判决书,(2018)皖0202民初1478号;沈阳市大东区人民法院民事判决书,(2016)辽0104民初7767号;广东省深圳市福田区人民法院民事判决书,(2014)深福法民一初字第3841号。

④ 《制止价格垄断行为暂行规定》(2003年6月18日国家发展和改革委员会令第3号公布,已失效)第12条规定:"政府及其所属部门应当依法保护经营者的定价自主权,不得对市场调节价进行非法干预。"

的私权利(图式[1])或者公众对抗经营者的公权力(图式[2])。

四、RPM 与干预经销商自主定价之关系

(一)RPM 的本质是生产商与经销商之间的经销服务交易

RPM 并非仅在生产商具有市场支配地位时才可实施。[①] 只要生产商具有某种市场势力(面临向右下倾斜的需求曲线),便能够在一定程度上提高零售价格,从而可资提高经销毛利率,以此换取经销商同意提高或维持较高转售价格,并转向非价格维度的竞争。[②] 因此,在实施 RPM 的大多数情况下,生产商并不拥有市场支配地位甚至很高程度的市场势力,从而也不真正拥有强制经销商的能力。

在此情形下,RPM 的本质并非生产商"干预"经销商的定价自主决策,而是双方就交易条件达成的合意。在市场经济中,交易是一个非常宽泛的概念,并非仅是指有形商品的买卖。最终产品的买卖是交易,原材料的买卖也是交易;一次性无形服务买卖是交易,现货买卖是交易,复杂的长期合同(合营企业)也是交易。[③]

在 RPM 语境下,生产商和经销商之间存在复杂的交易关系。表面上,生产商将产品出售给经销商供其转售,其间仅发生一次简单的现货有形商品的买卖交易。这是经典的、原始型的生产商—经销商关系。这种农贸市场式的简单交易模式在市场经济体制下并不具有典型意义。[④]

随着现代经济复杂化和品牌差异化程度的不断加深,最终产品的提供越来越需要生产商与经销商进行广泛的深度合作,尤其是需要经销商配合提供种类繁多的专业性服务(这些服务统称为"经销服务")。例如,酸奶企业需要零售商提供保持冷冻环境的

---

① See Thomas R. Overstreet, Jr. , *Resale Price Maintenance: Economic Theories And Empirical Evidence*, Bureau of Economics Staff Report to the Federal Trade Commission(November 1983). 该报告通过考察 1965 年 7 月 11 日至 1982 年 12 月 FTC 作出的 68 个 RPM 同意令和处理决定,发现"FTC 的很多 RPM 案件均涉及相当小规模的企业"(p. 69)、"FTC 的 RPM 案件有相当比例都涉及相对小规模的企业"(p. 71)。

② See Lester G. Tesler, *Why should Manufactures Want Fair Trade*?, The Journal of Law and Economics, Vol. 3, p. 104(1960)("拥有一定程度垄断势力的、生产一个差异化产品的单个生产商可能发现,实施最低零售价格对其有利,这样可以诱使经销其产品的零售商与之共同提供特殊服务,从而提升总体销售").

③ 参见[德]卡尔·拉伦茨:《德国民法通论》(上册),谢怀栻等译,法律出版社 2003 年版,第 198 页。《国际统一私法协会国际商事合同通则》第四版专门(并且仅仅)新增了针对长期合同的条文。参见张玉卿主编:《国际统一私法协会国际商事合同通则 2016》,中国商务出版社 2019 年版,"前序"第 5 页。该通则第 1.11 条将长期合同定义为"在一定期间内履行,并且通常不同程度上涉及交易复杂性以及当事人之间持续关系的合同"。

④ 参见孙宪忠:《论民法典贯彻体系性科学逻辑的几个要点》,载《东方法学》2020 年第 4 期。

设备,复杂电器产品需要经销商向潜在客户提供展示、讲解、售后服务等。[①]

著名反垄断法学者霍温坎普(Herbert Hovenkamp)即明确观察到,"由于复杂性和品牌差异化提高等变化的发生,包括零售商在内的中间商的功能往往已远远不再止于销售";[②]"现如今,分销与生产往往极其紧密地交织在一起,两个阶段已经无法进行区分。"[③]在此情形下,"转售商越来越少地被视作购买某产品并按照自己确定的条件加以销售的匿名代理人,而越来越多地被视为生产商的延伸,不但提升消费者的产品体验而且传递生产商的商誉"。[④]

由此可见,在现代经济,在商品从生产商抵达最终用户的过程中,甚至之后一定期间内,经销服务发挥多种功能,构成一个重要环节。对生产商来说,经销服务与原材料一样是提供最终产品所不可或缺的投入品之一。质言之,经销服务已成为一种重要的生产要素。[⑤] 交易成本经济学揭示出,与所有的生产要素一样,生产商对此也面临一个自己提供(直营模式),还是市场购买(独立经销商模式)的选择问题。[⑥] 当然,市场购买并不意味着简单的现货交易,生产商可能需要对经销商的行为进行必要的控制。[⑦] 事实上,前述经济现实的改变和经销商角色的变化,使生产商对经销商进行控制具有了绝对的利益正当性。

从经济现实情况来看,生产商对经销商的行为进行控制也具有绝对的必要性。经销商提供经销服务虽然能为生产商带来增量销售和利润,其自身却必须要付出额外的

---

① See Continental T. V. ,Inc. v. GTE Sylvania,Inc. ,433 U. S. 36,55(1977)("服务和维修对许多产品而言至关重要,如汽车和大型家庭用品。是否提供该等服务及其质量会影响生产商的声誉及其产品的竞争力").

② Herbert Hovenkamp, *Antitrust and the Design of Production*, Cornell Law Review, Vol. 103, p. 1159 (2018).

③ Herbert Hovenkamp, *Antitrust and the Design of Production*, Cornell Law Review, Vol. 103, p. 1162 (2018).

④ Herbert Hovenkamp, *Antitrust and the Design of Production*, Cornell Law Review, Vol. 103, p. 1165 (2018).

⑤ See P. W. S. Andrews & Frank A. Friday, *Fair Trade: Resale Price Maintenance Re-examined*, Macmillan & Co. Ltd. 1960, p. 18("一些经济学家似乎认为分销服务几乎比所售产品本身更重要").

⑥ See Ronald H. Coase, *The Problem of Social Cost*, Journal of Law and Economics, Vol. 3, p. 2(1960); Ronald H. Coase, *The Nature of the Firm*, Economica, New Series, Vol. 4, No. 16, p. 404(1937); Oliver E. Williamson, *The Economic Institutions of Capitalism: Firms, Markets, Relational Contracting*, Free Press, 1985, p. 15 – 16.

⑦ 参见[美]克里斯蒂娜·博翰楠、[美]赫伯特·霍温坎普:《创造无羁限:促进创新中的自由与竞争》,兰磊译,法律出版社2016年版,第31~32页。

成本,并且未必能够从中受益或者不能完全受益。因此,经销商愿意提供的分销服务量往往不及生产商期望的水平。易言之,存在分销服务不足的问题。[①] 正如美国著名经济学家本杰明·克莱因(Benjamin Klein)指出,"由于分销商提供生产商所期望促销服务水平的动力经常不足,生产商便有必要与分销商订立提供额外促销服务的合同并为此提供报酬"。[②] 亦如美国法官伊斯特布鲁克(Frank H. Eastlet Brook)指出,天下没有免费的午餐,生产商不可能让经销商做更多事情,却无须提高其利润率。[③] 提供报酬或者提高利润率的方式多种多样,如给予一定的地域保护、客户类型保护、约定 RPM。较高的利润率不仅可以覆盖额外经销服务的成本,而且"形成一个小幅高于该等更高成本的利润溢价,从而促成该等契约谅解的自动执行"。[④]

在此背景下,生产商与经销商之间的交易已不再是简单的有形现货交易,而是复杂的长期合作交易。交易对象是经销服务,买方是生产商,卖方是经销商。卖方承诺受到生产商所定转售价格的约束,并提供生产商所需的非价格服务(如提供销售点服务、增加门店、产品认证等);买方则承诺以 RPM 保障较高的经销毛利率作为此等服务的"价格"(报酬)。[⑤]

与所有其他资源一样,经销服务的交易也需要遵循价值规律。唯有赋予交易双方充分的定价及其他经营自主地位,才能保证经销服务资源流向最有价值的用途,保障该等资源的配置效率最大化。在 RPM 及其他纵向限制案件中,如果只看到有形商品的交易关系,而无视无形生产要素的交易关系,实属一叶障目,错识事物的本质。

(二)相对方别无选择的情形下方构成强制或干预

当双方自愿订立含有前述约束内容的经销合同时,经销商在转售价格方面受到的约束显然不违背其意愿,而是其缔约自由的体现。在私法关系中,"关系人处于平等位

---

① See Benjamin Klein, *Exclusive Dealing As Competition For Distribution "On The Merits"*, George Mason Law Review, Vol. 12, No. 1, p. 144 – 146(2003).

② Benjamin Klein, *Exclusive Dealing As Competition For Distribution "On The Merits"*, George Mason Law Review, Vol. 12, No. 1, p. 146(2003).

③ See Frank H. Easterbrook, *Vertical Arrangements and the Rule of Reason*, 53 Antitrust Law Journal, Vol. 53, Iss. 2, p. 156(1984).

④ Benjamin Klein, *Exclusive Dealing As Competition For Distribution "On The Merits"*, George Mason Law Review, Vol. 12, No. 1, p. 148(2003).

⑤ See Richard Posner, *Antitrust Law*, 2nd edition., University of Chicago Press, 2001, p. 172(为了换取经销商服务,"生产商可能希望向零售商保证超过纯竞争状态下利润的高利润,以此确保他们的忠诚和诚实"); Robert H. Bork, *A Reply to Professors Gould and Yamey*, Yale Law Journal, Vol. 76, p. 731(1967)("实施 RPM 的生产商必然是在试图以此购买什么。他所得到的是转售商通常提供更多信息、促销服务等").

阶,彼此就法律关系的安排,可以提出己意。关系人各提出己见,然后再寻找平衡点,就各关系人之立场而言,即属自治”。[①] 易言之,缔约中的讨价还价是私法自治这一基本原则的应有之义,无所谓“强制”。至少对于那些在生产商宣布RPM政策时尚未投入专用资产的经销商来说,由于它在决定是否接受此政策时拥有充分的选择自由,完全不存在“强制”,因此也谈不上“干预”或“侵犯”定价自主权。在我国合同法司法实践中正是如此理解“强制”和“干预”的。

例如,在“吴某明诉上海花旗银行案”中,[②]被告花旗银行上海分行获准经营吸收公众存款的外汇业务,该行规定对日平均总存款额低于5000美元的客户,每月收取6美元或50元的服务费;对等于或高于这一数字的客户免收此项服务费。原告吴某明前往被告浦西支行洽谈个人外汇存款事宜,被告知上述规定后未办理,后起诉被告利用优势地位,以5000美元划线,强迫低于此数的储户接受其提供的个人理财服务。上海市浦东新区法院审理认为:

《合同法》第3条规定:“合同当事人的法律地位平等,一方不得将自己的意志强加给另一方。”……在缔结外币储蓄合同一事上,上海花旗银行与吴某明的法律地位平等。……上海花旗银行没有垄断外币储蓄业务,办理外币储蓄业务不是只此一家银行。吴某明对该行收取服务费的办法不满意,完全可以选择到其他金融机构办理,没必要非与该行缔结外币储蓄合同,也不得将自己的意志强加给该行。

上海市第一中级人民法院二审维持了一审判决,并指出,吴某明尽可在清楚其权利义务后,自主确定是否与上海花旗银行订立储蓄合同。两审法院均认为,只要一方当事人没有垄断市场,另一方有选择余地,前者提出的交易条件即无“强迫”他人可言;相反,如果后者坚持要求前者接受其提出的条件,反而构成“将自己的意志强加给另一方”。

在“李某高案”[③]中,上诉人主张定金合同存在开发商恶意抬高价格的情形,并请求法院撤销合同。上海第一中级人民法院同样以买方有选择自由为由认定,上诉人签订合同之行为表明其订立合同的意思表示真实,“房屋买卖是双方建立在平等基础上的意思自治行为,开发商有定价自主权,购房者亦有选择权,购买房屋属于重大事宜,

---

① 曾世雄:《民法总则之现在与未来》,中国政法大学出版社2001年版,第18页。

② 该案收录于《最高人民法院公报》2005年第9期。

③ “李某高诉上海瑞昭企业管理有限公司服务合同纠纷案”,上海市第一中级人民法院(2016)沪01民终7220号二审民事判决书。

如购房者对于房屋类型、地址、价格等存在异议,完全可以选择不购买,作为具有完全民事行为能力的成年人,既然签订定金合同,表明其对于合同记载的房屋价格等均予以同意”。在“郭某案”①中,郭某主张商家虚构原价、虚构优惠,广东省高级人民法院判决,商家具有对商品定价自主权,其定价与折扣优惠皆属于商家自由意思表示的范围。郭某作为完全民事行为能力人,结合其社会生活经验,对鱼猎人公司的定价、优惠政策完全有足够的辨别、判断能力,郭某也并未有证据证明鱼猎人公司存在故意隐瞒或作出虚假表示诱使郭某作出错误意思表示的行为。

前述两案中,法院均认定当事人在拥有选择的情况下自愿接受卖方提出的交易条件,表明其意思表示真实。从中可以有逻辑地推导出亦不存在违背真实意志(强迫)的情形。

(三)即便定价自主权可作私权利,RPM 通常亦无干预之

除非有特殊情况,生产商不可能拥有足以“强制”经销商的市场势力。此处有待关心的问题是,生产商作为经销服务的买方,相对作为经销服务的卖方而言,是否具有足够的市场势力。因此,应将该问题作为买方垄断进行分析,②从经销商的视角考察其经销服务有哪些替代用途。这些具有紧密替代关系的用途属于同一相关市场——经销服务采购市场。通常而言,经销服务并没有很强的专用性,经销商可以轻易转向为同一产品类型的不同生产商,甚至不同产品类型的生产商提供经销服务。可以想见,在大多数情况下,经销服务采购市场都是非常宽泛的,任何生产商都不大可能对某个经销商具有支配地位。

例如,在“威尔逊案”中,原告是速倍达(SpeeDee)汽车快速换油连锁的多名被特许人,主张特许人速倍达进行非法搭售。③ 法院明显赞同被告界定的相关产品市场,“要求类似初期投资并且不要求专门知识的所有特许经营”。几位原告在证言中表示,“他们在开始寻找商业机会时并没有想着一定要加盟某个特定的特许经营品牌,参加过一些特许经营展会,还有些原告曾考虑过快餐店或其他快速换油加盟店等特许经营机

---

① “郭某、北京鱼猎人科贸有限公司产品责任纠纷案”,广东省高级人民法院(2018)粤民申 10285 号民事裁定书。

② 参见兰磊:《反〈反垄断法〉上的“不相关”市场界定》,载《中外法学》2017 年第 6 期。

③ 在特许经营关系中,被特许人的地位相当于经销商,为特许人提供劳动技能服务,特许人则是此等服务的买方。因此,考察特许人是否(相对于被特许人)具有市场势力时,需要考察被特许人的该等劳动技能服务是否有替代用途。在考察被特许人是否被锁定到与特许人的关系之中时,实质是在考察被特许人是否有替代选择,或者特许人是否相对其具有足够市场势力。

会”。在此情形下,法院认为“速倍达显然缺乏市场势力”。[①]

即便在特殊情况下,某种经销服务具有高度专用性,转向其他用途的残值很小(存在高转换成本),从而导致经销商一旦进入便被“锁定”,这种所谓的“锁定”效应也只可能发生于签订合同之后。在签订合同之时,经销商尚未投入专用资产,可以在各种各样的经销服务用途(投资机会)之间进行选择。此时,任何生产商均无经济力量强迫经销商接受交易条件,因为如果经销商认为对方提出的交易条件不可接受,完全可以转向与其他生产商进行洽谈。

正如著名的阿瑞达－霍温坎普(Phillip E. Areeda & Herbert Hovenkamp)《反托拉斯法释论》针对特许经营场景指出,在签订协议之时,“被特许人尚未投入后期导致其不愿放弃特许经营的那些资本或付出。事实上,此时,可推定他拥有很多市场替代选择。他也许可以以非特许经营方式进入这一商业领域(如不使用特许经营名称的快餐店),在此领域获得另一个特许经营,或者在符合其才能和兴趣的其他领域寻找特许经营。此时他没有被锁定到任何交易之中”。[②]

即便生产商以单方行为方式实施RPM,即单方发布转售定价政策并以拒绝交易作为实施手段迫使经销商遵守其政策,也不能由此得出生产商干预经销商自主定价的结论。[③] 此际,从表面上看生产商将自己的意志“强加于”作为交易相对人的经销商身上。但实际上生产商单方实施转售定价政策的行为,只不过是其提出交易条件(要约)供交易相对人选择是否接受(承诺)。只要市场竞争足够充分,即相对方有足够的替代交易机会,就不存在强制,因为如果其对此交易条件感到不满意,完全可以选择转向其他潜在交易方。

在市场竞争充分的场景下,唯一可能发生强制的情况是,双方在订立合同之后,生产商突然改变政策。如果存在较高程度的经销服务专用性和转向成本(这是一个需要个案认定的事实问题),生产商便可以此方式压制经销商接受新的不合理条件。然而,即便这种情形也需要区别对待。如果经销合同已赋予生产商随时改变政策的权利(如特许经营合同中通常赋予特许人指定原材料来源的绝对权利),这种事后强力源于合同本身,是双方合意内容的一部分。经销商即便被“锁定”,也是由其订立合同时的非

---

① Wilson v. Mobil Oil Corp. ,984 F. Supp. 450 ,458(E. D. La. ,1997).

② Phillip E. Areeda & Herbert Hovenkamp, *Antitrust Law: An Analysis of Antitrust Principles and Their Application*, Vol. 9 ,3rd edition. ,Wolter Kluwer,2011 ,p. 97.

③ 值得注意的是,美国反垄断法自从1919年“高露洁案”以来一直将此作为RPM非法的例外,即生产商可以单方宣布建议转售价格并拒绝与不遵守此价格的分销商交易。这一判决背后的政策理据是生产商行使财产权的行为受到反垄断法豁免。U. S. v. Colgate & Co. ,250 U. S. 300(1919).

理性接受决策导致的,[①]应由其自担后果,而不应由合同法提供事后救济,更不应该由《价格法》或《反垄断法》提供救济。“使用反垄断法救济长期合同中对一方负担沉重的条款,导致反垄断法成为合同法改革的引擎,导致人们不愿进行合理的冒险,并且不明智地超越合同法自己的边界。”[②]

如果合同并未赋予生产商事后改变政策的权利,其单方改变政策的行为构成违反经销合同,用合同法即可救济。此种政策改变也许构成干涉经销商的定价自由,但要将其认定垄断行为仍然必须按照《反垄断法》的自身逻辑进行判断(容后分析)。

(四)无故否定经销合同效力构成干预企业订约自由权

我国《合同法》(已废止)第4条规定,“当事人依法享有自愿订立合同的权利,任何单位和个人不得非法干预”。习惯上称这一权利为“订约自由权”。[③] 虽然订约自由权规定于民法,但在司法实践中它不但被解释为对私主体课以的私法义务,也被解释为对政府课以的公法义务,实质属于经营自主权的范畴。如果法院无法律依据地无效或撤销(包括认定违法)自愿订立的经销合同,便构成对合同自由的“非法干预”。

例如,在“孙某祥案”[④]中,孙某祥及其个体经营的郸城县南环路加油站因侵害中石化商标权被诉至法院,双方在法院调解下达成约定,若南环路加油站再有侵权向中石化支付赔偿款20万元。2017年因南环路加油站再次侵权被诉至法院,一审法院认定商标侵权,但酌定赔偿2万元。二审中,河南省高级人民法院判决如下:

> 《合同法》第4条规定……在本案中,(20万元赔偿款的)约定系当事人就未来可能发生的侵权赔偿达成的确定方法。当事人自愿对侵权赔偿数额作出约定,系意思自治的体现,并不违反法律、行政法规的强制性规定……一审判决综合考虑案情不够全面、酌定赔偿数额过低,本院予以调整。

---

① Wilson v. Mobil Oil Corp., 984 F. Supp. 450, 461 (E. D. La., 1997)(“这些原告拥有足够的信息用于决定这一特许经营机会是否过于冒险,以及与其他特许经营机会进行比较……准备进入长期新业务关系的人应该有强烈的动机去挑选机会以及决定是否需要更多信息帮助决策。”).

② Phillip E. Areeda & Herbert Hovenkamp, *Antitrust Law: An Analysis of Antitrust Principles and Their Application*, Vol. 10, 3rd edition., Wolter Kluwer, 2011, p. 136.

③ 《民法典》第130条有类似规定:“民事主体按照自己的意愿依法行使民事权利,不受干涉。”

④ “中国石化销售有限公司河南石油分公司、郸城县南环路加油站侵害商标权纠纷案”,河南省高级人民法院(2017)豫民终1097号二审民事判决书。

在"顾某案"[①]中,瑞阳公司为解决工程项目资金缺乏问题,向顾某提出借款,顾某同意但提出瑞阳公司将该楼盘第三层商业门面卖给顾某,到期若归还借款则解除买卖合同,否则顾某以2000万元买下该楼盘。双方遂签订《商品房买卖合同》,顾某以购房款名义向瑞阳公司转账1000万元。其间由于瑞阳公司未按时全额还款,双方于2012年7月18日签订《商品房买卖合同补充协议》,重新确认《商品房买卖合同》的效力。2012年7月19日、20日顾某又以购房款名义向瑞阳公司转账1000万元。至2012年7月20日,瑞阳公司共归还顾某1000万元。2013年1月14日双方签订附条件的《解除合同退款协议书》,约定若瑞阳公司2013年8月31日前退还顾某本息1160万元,顾某无条件配合办理《商品房买卖合同》的解除备案手续,否则不得再以任何理由解除《商品房买卖合同》。后因瑞阳公司未如期归还本息,且对《商品房买卖合同》的效力继续争议而诉至法院。

一审、二审法院均判决《商品房买卖合同》无效。四川省高级人民法院在再审中依据《合同法》第4条判决撤销一审、二审判决:

> 根据《合同法》第4条的规定……因瑞阳公司不能按期归还借款,双方在平等、自愿、公平、协商一致的基础上经多次协商签订了《商品房买卖合同补充协议》《解除合同退款协议书》,且双方在合同、协议上多次协商并签字捺印,对合同、协议效力多次确认,合同、协议涉及的款项性质均表述为购房款而非借款。……由于合同、协议内容双方多次意思表示,其意思表示应当真实。……涉案合同并无无效的事由,案涉《商品房买卖合同》应属有效合同。故原审判定《商品房买卖合同》无效不当,应予纠正。

前述两案依据《合同法》第4条撤销原判时,均默示运用了图式[4],认为法院(政府)负有不干预私人订约自由权的义务。反垄断执法/司法机构若无证明竞争损害径直判定含有RPM的经销协议违法,同样构成非法干涉民事主体订约自由权(经营自由权)。

五、RPM不因违反《价格法》而构成垄断行为

(一)RPM构成垄断行为的前提是损害竞争

"任何部门法都将保护一定的利益作为自己的任务,将如何实现一定的利益作为

---

① "顾某、绵阳市瑞阳房地产开发有限责任公司确认合同无效纠纷案",四川省高级人民法院(2016)川民再361号再审民事判决书。

自己的目标。”[①]区分不同部门法的主要标准即在于不同法律追求保护的利益类型不同,从而决定了其立法目的不同。例如,通说认为,反垄断法旨在保护自由竞争之公益,反不正当竞争法旨在保护公平竞争之公益,消费者权益保护法则旨在保护消费者的知情权、选择权等具体利益。尽管反垄断法和反不正当竞争法均具有保护消费者的功能和效果,但它们并非以消费者利益作为直接保护对象,不以保护消费者利益为直接目的,而是通过保护自由/公平竞争来间接保护消费者利益。消费者权益保护法则以消费者利益作为其直接保护对象,这决定了其以保护消费者利益为立法目的,同时也决定了其与反垄断法、反不正当竞争法之间的界限。[②]

正因如此,尽管《反垄断法》第 1 条[③]规定该法具有多元价值追求(包括维护消费者利益),但其直接目的只有一个,即保护自由竞争,[④]以自由竞争之公益作为直接保护的法益。正如学者张守文指出,“反垄断法的调整目标看似多元分散……但其蕴含的基础价值仍是紧密关联的效率、公平和秩序,即通过自由竞争提升效率,通过确保公平竞争来维护市场秩序,并在此基础上实现各类目标”。[⑤]

《反垄断法》的保护法益和直接立法目的决定了,该法调整的垄断行为必然包含损害自由竞争之要件。如果一个行为不具有竞争损害效果,它就没有侵害《反垄断法》保护的法益,从而也就不构成该法调整的垄断行为。正因如此,《反垄断法》对各类垄断行为均明确设置了竞争损害要件(法定用语是“排除、限制竞争”)。如该法第 13 条第 2 款对垄断协议的界定、第 6 条禁止的滥用市场支配地位行为、第 3 条第 3 项界定的经营者集中行为,均明确包含竞争损害要件。

质言之,《反垄断法》对经营者设置了禁止损害自由竞争利益的行为义务。违反此义务不但会产生公法上的行政责任(第 46 条至第 49 条);也会产生民法上的特殊侵权责任(第 50 条)。民事责任的设置表明,立法者肯定市场主体享有自由竞争之公益带来的利益,若经营者的行为违反《反垄断法》设定的行为义务、损害自由竞争并因此损

---

① 蒋悟真:《论竞争法的基本精神》,上海三联书店 2008 年版,第 15 页。

② 关于消费者权益保护法与反垄断法的区分,参见兰磊:《反垄断法上消费者利益的误用批判》(上),载《竞争政策研究》2016 年 9 月号;兰磊:《反垄断法上消费者利益的误用批判》(下),载《竞争政策研究》2016 年 11 月号。关于消费者权益保护法与反不正当竞争法的区分,参见张占江:《不正当竞争行为认定范式的嬗变》,载《中外法学》2019 年第 1 期。

③ 《反垄断法》第 1 条规定:“为了预防和制止垄断行为,保护市场公平竞争,提高经济运行效率,维护消费者利益和社会公共利益,促进社会主义市场经济健康发展,制定本法。”

④ 由于历史原因,《反垄断法》采用的表述是“市场公平竞争”而非“自由竞争”,但这并不影响学界普遍将其解释为“自由竞争”。

⑤ 张守文:《反垄断法的完善:定位、定向与定则》,载《华东政法大学学报》2020 年第 2 期。

害其他市场主体的财产利益,则可判处其对受害者承担民事责任。然而,这种源于自由竞争之公益的利益仅为一种普通法益,而未上升为一种私权利。尽管作为市场主体的经营者可能称此利益为“享受自由竞争之权利”(“自由竞争权”“公平竞争权”“竞争权”),但这种利益并不是严格意义上的“权利”。另外,虽然学界有所谓“竞争权”的提法,①但其绝非私权利意义上的“权利”(图式[1]),顶多像定价自主权一样是一种对抗政府干预的公权利(图式[4])。

我们有良好的政策理由,一方面承认自由竞争利益,另一方面否定自由竞争权利。这是因为,某一主体享有的竞争自由利益与他人享有的行为自由利益直接冲突,但它们属于同一位阶的重要利益。我们没有理由概括性地厚此薄彼。竞争自由固然重要,行为自由也是一种极其重要的法益,在一个没有行为自由的社会,人们不可能各展其能,从而也就不可能期待他们推动社会的发展。“为了保证人的充分发展,特别是在经济方面充分发挥自己的能力,就不能对他的行动自由做过多的限制。”②

尤其在市场经济领域,每一个经营者都设法争取消费者的认可和青睐,不可避免地会损害他人的利益。例如,新机器的发明会导致旧机器被淘汰,从而损害旧机器经营者的竞争自由之利益。如果因此禁止新机器的推出或者要求其给予赔偿,就会阻碍他人的行为自由,社会便无法进步。正如孙维飞指出,“自由竞争情形下,一企业的营业及获利可能性受企业间竞争与消费者选择等的影响实属常态,若法律一般性地确立‘营利不受他人影响或侵害’的权利,会有阻碍竞争之嫌”。③

当然,如果市场主体在行使行为自由时“不法”侵害他人享有的竞争自由之利益,则应另当别论。但此际给予受害者救济并不会非法干预他人的行为自由,因为其行为自由的行使具有“不法性”,而这种“不法性”已通过设定具体行为义务的方式加以正面规定。例如,美国《第三次不正当竞争法重述》第 1 条详细列举的三种行为不法性情形。具体到反垄断法领域,“不法”,是指违反《反垄断法》为所有经营者设定的禁止损害自由竞争之行为义务。判断“不法”要件满足与否的方法,是考察经营者的行为是否违反了该法设定的行为义务。这种判断要回归到《反垄断法》本身设定的垄断行为的判断标准。

---

① 参见王艳林:《竞争权研究》,载《国家检察官学院学报》2005 年第 2 期;朱一飞:《论经营者的公平竞争权》,载《政法论丛》2005 年第 1 期;周少华、高鸿:《行政诉讼中的公平竞争权及相关问题研究》,载《法学评论》2004 年第 6 期。

② 参见阳庚德:《侵权法对权利和利益区别保护论》,载《政法论坛》2013 年第 1 期。

③ 孙维飞:《侵权责任法中的权利与法益》,载王洪亮等主编:《中德私法研究(11):占有的基本理论》,北京大学出版社 2015 年版,第 324 页。

(二)从干预定价自主权推出垄断行为存在多处逻辑断裂

经过前文层层铺垫,我们现在可以归纳一下文初所引行政处罚决定书以定价自主权证成 RPM 构成垄断协议之论证存在的严重问题(见图 2)。

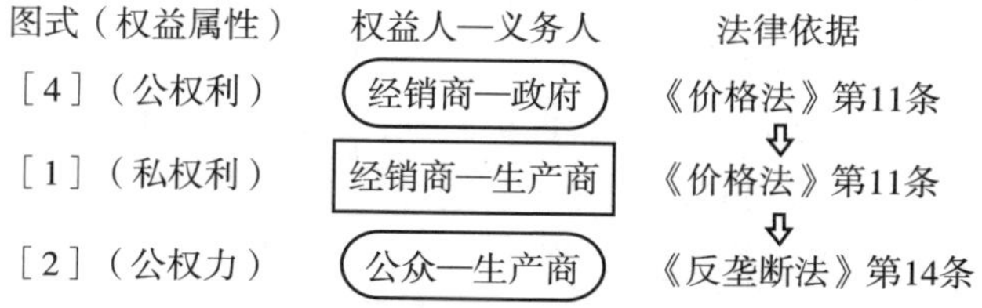

图 2　由 RPM 干预定价自主权到构成垄断协议的推导过程

从图 2 可以看出,要从《价格法》第 11 条第 1 项规定的定价自主权推导出 RPM 违反《反垄断法》第 14 条,需要经过两步推导。然而这两个推导步骤均存在严重问题。

《价格法》第 11 条的立法目的是设置一项公权利,义务人是政府而非私人,因此可以据此要求政府不得干预经销商的定价自主权。但要根据该条定价自主权推导出 RPM 违反《价格法》,必须要让作为私主体的生产商承担起不侵害经销商定价自主权的义务,即必须由图式[4]推出图式[1]。这一推导步骤的最大问题在于,法律条文、立法政策和司法实践均表明,《价格法》第 11 条不具有设置私人义务的意图。根据司法自治的精神("法无明文禁止即可为"),在《价格法》没有明确规定私人承担不干预他人自主定价义务的前提下,我们便没有法律依据让其承担此等义务(更妄论相对方享有此等私权利)。所以,这一步的推导是缺乏法律依据的。

就事实方面而言,即便我们承认《价格法》第 11 条定价自主权可解作私权利,RPM 行为通常也不构成对经销商自由的"干预",而是双方契约自由的体现。即便在极少数情况下,生产商通过事后单方面改变转售价格政策,并利用强锁定效应迫使经销商接受(干预其自主定价),也可以通过合同法予以救济。最重要的是,仅根据此等极少数情况下方可能成就的"干预",推导出 RPM 总是会干预经销商定价自主权,显然犯了以偏概全的错误。易言之,RPM 总是干预经销商定价自主权的命题在事实上不成立。

即便我们假设 RPM 总是干预经销商定价自主权,要从中推出 RPM 构成垄断行为,中间还缺少一个重要的环节。假设《价格法》第 11 条设置了生产商不得干预经销商定价自主权的义务(图式[1]),这也只是一项私权利,由私人(经销商)负责第一性的维护。只有当其力量不足并向国家寻求帮助时(提起民事诉讼),政府才能介入,而介入的方式仅限于以民事诉讼方式依据《价格法》进行审理并执行判决。此际,政府并不能以行政权力直接介入私人间的民事关系。反垄断执法机关依据《反垄断法》第 14

条认定垄断行为,显然是行使第一性的维护公益之责(图式[2])。那么,如何从第一步(有问题的)推导结论——生产商对经销商负有私法义务,政府仅负有第二性维护义务——进一步推导出政府直接负有第一性维护义务?

这需要借助一种法律技术,即当涉及重要利益时,为了更好地维护私益,法律明确规定将私人权利直接作为权力维持的对象。易言之,国家在"第一次的"就不能放任于其个人相互间的交涉,径直而直接担其保护之任。① 此时,基于对私益的保护,法律同时设立了私人对私人的义务和对国家的义务,并将二者结合于同一个条文之中规定。这种现象在现代法律体系中普遍存在。

例如,《刑法》第4章规定的侵害公民人身权利罪、第5章规定的侵害公民个人财产罪,一方面对私人科以不得侵害他人人身权益和财产权益的私法义务;另一方面径直对其科以同样的公法义务。犯此罪时,一方面因侵害人身、财产权益而构成侵权;另一方面因违反对国家的公法义务而构成犯罪。在这种情况下,"行为在违反了绝对禁止性规定的同时也侵害了他人的绝对权"。②《刑法》将此二者结合给予救济,如第36条第1款规定:"由于犯罪行为而使被害人遭受经济损失的,对犯罪分子除依法给予刑事处罚外,并应根据情况判处赔偿经济损失。"在诉讼程序上,受害人可在刑事诉讼中提起附带民事诉讼。

我们可以由此得出一个新的权义结构类型,因其由图式[1]衍生而来,我们将其标注为[1a](见图3)。

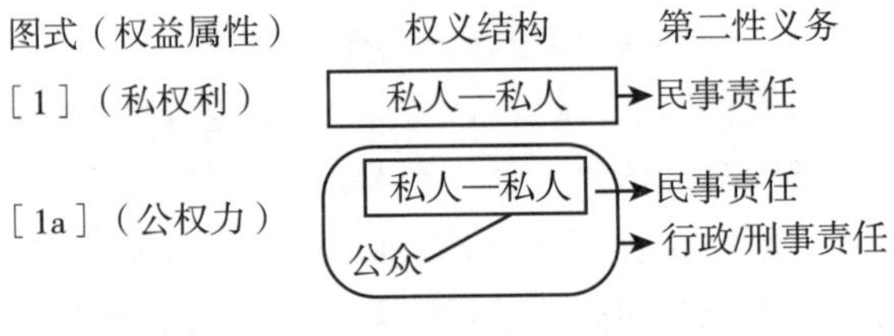

图3　国家径直保护私权利的法律关系

但这种公权力的直接介入必须以法律的明文规定为前提,否则便违反了"法无授权不可为"的公法原则,包括"依法行政"的行政法基本原则。《价格法》没有任何条文直接授权行政机关第一性地维护定价自主私权利。其他法律上也未见对此有所规定。因此,图3蕴含的从图式[1]到图式[1a]之间的推导也是缺乏法律依据的。

---

① 参见[日]美浓部达吉:《公法与私法》,黄冯明译,中国政法大学出版社2003年版,第40页。

② 参见李承亮:《侵权责任的违法性要件及其类型化——以过错侵权责任一般条款的兴起与演变为背景》,载《清华法学》2010年第5期。

即便承认 RPM 语境中图式[1a]成立,要从政府处理生产商与经销商之间自主定价权民事纠纷的权力,得出其据此认定 RPM 构成垄断行为的权力,仍需要一次大胆的推导:政府在《价格法》第 11 条项下与《反垄断法》第 14 条项下行使的权力相同。这意味两个条款涉及的权义结构相同。然而,事实上二者存在巨大差异。在图式[1a]中,政府权力源于径直维护自主定价之私权利;在图式[2]中,政府权力则源于维护自由竞争之公益。两种权益风马牛不相及,这决定了两个条款调整的是完全不同的法律关系。

更重要的是,自由竞争仅是一种普通法益,需要具体证明行为不法性(如竞争损害)才能认定垄断行为;定价自主的私人权利(假设成立)则是一种权利,认定侵权时径直以权利受到侵害之结果征引不法性,而不需要单独证明不法性。由图式[1a]到图式[2]的推导步骤,实质是将对市场竞争法益的保护回溯成了对定价自主权的保护,大大增加了认定垄断行为的可能性,大幅收缩市场自由竞争的空间:但凡干预到他人定价自主权就构成垄断行为。若对"干预"作宽松解释,则几乎所有 RPM 都可被认定为"干预"经销商定价自主权,从而认定为垄断行为。事实上,要清晰界定"干预"是极其困难的。这也正是北京高级人民法院提出的"非公益必要不干扰原则"①以及《反不正当竞争法》互联网专条②充满争议的主要原因:"干扰""妨碍""破坏"都是难以界定的术语,若作宽松解释等于采用美国《第三次不正当竞争法重述》明确拒绝的"竞争特权说"。如此严苛的反垄断法将与保护自由竞争的立法目的背道而驰。正如学者方新军指出,"不当地扩大对利益的保护将会使侵权法从自由之盾转变为对抗自由之剑"。③ 有关 RPM 的这种不当法律适用,亦同。

六、结语

反垄断法是维护自由竞争之公益的法律,但自身具有很强的干预性。因此,反垄断法必须小心翼翼地试图在自由竞争与各种利益之间取得微妙的平衡,包括行为自由、合同自由、私权神圣。稍有不慎就会对整个社会的资源配置甚至社会经济形态造成扭曲。这要求反垄断立法和执法都必须保持谨慎的态度,认真调查、小心求证,力图在实现维护自由竞争的同时避免干预其他重要社会价值。

---

① "百度在线网络技术(北京)有限公司等与北京奇虎科技有限公司等不正当竞争纠纷上诉案",北京市高级人民法院(2013)高民终字第 2352 号民事判决书。

② 《反不正当竞争法》第 12 条相关部分规定:"经营者不得利用技术手段,通过影响用户选择或者其他方式,实施下列妨碍、破坏其他经营者合法提供的网络产品或者服务正常运行的行为……"

③ 方新军:《权益区分保护的合理性证明》,载《清华法学》2013 年第 1 期。

然而,在涉及 RPM 的案件中,执法机关显然并没有做到这一点。他们经常仅从表面现象出发,过于仓促地跳跃到行为违法的结论。以 RPM 干预定价自主权为由论证其构成垄断协议,这种在执法实践中普遍采用的做法即为一例,经不起推敲。执法机关应该回归反垄断法的自身逻辑,以竞争损害为证明和论证的核心要素。①

(责任编辑:游紫薇)

① 关于这种分析方法的一个实例,参见兰磊:《最低转售价格维持的结构型合理原则分析》,载王先林主编:《竞争政策与法律评论》(第 5 卷),法律出版社 2019 年版,第 32 ~ 40 页。

社会公共服务视野下行政垄断行为之厘定、识别与规制*

翟　巍**

摘　要：经济法框架下最核心的问题是"政府行为与市场机制二者冲突与协调问题"，而该问题的具体表现形式之一即关于行政垄断行为的规制问题。在社会公共服务领域高频发生的多元形态的行政垄断行为可被定性为一种行政权力的失序运用行为，但该种行为与由公权力机关实施的合法社会保障行为之间具有高度的形式相似性，因而二者之间的界限极易模糊与混淆。基于此态势，我国反垄断法实施部门与公平竞争审查部门有必要在厘定行政垄断行为基础定义的前提下，一方面识别社会公共服务领域行政垄断行为的产生原因；另一方面设定明晰化与实操化的社会公共服务领域行政垄断行为构成要件体系。最终建构横跨多部门法的关于社会公共服务领域行政垄断行为的统合规制机制。

关键词：社会公共服务；行政垄断行为；反垄断法；公用企业；公平竞争审查

一、前言

依据市场关联性的区分标准，社会公共服务可被细分为经济型与非经济型两类。所谓经济型社会公共服务，是指属于市场上买卖关系客体的社会公共服务类型，这类社会公共服务需要通过市场交易与流转的方式被社会公众最终获取。所谓非经济型社会公共服务，是指不属于市场上买卖关系客体的社会公共服务类型，这类社会公共服务通常由国家公权力主体通过直接与免费（或者只收取低廉的管理费用）的方式提

---

* 收稿日期：2021年1月3日。

本文是国家社会科学基金一般项目"依法治国视域下社会公共服务领域行政垄断规制研究"（编号：15BFX081）的研究成果。

** 法学博士，华东政法大学经济法学院副教授，华东政法大学竞争法研究中心执行主任。

供给社会公众。

经济型及非经济型社会公共服务行业的行政垄断行为规制问题属于“政府与市场关系宏大问题”的子问题之一。作为民生领域核心构成的社会公共服务行业,如果政府与市场之间的界限不合理、不确定与不明晰,那么将可能导致两种极端化负面后果:其一,在市场机制不存在或无法充分发挥效能的存在市场失灵现象的社会公共服务行业,行政主体未能依法实施介入与干预措施,从而导致在这类行业中市场失灵态势固化与泛化,最终导致公共利益受损;其二,在市场机制能够充分发挥效能的社会公共服务行业,行政主体滥用行政权力实施介入与干预措施,扭曲与异化正常的市场竞争机制,最终导致所谓的政府失灵现象,亦导致公共利益受损后果。在后一种情形下,行政主体滥用行政权力排除、限制竞争的行为就构成典型行政垄断行为。

基于全球视野分析,世界各国及国家联盟均在不同范围内与不同程度上存在行政垄断行为,而关于社会公共服务领域行政垄断行为的规制问题在世界各国及国家联盟均属于历久弥新的法律问题之一。在社会公共服务领域,行政垄断行为主要发生在经济型社会公共服务行业;但是,在行政主体引入竞争机制的非经济型社会公共服务行业,亦可能出现行政垄断行为。在新时代社会主要矛盾变化的背景下,虽然我国政府与市场的基本关系框架业已基本厘定,但由于计划经济体制的遗留影响与狭隘本位利益的驱使,地方或部门行政主体滥用公共事务管理职能干预社会公共服务领域正常市场竞争的情形并不鲜见。①

迄今为止,我国规制社会公共服务领域行政垄断行为的制度主要包括行政法律制度、反垄断法律制度与公平竞争审查制度。② 其中,以《反垄断法》为核心的反垄断法律制度属于普通法律制度,该制度主要经由事后规制途径禁止具体与抽象行政垄断行为;而公平竞争审查制度属于规范性文件制度,该制度主要经由事前规制途径禁止抽象行政垄断行为。在域外国家或国家联盟(如欧盟),社会公共服务领域的行政垄断行为既可能由行政法律制度规制,又可能由国家援助法律制度、反垄断法律制度规制。

二、行政垄断行为之概念厘定与解析

发达国家行政的初始渊源可以上溯至古罗马帝国时期。在这一时期,权力还没有依据类型标准被进行细分,因而执政官、行政长官、营造司、财务官与元老院都具有一

① 中共中央、国务院《关于新时代加快完善社会主义市场经济体制的意见》。

② 参见[美]威廉·科瓦西奇、[英]林至人、[英]德里克·莫里斯:《综合报告》,载[美]威廉·科瓦西奇、[英]林至人、[英]德里克·莫里斯编著:《以竞争促增长:国际视角》,中信出版集团2017年版,第75页。

定的行政职权，并相应承担一定的行政职能；在现代国家得以创设之后，权力被逐渐细分，行政才构成国家独立的职能类型之一。① “控权论”构成行政法产生的初始法律基础。具言之，在作为行政法母国的法国，行政法最早发端于由行政法院施行司法审查所构筑形成的原则与规则；就本质属性而言，行政法可被视为社会控制工具。②

原全国人大法律委员会主任委员杨景宇认为，我国的“行政垄断”概念并不科学与准确，其原因在于，行政机关不属于经营者范畴，亦不实施经营活动，因而行政机关不可能实施垄断行为，关于“行政垄断”的提法并不成立。③ 全国人大常委会在制定《反垄断法》时，在文本表述上亦体现了与杨景宇先生所持观点相类似的立场。举例而言，依据《反垄断法》第3条的文本表述，“垄断行为”概念包含以下3种类型：其一，垄断协议；其二，滥用市场支配地位行为；其三，具有或者可能具有排除、限制竞争效果的经营者集中行为。由该法条文本表述分析，全国人大常委会将《反垄断法》意义上的“垄断行为”概念等同于学界所使用的“经济垄断行为”概念，而将“行政垄断行为”排除在“垄断行为”概念外延范畴以外。

虽然全国人大常委会专门设置《反垄断法》第8条与第5章（第32条至第37条）用于规制学界所称的“行政垄断行为”，但全国人大常委会在《反垄断法》文本表述上没有直接采行“行政垄断行为”概念，而是使用其同义概念“滥用行政权力排除、限制竞争的行为”。我国立法机关在其他相关法律中亦没有直接采用行政垄断行为概念，而是采用其他具有相同意义的表述。譬如，立法机关在《招标投标法》第6条中亦没有直接采用“行政垄断行为”概念，而是采用“违法限制或者排斥”与“以任何方式非法干涉”的表述指代招投标活动中由地方政府或相关部门实施的行政垄断行为。

尽管在我国《反垄断法》诞生之前，立法界对“行政垄断”及“行政垄断行为”概念表述的合理性提出的质疑并非全无道理，但在《反垄断法》生效逾12年之后，这种形而上的质疑已经逐渐消弭。其原因在于，现今理论界与实务界绝大多数人士都已经认可与使用“行政垄断行为”概念，并统一将“行政垄断行为”的概念内涵界定为“行政主体滥用行政权力排除、限制竞争的行为”。由于我国《反垄断法》诞生较晚，该部法律在2008年8月1日起才开始施行，因而为了在《反垄断法》诞生之前有效规制既有的行政垄断行为，全国人大常委会制定的1993年《反不正当竞争法》不仅涵盖规制不正当竞

---

① 参见宋京霖：《现代行政的责任机制——反思政治/行政二分法的投射效应》，法律出版社2018年版，第37页。

② 参见宋京霖：《现代行政的责任机制——反思政治/行政二分法的投射效应》，法律出版社2018年版，第9～10页。

③ 参见林文：《反不正当竞争法律制度与实务技能》，法律出版社2014年版，第380页。

争行为的法律条款,而且包含规制行政垄断行为的法律条款。

总括而言,我国的行政垄断行为概念类似德国与欧盟法学理论界所使用的“国家限制竞争行为”(staatliche Wettbewerbsbeschränkungen)概念的子概念“行政性国家限制竞争行为”。而“国家限制竞争行为”概念本身又构成“限制竞争行为”(Wettbewerbsbeschränkungen)概念的子概念。“限制竞争行为”可被细分为以下类型:(1)公权力主体实施的国家限制竞争行为(staatliche Wettbewerbsbeschränkungen);(2)私权利主体实施的限制竞争行为(private Wettbewerbsbeschränkungen),即垄断协议行为、滥用市场支配地位行为、具有排除或限制竞争影响的经营者集中行为;(3)以自然垄断行为(natürliche Monopole)为代表的其他类型。①

在欧盟法层面,行政垄断行为(Verwaltungsmonopole),是指欧盟成员国及其分支机构所控制的垄断。② 这一概念的内涵与我国行政垄断行为概念不同。我国行政垄断行为属于违法的行政行为,而欧盟法意义上的行政垄断行为在各成员国一般具有合法依据,但此类行政垄断行为亦可能在欧盟法层面被认定为非法行为。欧盟法意义上的行政垄断行为原先主要存在于欧盟南部成员国,迄今为止该类垄断行为亦没有得以彻底清除。③ 欧盟领域内关于行政垄断行为的典型例子包括法国与意大利的天然气与电力垄断以及在所有欧盟成员国都存在的电信与邮政垄断;此外,德国各州的博彩垄断以及意大利涉及烟草与香蕉的贸易垄断亦具有一定程度的行政垄断属性。④ 在欧盟领域内,欧盟成员国及相关行为主体都宣称实施行政垄断行为的目的是维护公共利益,但在实质意义上,这类行政垄断的实施常常因欧盟成员国及相关行为主体为了获取财政收入及其他利益。⑤ 就基本属性而言,这类行政垄断行为很难避免扭曲或损害欧盟内部市场的竞争机制。但在特定例外情形下,这类行政垄断行为确实是欧盟成员国维护公共利益的基础工具与必由途径。在欧盟法律实践中,《欧盟运行条约》(TFEU)第106条第1款与第2款是厘定此类行政垄断行为合法与非法界限的基本法

---

① O. A., Zentrale Begriffe, http://www.ip.mpg.de/files/pdf1/zentrale_begriffe15.pdf, Stand: 24.04.2014.

② Emmerich, in: Manfred A. Dauses/Markus Ludwigs, Handbuch des EU-Wirtschaftsrechts, Werkstand: 48. EL Juli 2019, § 3. Art. 102 AEUV-Missbrauchsverbot, Rn. 164.

③ Emmerich, in: Manfred A. Dauses/Markus Ludwigs, Handbuch des EU-Wirtschaftsrechts, Werkstand: 48. EL Juli 2019, § 3. Art. 102 AEUV-Missbrauchsverbot, Rn. 164.

④ Emmerich, in: Manfred A. Dauses/Markus Ludwigs, Handbuch des EU-Wirtschaftsrechts, Werkstand: 48. EL Juli 2019, § 3. Art. 102 AEUV-Missbrauchsverbot, Rn. 164.

⑤ Emmerich, in: Manfred A. Dauses/Markus Ludwigs, Handbuch des EU-Wirtschaftsrechts, Werkstand: 48. EL Juli 2019, § 3. Art. 102 AEUV-Missbrauchsverbot, Rn. 164.

律依据。

值得注意的是,虽然域内学界公认胡汝银是中国首位提出并阐释“行政垄断”概念的学者,但如果精细分析胡汝银先生的相关论述,就会发现他所述的“行政垄断”概念的内涵实质上类似社会主义计划经济体制下的国家垄断。具言之,胡汝银从宏观与微观两个层面界定“行政垄断”概念。在宏观层面,国家采用全面的计划手段控制宏观经济演变趋势;在微观层面,国家完全掌控企业的生产与经营活动,而企业没有任何独立与自主经营权。①

基于前述,虽然胡汝银是中国首位提出并阐释“行政垄断”概念的学者,但反垄断法律制度及公平竞争审查制度所规制的行政垄断行为的内涵已经与胡汝银所阐释的行政垄断行为的内涵大相径庭。一言以蔽之,在学者胡汝银提出“行政垄断”概念后,该概念应被视为动态变迁的概念生命体,它的内涵与外延一直处于不断变迁与演化过程中。迄今为止,“行政垄断”概念内涵已经基本与其原初含义“合法国家垄断”无涉。同时,作为本土概念的“行政垄断”及“行政垄断行为”具有违法属性,这决定了该项概念与德国法等域外法视野下的通常合法的“行政垄断行为”概念亦截然不同。基于域内外比较视角,本土概念“行政垄断”及“行政垄断行为”基本等同于欧盟法视野下的概念“具有行政属性的国家限制竞争行为”。依据欧盟国家援助法律制度以及附属性反垄断法律制度的规定,具有行政属性的国家限制竞争行为被一般性禁止,但可基于公共利益而得到豁免。相关豁免条款为《欧盟运行条约》第 106 条第 2 款与第 107 条第 2 款与第 3 款。

迄今为止,在我国行政垄断行为规制领域,行政垄断概念及行政垄断行为概念仅有学理层面的界定,而欠缺法律制度层面的精准界定。② 全国人大常委会在制定《反垄断法》时未直接采用“行政垄断行为”概念,而是采用与“行政垄断行为”概念相等同的“滥用行政权力排除、限制竞争行为”概念。国务院在创设公平竞争审查制度过程中,亦未直接采用“抽象行政垄断行为”概念,而是采用与“抽象行政垄断行为”概念类似的“妨碍公平竞争的规章、规范性文件和其他政策措施”概念表述。

全国人大法工委经济法室认为,在认定“行政垄断行为”(滥用行政权力排除、限制竞争行为)时,主要考量因素有二:其一,一项行政行为是否产生排除、限制竞争效果;如果一项行政行为产生排除、限制竞争效果,那么该项行为构成被《反垄断法》禁止的

① 参见叶卫平:《行政垄断规制悖论解析——兼谈行政权与经济调节权分际》,载《时代法学》2006 年第 6 期。

② 参见丁渠:《立法中的不正当部门利益治理——代议制民主的视角》,中国社会科学出版社 2014 年版,第 205 页。

行政垄断行为。其二,一项行政行为是否具有法律依据或国家政策根据;如果一项行政行为的施行具有法律依据或国家政策根据,那么该项行政行为即使产生扭曲市场竞争机制的效果,亦不构成行政垄断行为。①

由全国人大法工委经济法室的上述表述可知,其认为《反垄断法》第 8 条所述的行政垄断行为的结果要件"排除、限制竞争"应被诠释为"排除、限制竞争的效果",而非"排除、限制竞争的可能性"。全国人大法工委经济法室的这一诠释有待商榷。这一诠释的弊端在于:该诠释限缩解释了行政垄断行为的结果要件,进而缩减了行政垄断行为的外延范畴,这不利于反垄断执法机关及行政垄断主体上级机关全面规制滥用行政权力干预市场秩序的行为,亦无助于预先防范滥用行政权力干预市场秩序行为的发生。

尤其须关注的是,最高人民法院在 2018 年"裕泰案"再审裁定书(最高法行申 4675 号)中认为,《反垄断法》第 13 条第 2 款所规定的垄断协议的结果要件"排除、限制竞争"不仅应当包含"排除、限制竞争效果",而且应当涵盖"排除、限制竞争可能性"。从体系解释视角分析,同一部《反垄断法》中"排除、限制竞争"的表述应当获得同质化诠释。既然最高人民法院已经认定《反垄断法》第 13 条第 2 款中的"排除、限制竞争"包含"排除、限制竞争的效果与可能性",那么,《反垄断法》第 8 条中的"排除、限制竞争"亦应当包含"排除、限制竞争的效果与可能性"。基于此,在行政垄断行为效果(结果)要件层面,它应当既包含"排除、限制竞争的效果",又涵盖"排除、限制竞争的可能性"。

总体而言,行政垄断行为,是指政府、政府所属部门以及其他行政主体通过超越法定权限或者滥用行政权力的方式对正常市场竞争过程实施违法介入与干预的行为或状态。依据我国《反垄断法》第 8 条的规定,行政垄断行为属于"滥用行政权力型"的违法行政行为。滥用行政权力具有狭义与广义两种诠释。依据狭义层面的诠释,滥用行政权力行为属于行政主体不当使用自由裁量权的行为;依据广义层面的诠释,滥用行政权力行为属于行政违法行为,它的外延范畴涵盖狭义的滥用行政权力行为、超越行政权限行为、行政失职行为等。②

在《反垄断法》实施逾 12 年并且公平竞争审查制度实施已 5 年的背景下,反垄断理论界与实务界人士在长期研讨过程中已经对《反垄断法》第 8 条中"滥用行政权力"表述予以统一的宽泛诠释,他们基本将"滥用行政权力行为"等同于"行政主体职权违

① 中国世界贸易组织研究会竞争政策与法律专业委员会编著:《中国竞争法律与政策研究报告·2011 年》,法律出版社 2012 年版,第 229 页。

② 参见魏琼:《行政性垄断新解》,载《政治与法律》2010 年第 6 期。

法行为”,并将“行政垄断行为”基本等同于“排除、限制竞争的行政主体职权违法行为”。基于此,反垄断立法机关不必如同个别学者(如魏琼)所主张的采取限缩化解释“滥用行政权力”与重构“行政垄断行为”内涵的举措。①

三、社会公共服务领域行政垄断行为之原因识别

行政垄断行为的规制问题被视为经济法制度架构下需要解决的最核心问题——“政府行为与市场机制二者冲突与协调问题”的具体表现样态之一。② 具言之,传统守夜人模式的“国家无为而治”与计划经济时期全能管家模式的“国家全面干预”都会导致政府失灵现象的发生与存续。③ 而行政垄断行为可被定性为一种准政府失灵情形。基于全球视野分析,世界各国社会公共服务领域均存在不同形式的行政垄断行为,但由于各国在宪法制度、行政体制、经济体制、经济发展阶段、传统文化、历史沿革等诸多方面存在显著差异,因而行政垄断行为在各国亦具有不同的产生原因、发生频率与表现样态。

就我国而言,社会公共服务领域行政垄断行为的产生与持续包括浅层次与深层次原因。我国社会公共服务领域行政垄断行为产生的浅层次原因有二。

其一,由权力“寻租”等腐败现象导致的“委托—代理”利益失衡问题。依据“委托—代理”制度框架,地方或部门行政主体的工作人员是行政主体的代理人,他们接受所属行政主体的委托而履行法定的工作职责。就理论层面而言,委托人与代理人的利益“光谱”应当完全重合。但在行政实践中,作为代理人的行政主体工作人员可能由于接受贿赂而滥用工作权限排除、限制市场竞争,并由此导致行贿经营者获得在正常市场竞争环境下所不可能获得的高额收益。④

其二,由于行政主体缺乏全面信息或长远规划而导致的行政垄断行为。在特殊情形下,行政主体并非主观上为了追求狭隘本位利益而实施行政垄断行为。相反,行政主体是由于掌握信息不全面或缺乏长远规划而作出不恰当的行政行为,而该类行政行为具有排除、限制竞争的效果,因而它们亦构成被反垄断法律制度及公平竞争审查制

---

① 参见魏琼:《行政性垄断新解》,载《政治与法律》2010 年第 6 期。

② 参见顾全:《行政性垄断司法审查与救济问题研究》,法律出版社 2017 年版,第 1 页。

③ 参见关保英、黄辉、曹杰:《行政垄断之行政法规制》,中国政法大学出版社 2008 年版,第 31 页。

④ 参见[美]威拉德·汤姆:《创新和竞争政策》,载[美]威廉·科瓦西奇、[英]林至人、[英]德里克·莫里斯编著:《以竞争促增长:国际视角》,中信出版集团 2017 年版,第 406~407 页。

度禁止的行政垄断行为。①

从"政府行为与市场机制二者冲突与协调"的宏观视角分析,我国社会公共服务领域行政垄断行为产生的深层次原因有二。

其一,地方行政主体与部门行政主体受到狭隘本位利益的驱使而滥用行政权力,最终导致扭曲市场竞争机制与损害公共利益的后果。以地方行政垄断行为产生原因为例,在一个地方政府所辖行政区域内,本地企业经营效益的优劣与该地方政府财政收入的高低存在正相关联系,而该地方政府财政收入的高低又是评价该地方政府政绩的重要参考指标之一。在此情形下,这一地方政府就可能受到狭隘本位利益的驱使,采用违法干预市场竞争的方式扶持本地企业的发展,并排挤、打击在本地市场经营的外地企业。②

其二,计划经济体制下遗留的行政权经济化趋向亦是导致社会公共服务领域行政垄断行为产生与存续的深层次原因之一。在传统的计划经济体制下,行政机关以及其他类型的行政主体通过全面国家垄断的方式参与几乎所有经济行业的生产、经营、销售。在社会主义市场经济体制下,行政权力对市场资源的配置作用逐步让位于市场机制自发产生的资源配置作用,基于此种转变,行政权的非经济化应被厘定为政府与市场之间关系的基本原则。具体而言,市场应当在资源优化配置中发挥决定性作用,而政府应当在资源优化配置领域发挥辅助性、从属性与服务性作用。③ 然而,由于传统计划经济体制的惯性影响,若干行政主体在实施行政行为时容易混淆行政权与经济权的界限,甚至将行政权错误阐释为一种营利性的权力,从而导致行政权力以滥用或越界的方式侵蚀以经营者为代表的市场参与主体的自由竞争权与公平竞争权。

由于我国整体国民经济发展具有显著的区域性、层级性与多元性特征,因而各级地方政府及其他类型行政主体在客观上必须实施个别化的契合本地情况的行政管理措施与行政干预措施。此外,我国地方各级政府承担"促进经济发展""保持社会稳定""提高人民生活水平"的固有职责。个别地方行政主体为了追求狭隘的地方本位利益,通常会采取不正当的手段保护本地企业与闭锁本地市场,进而达到保护与增长本地财源的目的。④

---

① 参见[美]威拉德·汤姆:《创新和竞争政策》,载[美]威廉·科瓦西奇、[英]林至人、[英]德里克·莫里斯编著:《以竞争促增长:国际视角》,中信出版集团2017年版,第408页。

② 参见关保英、黄辉、曹杰:《行政垄断之行政法规制》,中国政法大学出版社2008年版,第33页。

③ 参见关保英、黄辉、曹杰:《行政垄断之行政法规制》,中国政法大学出版社2008年版,第108页。

④ 法律出版社法规中心:《中华人民共和国反垄断法(注释本)》,法律出版社2017年版,第35页。

四、社会公共服务领域行政垄断行为之构成要件

依据我国《反垄断法》第 8 条的文义解释,行政垄断行为的构成要件包括主体要件、行为要件、结果(效果)要件。在主体要件层面,实施行政垄断行为的适格主体分为两类:其一,行政机关;其二,在法律或法规授予权限的前提下,履行公共事务管理职能的相关组织。在行为要件层面,行政垄断行为的表现形态为"滥用行政权力"。为了有效防范与遏制行政权力对社会公共服务领域市场机制的不当干预,作为行政垄断行为的行为要件的"滥用行政权力"应当予以宽泛解释,其外延范畴应当与"违法行政行为"的外延范畴基本等同。在结果(效果)要件层面,行政垄断行为应当具有"排除、限制竞争"的属性。具言之,只有一项由行政主体实施的滥用行政权力行为具有"排除、限制竞争"的属性,它才能构成被反垄断法律制度禁止的行政垄断行为。此处所述的"排除、限制竞争"的属性不仅包括排除、限制竞争的可能性,而且涵盖排除、限制竞争的实质效果。而主观要件(过错要件)并不属于法定的行政垄断行为构成要件之一。在 2014 年"斯维尔诉广东省教育厅行政垄断案"中,一审法院广州市中级人民法院就采纳"三要件"观点,在确认行政垄断行为层面明确排除了对主观要件的证明要求。

(一)社会公共服务领域行政垄断行为的主体要件

依据由《反垄断法》衍生的公平竞争审查制度相关规定,实施行政垄断行为的适格主体外延范畴得到进一步拓展。

从主体要件层面考察,社会公共服务领域行政垄断实施主体包括"行政机关"与"法律、法规授权的具有管理公共事务职能的组织"。其中,"行政机关",是指国家为推行政务而组织的依法行使国家权力、管理国家行政公务的执行机关,其外延涵盖国务院各部委以及直属局、省、地、县各级人民政府及所属各职能部门。① "法律、法规授权的具有管理公共事务职能的组织",是指依据具体法律、法规授权而行使特定行政职能的非国家机关组织,其外延涵盖事业组织、社会团体、基层群众性自治组织、企业组织与各种技术检验、鉴定机构。②

不容忽视的是,依据具体法律、法规授权而行使特定行政职能的非国家机关组织亦应包括相关行政机构。由行政机关设立的行政机构包括行政机关内设性机构、派出性机构与专门性机构等。在一般情形下,这类行政机构具有辅助行政机关履责

---

① 参见吴炯主编:《中华人民共和国反垄断法解读》,中国工商出版社 2007 年版,第 201 页。

② 参见吴炯主编:《中华人民共和国反垄断法解读》,中国工商出版社 2007 年版,第 201 ~ 202 页。

的功能定位,它们本身不能独立实施行政行为与承担法律责任,因而它们亦不可能在社会公共服务领域独立实施行政垄断行为;在特殊情形下,基于具体法律、法规的授权,这类行政机构可以获得独立的行政主体资格,据此它们可以独立实施行政行为,并独立承担法律责任,因而它们亦可能在社会公共服务领域独立实施行政垄断行为。①

值得注意的是,20世纪末21世纪初国内若干竞争法学者曾将公用企业列为实施行政垄断行为的行政主体类型之一。② 这一学术观点在当时历史背景下具有正确性与合理性。在20世纪末21世纪初,由于传统计划体制的残余影响,在社会公共服务领域政企不分与政资不分现象依旧较普遍。在若干经济型社会公共服务行业从事活动的公用企业兼具企业经营者与行政管理者的双重身份,并且这种双重身份的设定具有相应的法律、法规、规章、规范性法律文件、规范性文件依据。

迄今为止,在我国若干社会公共服务行业依旧存在行政性公司。行政性公司属于"法律、法规授权的具有管理公共事务职能的组织"范畴,它们可以构成实施行政垄断行为的特殊类型行政主体。这类公司具有两方面基本特征:一方面,这类公司兼具市场经营与行政管理职能,它们不但具有行政机关所不具备的企业经营权,而且具有商事公司所不具备的行政管理权;另一方面,由于行政性公司兼具行政管理者与企业法人的双重角色,因而它们可以凭借行政权力与经济实力结合的优势排挤或支配其他经营者。③

实施行政性限制竞争行为(行政垄断行为)的主体范畴,通常被宽泛界定为各种类型的具有行政管理权限的主体。依据联合国国际贸易法委员会拟订的《私人融资基础设施项目立法指南》,"政府",是指在国家、省或地方层级负责行政或决策职能的各类公共当局,而此处的"公共当局",是指政府行政部门中的实体或与其相关联的实体。④ 在欧美发达国家法域视野下,"公共部门"(öffentliche Hand)被厘定为国家限制竞争行为的施行主体类型之一。就概念外延范畴而言,公共部门包括各层级的行政当局以及其他类型的公法主体。以德国为例,德国联邦政府、州政府、市政府、乡镇政府均属于公共部门范畴。⑤ 公共部门在社会公共服务领域承担与履行社会保障职责,它们是欧

---

① 参见魏琼:《论行政性垄断主体——以公共行政组织为中心》,载《法学杂志》2010年第6期。

② 参见魏琼:《论行政性垄断主体——以公共行政组织为中心》,载《法学杂志》2010年第6期。

③ 参见李钟斌:《反垄断法的合理原则研究》,厦门大学出版社2005年版,第195页。

④ 参见顾功耘主编:《当代主要国家公私合作法》,北京大学出版社2017年版,第17页。

⑤ Steffen Minter, öffentliche Hand, https://wirtschaftslexikon. gabler. de/definition/oeffentliche-hand-45478, besucht am 04.05.2020.

美“保障型国家”与“福利型国家”原则与理念的实际践行者。这类公共部门通常采取两类方式介入与干预社会公共服务领域:其一,公共部门利用其所控制的公共企业生产与供给社会公共服务;其二,公共部门利用其所掌握的公共资产确保社会公共服务的有效供给。①

(二)社会公共服务领域行政垄断行为的行为要件

依据我国《反垄断法》的界定,行政垄断行为的行为要件是“滥用行政权力”。具体而言,依据行政行为表现形态之间的差异,行政垄断行为的表现形态包括带有滥用行政权力属性的行政许可、行政指导、行政合同与行政计划。②

规制与防范行政垄断行为的行政法律制度包括《行政诉讼法》《行政复议法》《行政许可法》等法律。一般而言,行政主体在社会公共服务领域设立行政许可的行为体现“管理公共事务”与“维护社会秩序”等层面的国家意志。但是,行政主体滥用行政权力设定行政许可的行为亦可能构成排除、限制竞争的行政垄断行为。这种行政许可形态的行政垄断行为的产生原因包括:其一,行政许可立法的滞后性;其二,行政许可设定范围的宽泛性;其三,行政主体设定行政许可行为的不规范性。③

带有滥用行政权力属性的行政指导亦可构成被反垄断法律制度与公平竞争审查制度联合禁止的行政垄断行为。在社会公共服务领域发生的具有行政指导形态的行政垄断行为可被细分为以下类型:其一,行政主体违法实施行政指导而在社会公共服务领域导致排除、限制竞争后果;其二,行政主体在作出相应行政指导后未能兑现先前承诺而在社会公共服务领域导致排除、限制竞争后果;其三,行政主体作出的行政指导具有明显错误而在社会公共服务领域导致排除、限制竞争后果;其四,行政主体强行推行名义上的或形式上的行政指导而在社会公共服务领域导致排除、限制竞争后果。④

构成行政垄断行为的行政合同大多发生在公私合作模式(PPP合作模式)适用领域。在社会公共服务领域,公私合作模式通常适用于经济型社会公共服务行业,其在例外情形下亦可能适用于非经济型社会公共服务行业。具言之,基于公私合作模式的合同通常属于公法意义上的行政合同,而公法意义上的行政合同迥异于私法意义上的

---

① Vgl. Steffen Minter, öffentliche Hand, https://wirtschaftslexikon.gabler.de/definition/oeffentliche-hand-45478, besucht am 04.05.2020.

② 参见关保英、黄辉、曹杰:《行政垄断之行政法规制》,中国政法大学出版社2008年版,第45页。

③ 参见关保英、黄辉、曹杰:《行政垄断之行政法规制》,中国政法大学出版社2008年版,第45~50页。

④ 参见关保英、黄辉、曹杰:《行政垄断之行政法规制》,中国政法大学出版社2008年版,第55~56页。

私法合同(民事合同)。私法合同(民事合同),是指平等主体之间缔结的以权利义务为内容的合意。如果经营者利用民事合同强迫合同相对方实施特定内容的交易,那么这一行为依据个案情形的差异可被厘定为经济垄断行为、侵犯消费者权益行为等。而公法意义上的行政合同概念的界定本身呈现国别性与嬗变性的特征。《最高人民法院副院长李国光在全国法院行政审判工作会议上的讲话》是我国最早界定行政合同概念的权威司法文件。该文件将行政合同定义为,以实现行政管理为目的的,在地位不平等的行政机关与行政相对人之间签订的合同。[①] 依据此概念界定,如果行政机关利用行政合同实施排除、限制竞争意图,那么该类行政合同行为涉嫌构成行政垄断行为。

依据合同双方之间的地位对比,德国行政法视野下的行政合同分为协调性行政合同(koordinationsrechtliche Verträge)与下位性行政合同(subordinationsrechtliche Verträge)。所谓协调性行政合同,是指合同双方均为行政主体,因而处于同一层级的行政合同。所谓下位性行政合同,是指合同一方为行政主体,而另一方为私人主体的行政合同。在社会公共服务领域中依托公私合作模式而设立的公私合作协议(PPP 协议)无疑属于下位性行政合同范畴。依据德国《行政诉讼法》第 54 条第 1 句的规定,除非立法预先作出排斥性规定,否则合同法律关系可在公法领域得以缔结、修改或撤销。而德国《行政诉讼法》第 54 条第 2 句直接规制下位性行政合同。依据该句规定,行政机关可通过与行政相对人签订公法合同的方式来取代直接向行政相对人实施特定行政行为。[②] 基于此项规定,行政主体可以通过与作为行政相对人的私权利主体(如社会公共服务供给企业)签订公私合作协议的方式,委托私权利主体生产与供给特定类型的社会公共服务;行政主体由此可以间接履行自身依法承担的保障特定类型社会公共服务有效供给的职责。2015 年 4 月 27 日最高人民法院公布《关于适用〈中华人民共和国行政诉讼法〉若干问题的解释》。该解释第 11 条将政府特许经营协议明确认定为《行政诉讼法》第 12 条第 1 款第 11 项规定的行政协议。[③] 依据该条规定,如果一个行政机关在履行社会公共服务行业特许经营协议(合同)过程中违反约定,导致被授权方主体利益受损后果,那么被授权方主体可以通过行政诉讼方式维护自身权益。

行政计划,是指行政主体为履行法定行政职能或达致特定的行政目的而作出的相

---

① 参见翟巍:《德国循环经济法律制度精解》,中国政法大学出版社 2017 年版,第 241 页。

② 参见翟巍:《德国循环经济法律制度精解》,中国政法大学出版社 2017 年版,第 243 ~ 244 页。

③ 我国《行政诉讼法》第 12 条第 1 款第 11 项规定,法院应当受理下列诉讼:"认为行政机关不依法履行、未按照约定履行或者违法变更、解除政府特许经营协议、土地房屋征收补偿协议等协议的。"

应规划与计划。如果一个行政主体拟议在一个经济型社会公共服务行业出台一项政策措施,而该项政策措施具有关涉市场主体经济活动的属性,那么行政主体制作的关于实施该项政策措施的规划或计划就属于行政计划范畴。依据公平竞争审查制度的要求,该行政主体在出台这一政策措施之前必须进行公平竞争审查。如果该项政策措施被认定具有排除、限制竞争的预期后果,并且不得依据公共利益(社会公共利益)豁免标准等相关豁免标准获得合法属性,那么该项政策措施属于抽象行政垄断行为范畴。在此情形下,如果该行政主体制作的关于实施该项政策措施的规划或计划内容亦具有排除、限制竞争预期效果,那么该项规划或计划就应被界定为具有抽象行政垄断行为属性的行政计划。

基于域内外行政法视角,行政行为的内容包括以下 5 种类型:其一,授益性内容;其二,负担性内容;其三,复合性内容;其四,中立性内容;其五,公益性内容。[①] 依据行政垄断行为规制实践分析,构成行政垄断行为的行政行为通常包含授益性内容、负担性内容与复合性内容。一般而言,依据社会公共服务领域的行政垄断行为内容差异,可以将行政垄断行为细分为以下 3 种类型:[②]

其一,具有授益性内容的行政垄断行为。行政主体在实施此类行政垄断行为过程中,违反法律法规的要求赋予相关企业主体过度与不当的权利与利益(如特许经营权、行政奖励、行政补贴),抑或是违反法律法规的要求为相关企业主体免除相应的义务(如缴税义务)。具有授益性内容的行政垄断行为属于行政法律行为范畴。就危害后果而言,具有授益性内容的行政垄断行为违反竞争中性原则的要求,它赋予特定企业主体不公平的市场竞争优势。

其二,具有负担性内容的行政垄断行为。行政主体在实施此类行政垄断行为过程中,违反法律法规的要求为特定企业设定或增加义务,抑或是违反法律法规的要求剥夺或限制特定企业的权利。举例而言,一个地方行政主体为了扶持本地企业发展,采取滥用行政权力处罚外地企业的方式,将外地企业排挤出本地市场,那么这一行为就涉嫌构成具有负担性内容的行政垄断行为。具有负担性内容的行政垄断行为属于行政法律行为范畴。就危害后果而言,具有负担性内容的行政垄断行为违反竞争中性原则的要求,它赋予特定企业主体不公平的市场竞争劣势。

其三,具有复合性内容的行政垄断行为。行政主体在实施此类行政垄断行为过程中,既可能违反法律法规的要求针对同一行政相对人实施兼具授益效果与负担效果的

① 参见马生安:《行政行为研究》,山东人民出版社 2008 年版,第 159~161 页。

② 参见马生安:《行政行为研究》,山东人民出版社 2008 年版,第 159~161 页。

行政行为(如行政合同),又可能违反法律法规的要求,在给予一方行政相对人利益的同时,对另一方行政相对人施加负担(如行政裁决)。具有复合性内容的行政垄断行为属于行政法律行为范畴。就危害后果而言,具有复合性内容的行政垄断行为违反竞争中性原则的要求,它不仅赋予特定企业主体不公平的市场竞争优势,而且向特定企业主体施加不公平的竞争劣势。

(三)社会公共服务领域行政垄断行为的结果(效果)要件

行政垄断行为的结果(效果)要件是“产生排除、限制竞争的可能性或实质后果”。如前文所述,最高人民法院在2018年“裕泰案”再审裁定书(最高法行申4675号)中认为,现行《反垄断法》第13条第2款所规定的垄断协议的结果(效果)要件“排除、限制竞争”不仅应当涵盖“排除、限制竞争效果”,而且应当包括“排除、限制竞争可能性”。从法律体系解释视角诠释,在同一部《反垄断法》中若干处“排除、限制竞争”的表述应当获得同质化与统一性诠释。既然最高人民法院已经认定《反垄断法》第13条第2款中的“排除、限制竞争”包含“排除、限制竞争的效果与可能性”,那么,《反垄断法》第8条中的“排除、限制竞争”亦应当包含“排除、限制竞争的效果与可能性”。基于此项判断,在行政垄断行为结果(效果)要件层面,它应当既包含“排除、限制竞争的效果”,又涵盖“排除、限制竞争的可能性”。从行政垄断行为的宏观规制视角分析,在行政垄断行为结果要件涵盖“排除、限制竞争的可能性”的情形下,可以有效实现反垄断法律制度与公平竞争审查制度的结合与融合。

具言之,作为规范性文件制度的公平竞争审查制度主要是针对抽象行政垄断行为的“事前”规制机制。如果一个行政主体预备在社会公共服务领域实施一项关涉市场主体经济活动的政策措施,那么该行政主体就应当在正式出台前对该项政策措施内容进行公平竞争审查。在此情形下,如果该项政策措施被认定为实施后将产生排除、限制竞争后果,并且该项政策措施不符合豁免标准,那么它就应被禁止出台。从公平竞争审查制度实施机制可知,其事前规制的抽象行政垄断行为还未出台实施,因而这类行为不可能产生“排除、限制竞争的效果”,仅是具有“排除、限制竞争的可能性”。基于此,如果将《反垄断法》规制的行政垄断行为的结果要件仅仅限定于“排除、限制竞争的效果”,那么将会产生法理上的逻辑悖论。其原因在于,公平竞争审查制度的主要创设依据就是《反垄断法》,而公平竞争审查制度主要规制对象为未出台实施的具有“排除、限制竞争的可能性”的政策措施,因此只有将《反垄断法》规制的行政垄断行为的结果要件外延范畴厘定为包括“排除、限制竞争的效果”与“排除、限制竞争的可能性”,才能实现反垄断法律制度与公平竞争审查制度的有机衔接与无缝融合。

五、社会公共服务领域行政垄断行为之统合规制机制

行政垄断行为的行政权力属性是其有别于经济垄断行为的最根本特征，这也是行政垄断行为具有更强生存韧性与更大破坏能力的根源所在。① 行政垄断行为的核心特质是“行政主体在市场竞争领域滥用行政权力”。在行政垄断行为规制层面，如何确立“行政权力滥用”标准是其核心问题所在。关于该问题的解决路径在执法、司法实践中备受争议，法学界先后产生了经济效益标准、行政合法性标准、行政合理性标准等多元化观点。② 相关主流学说是“非契合目的说”，依据该项学说，如果一项排除、限制竞争的行政行为具有行政法视野下形式意义上的合法属性，但它不符合确立该项行政行为合法属性的法律、法规的立法目的要求，那么该项行政行为应被厘定为行政垄断行为。③

任何行政垄断行为必然发生在实施行政垄断行为的行政公权力主体（行政主体）与公平竞争权受到侵蚀的私权利主体（市场主体）之间。此外，基于利益守恒的考量，行政垄断行为在损害一部分特定私权利主体（市场主体）的公平竞争权的情形下，通常亦会使另一部分特定私权利主体（市场主体）因而获得不当利益。④ 在社会公共服务领域施行的行政垄断行为既可能表现为“作为”样态，又可能表现为“不作为”样态。“不作为”样态的行政垄断行为，是指负有法定市场规制职责与监管职责的行政主体拒绝依法规制与监管特定私权利主体损害其他私权利主体公平竞争权的行为。总体而言，“不作为”样态的行政垄断行为包含以下 3 项构成要件：其一，特定行政主体具有法定的维护市场竞争机制的规制与监管职责；其二，特定行政主体在客观层面具有依法规制与监管“特定私权利主体损害其他私权利主体公平竞争权行为”的资质与能力；其三，特定行政主体拒绝履行或消极履行依法规制与监管“特定私权利主体损害其他私权利主体公平竞争权行为”的职责。⑤

在大陆法系国家或受大陆法系传统影响的国家的法律制度架构之下，社会公共服务的生产与供给必须受到行政法律法规的管辖，而行政法律法规的管辖对象还包括相当宽泛的政府职能。具言之，依据此类行政法律法规的规定，以政府为代表的行政主

---

① 参见顾全：《行政性垄断司法审查与救济问题研究》，法律出版社 2017 年版，第 37 ~ 38 页。

② 参见顾全：《行政性垄断司法审查与救济问题研究》，法律出版社 2017 年版，第 6 页。

③ 参见顾全：《行政性垄断司法审查与救济问题研究》，法律出版社 2017 年版，第 6 页。

④ 参见顾全：《行政性垄断司法审查与救济问题研究》，法律出版社 2017 年版，第 29 页。

⑤ 参见关保英、黄辉、曹杰：《行政垄断之行政法规制》，中国政法大学出版社 2008 年版，第 12 页。

体能够经由行政行为或行政合同实施其权力与职能。[①] 在20世纪社会主义计划经济体制施行期间,我国经济型社会公共服务领域实施事业化管理体制,提供此类经济型社会公共服务的国有企业不属于独立经营者,它们实质上是行政机关或事业管理单位的衍生机关。因而在经济型社会公共服务领域,行政主体与经营者两者之间关联关系的基本特征是政资不分、政企不分、政监不分。总体而言,在经济型社会公共服务领域,经营者、行业主管者与市场监督者本质上处于"三位一体"的格局。[②]

在社会主义计划经济体制时期,以行政机关为主导的国家公权力机关依法完全管控社会公共服务领域各类服务的生产与供给,构成实质意义上与合法意义上的国家垄断行为(行政垄断行为)。彼时在社会公共服务领域不仅不存在作为"无形之手"的市场竞争机制,而且不存在自主经营的独立的企业主体。在这一历史时期,由公权力机关、公权力机关下属组织与附属于公权力机关的国有企业、集体企业承担社会公共服务的生产与供给任务。

当我国由社会主义计划经济体制转变为社会主义市场经济体制之后,社会公共服务领域的行政垄断行为不仅抵触社会主义市场经济体制关于"发挥市场机制在资源配置中的决定性作用"的基本要求,而且直接违反《反垄断法》原《价格法》原《招标投标法》以及原《反不正当竞争法》等禁止行政垄断行为的法律法规。1980年我国政府颁行《关于开展和保护社会主义竞争的暂行规定》,该规定首次明确厘定反对垄断的任务,但是相关内容依旧呈现社会主义计划经济体制的痕迹。[③]

在当前时代背景下,为了有效防范与消除社会公共服务领域的行政垄断行为,我国反行政垄断执法机关有必要厘定行政主体在社会公共服务领域行使行政裁量权的合理区间与评判标准,以避免行政主体由于滥用行政裁量权而构成行政垄断行为。此外,我国反行政垄断执法机关亦应借鉴域外先进模式设定社会资本(民间资本)参与社会公共服务供给的基本原则,既防止行政主体由于违反公私合作协议中的承诺而损害社会资本提供者的合法权益,又避免行政主体违反物有所值原则而给予社会资本提供者过高回报,从而构成排除、限制竞争的行政垄断行为。

如果权力没有受到监督,那么它必然会导致腐败;如果权力没有受到制约与监督,那么它就可能被滥用。基于此,中国特色社会主义法治体系必须以"规范与约束公权

① 参见顾功耘主编:《当代主要国家公私合作法》,北京大学出版社2017年版,第149页。

② 参见祁欢:《公共服务业反垄断豁免法律制度研究》,知识产权出版社2013年版,第258页。

③ 参见王先林:《市场取向的经济改革与中国反垄断法的产生和发展》,载王先林主编:《竞争法律与政策评论》,上海交通大学出版社2015年版,第3页。

力”为重要建构目标。[①] 总体而言,统合规制行政垄断行为的行政法律制度、反垄断法律制度、公平竞争审查制度都以“规范与约束公权力”作为重要的制定目标之一。在反垄断法律制度规制框架下,行政机关在实施一项涉及市场主体经济活动的行政行为时,不仅应当依据行政法律要求确保该项行政行为的施行程序契合依法行政原则,而且应当结合行政法律制度与反垄断法律制度的具体规定厘定该项行政行为的实质内容,从而避免该项行政行为异化为具有违法属性的行政垄断行为。

一言以蔽之,在经济型社会公共服务领域,由行政主体实施的行政垄断行为违反我国社会主义市场经济体制的基本要求。具言之,行政垄断行为扭曲了经济型社会公共服务领域的市场竞争机制,导致市场资源无法得到最优化与最合理配置。此外,行政垄断行为导致全国统一大市场被区块化与碎片化分割,从而影响商品、服务、资金、技术、劳动力、数据等生产要素在全国统一大市场领域的自由与有序流动,这直接干扰与损害整体国民经济的健康发展。在我国经济型及非经济型社会公共服务领域,行政垄断行为同时受到反垄断法律制度、公平竞争审查制度与行政法律制度的规制。[②] 就制度属性而言,反垄断法律制度属于普通法律制度范畴,它构成社会公共服务领域行政垄断行为的事后规制制度;而公平竞争审查制度属于规范性文件制度范畴,它基本构成了社会公共服务领域行政垄断行为的事前规制制度。在竞争政策制度架构下,反垄断法律制度与公平竞争审查制度构成前后相续与相辅相成的规制行政垄断行为的“两翼”制度。

从行政法律制度与反垄断法律制度的关联层面考量,中央政府(国务院)创设的公平竞争审查制度既属于由《反垄断法》内置的规制行政垄断行为法条的细化执行制度,又可被视为辅助行政法律制度施行的规范性文件制度。具言之,公平竞争审查制度构成行政法律制度与反垄断法律制度相互联结与融合的“纽带”。在公平竞争审查制度框架下,政策制定机关对自身拟议出台的涉及市场主体经济活动的政策措施必须实施自我公平竞争审查。基于行政法视角,这种自我公平竞争审查机制属于行政主体的内部控制行为范畴。所谓行政主体的内部控制行为,是指行政主体主动审查与约束自身实施的行政行为,以确保自身在合法与合理的限度内有效运行行政权。具言之,行政主体的内部控制行为系行政主体为防范或消除自身实施的违法或不当行政行为而采取的控制措施。这类控制措施的表现形式包括行政主体的自我预防、自我发现、自我

① 参见中共中央宣传部:《习近平新时代中国特色社会主义思想三十讲》,学习出版社 2018 年版,第 188 页。

② 参见孙晋、詹昊主编:《中国与世界:竞争法发展研究报告》(2017 年卷),法律出版社 2018 年版,第 404 页。

遏制与自我纠错等。①

此外,就制度实践功能而言,反垄断法律制度与行政法律制度在规制社会公共服务领域行政垄断行为层面不仅没有相互之间的适用冲突,而且呈现相辅相成的互补状态。举例而言,如果一个行政主体在社会公共服务领域"滥用行政权力"实施了一项排除、限制竞争的行政行为,那么该行政行为无疑构成行政法律制度禁止的行政垄断行为。但是,在具体判定一项行政行为是否符合"滥用行政权力"情形时,执法与司法机关可以依托反垄断法律制度及公平竞争审查制度采用精细化与实操化的关于"滥用行政权力"的评判标准。如果一项产生排除、限制竞争影响的社会公共服务领域行政行为具有行政法律层面的实施依据,而相关行政法律与《反垄断法》处于同一法律位阶,那么该项排除、限制竞争的行政行为属于合法行政行为;反之,如果一项产生排除、限制竞争影响的社会公共服务领域行政行为仅以行政法规、规范性法律文件或规范性文件作为实施依据,此类行政法规、规范性法律文件或规范性文件的法律位阶低于反垄断法律制度,而该项行为又缺乏基于反垄断法律制度及公平竞争审查制度的豁免依据,那么该项行为构成应予禁止的行政垄断行为。

在现行《反垄断法》框架下,被立法机关具体列举的行政垄断行为类型,没有涵盖在我国经济型社会公共服务领域常见的"行政主体滥设相关服务市场行政许可行为""行政主体滥用行政权力颁授独占经营权或特许经营权行为"与"行政主体与经营者串通招投标行为"。② 为了精准厘定与规制这3类行政垄断行为,国家市场监督管理总局及相关行政主体有必要在经济型社会公共服务领域区分行政垄断行为与合法市场监管行为的界限。如果行政主体在实施一项形式意义上的市场监管行为(如设置行政许可,授予经营特权)时,缺乏《行政许可法》等行政法律法规的明确授权或超越授权权限,同时该监管行为具有排除、限制竞争的可能性或实际效果,那么,行政机关实施的这一形式意义上的市场监管行为应当被厘定为行政垄断行为。除此之外,如果行政主体在实施一项形式意义上的市场监管行为(如设置行政许可,授予经营特权)时,虽然该监管行为的施行具有《行政许可法》等上位法规定的权限,而行政主体在法定权限下亦具有相应的行政裁量权,但是行政主体违反比例原则与审慎原则,滥用行政裁量权排除、限制竞争,那么行政主体实施的形式意义上的监管行为亦应被厘定为行政垄断行为。

在经济型社会公共服务领域,行政主体利用国家财政资源施行援助措施必须遵循

① 参见张婧飞:《行政强制权正当性的法哲学追问》,法律出版社2009年版,第195页。

② 王晓晔:《反垄断法》,法律出版社2011年版,第319~320页。

合理限度标准、专项使用标准以及账簿分立标准，否则这类援助措施亦可能构成行政垄断行为。此外，在经济型社会公共服务领域，各类别与各层级的行政主体为了契合竞争中性原则的要求，应当相应遵循政资分开、政市分开以及政企分开原则。具言之，各类别与各层级的行政主体与受其委托或指令提供经济型社会公共服务的企业之间财政关系应当相互分离与公开透明。除法律法规另有规定外，国有、民资、外资与混合所有制企业都具有承担经济型社会公共服务供给任务的经营者主体资格。各类不同资本构成与组织形式的企业都具有在经济型社会公共服务领域开展自由、平等、公平竞争的权利。

欧盟国家援助规制制度模式，如果一个行政主体在社会公共服务领域实施经营行为，且将自身定位为市场经济运营者，那么这项行为属于正常的市场经营行为范畴，它应被排除于行政垄断行为范畴之外。依据“市场经济经营者”原则（Grundsatz des marktwirtschaftlich handelnden Wirtschaftsteilnehmers），如果一个行政主体以“与作为理性人与经济人的私人经营者”完全相同的方式在经济型社会公共服务行业从事市场经营行为，那么这一行政主体施行的这一经营行为不仅不会优待特定经营者，而且不会优待特定类型产品或服务的生产，因而这一行为不应构成反垄断法意义上的排除、限制竞争的行政垄断行为。

进言之，依据“市场经济经营者”原则或者类似的“市场经济投资者”原则（Market Economy Investor Principle），如果一个行政主体在社会公共服务领域向一个国有独资企业提供援助，那么这项援助行为不一定构成反垄断法意义上的行政垄断行为。举例而言，如果一个行政主体依据市场供求态势针对一个国有独资企业作出投资决策，并且它根据客观的、充分的与确凿的理由判定这一项决策行为可以产生投资收益，而在同样或类似的市场经济环境下，一个作为“理性人”与“经济人”的私人投资主体亦将会作出与这一行政主体相同或相似的投资决策，那么这一行政主体施行的这一投资策略行为不会侵蚀市场竞争机制，亦不会导致侵蚀市场竞争机制的危险，因而这一投资策略行为不应被厘定为行政垄断行为。①

六、结语

随着社会主要矛盾的变化，我国社会公众对于美好生活的需求呈现日益多元化与广泛化的趋势。譬如，在外延范畴包括“社会公共服务”的民生领域，社会公众对于以

---

① Vgl. BMWi, Handbuch über staatliche Beihilfen, Handreichung für die Praxis von BMWi-EA6, Stand: Januar 2016, S. 29.

下类型的服务提出“更广泛”与“更高层次”的需求:其一,医疗服务;其二,教育服务;其三,环境优化服务;其四,住房服务等。[①] 为了满足社会公众对于社会公共服务的广泛的、高质的需求,政府以及其他类型的行政主体应当依法采取“不作为”与“作为”的二元解决路径。具言之,在通过市场机制即可确保社会公共服务有效供给的领域,行政主体应当主动采取“不作为”的方式,最大限度地减少自身对“市场资源配置机制”与“市场主体微观经济活动”的直接性介入与干涉,以避免行政权力不当干预与侵蚀市场机制的正常运行;[②]在此情形下,行政主体应当将施政重心置于“维护与强化正常市场竞争秩序”层面。在既有市场机制无法全面与有效确保社会公共服务供给的市场失灵领域,行政主体应当依法主动采取“作为”的方式,通过行政援助、行政扶持等行政行为弱化乃至克服市场失灵现象,从而更好地发挥自身辅助市场资源配置机制运作的作用,以确保社会公众可以获得持续、充分、有效的社会公共服务供给。[③]

(责任编辑:莫晓尧)

---

① 参见中共中央宣传部:《习近平新时代中国特色社会主义思想三十讲》,学习出版社 2018 年版,第 228 页。

② 参见中共中央、国务院《关于新时代加快完善社会主义市场经济体制的意见》。

③ 参见中共中央、国务院《关于新时代加快完善社会主义市场经济体制的意见》。

平台企业的垄断行为规制研究*

李　丹**

摘　要:平台企业垄断行为严重损害相关市场的竞争秩序利益,反垄断法应顺应平台经济发展规律,优化"相关市场界定——市场优势分析——具体行为认定"规则,以有效规制平台企业垄断行为,引导平台企业规范发展。在平台企业相关市场界定中,采用降低产品质量与供给替代分析法取代假定垄断者测试法。在平台企业特有市场优势分析中,构建以数据优势、网络外部性优势与市场壁垒优势等要素的分析架构。在平台企业垄断行为认定中:明晰大数据"杀熟"、逼迫用户"二选一"等滥用市场支配地位行为的负面效应;辨明平台企业利用算法合谋达成垄断协议行为的后果;以创新效应标准取代营业额标准,判定平台企业经营者集中产生的竞争效应。

关键词:平台企业;反垄断法;垄断行为;规制

一、引言

大数据时代,数据成为各大平台企业公司争相夺取的竞争资源,互联网平台经济领域已经基本形成垄断格局。各大平台公司通过早期的技术开发,率先占据了互联网平台经济领域发展的高地。但是互联网平台经济领域是一个以创新为核心竞争力的行业,不乏一些小企业通过技术创新崛起并分享市场份额的案例,如域外领英公司即通过个人职业信息资源的整合获取了一定地位,而国内字节跳动公司也通过开发抖音

---

* 收稿日期:2020 年 12 月 24 日。

本文是教育部青年基金项目"大数据时代互联网平台滥用市场支配地位的法律规制研究"(19YJC820024)、司法部青年基金项目"算法偏见的反垄断法规制研究"(19SFB3041)、重庆市社科规划博士项目"标准必要专利持有人滥用市场支配地位认定研究"(2016BS047)、中央高校基本科研项目"算法共谋的反垄断法规制研究"(SWU2009402)的研究成果。

** 法学博士,西南大学法学院讲师。

短视频软件,吸引了消费者大量的注意力。这是互联网平台经济领域正常竞争状态下的结果,也能够激励企业通过创新参与竞争,激发互联网市场的竞争活力。[①] 可是一些大型平台企业却担心小企业的崛起会导致其已经获得的市场优势变得不再稳定,于是大型平台企业为减少竞争带来的威胁,纷纷通过滥用市场支配地位、签订垄断协议甚至不当经营者集中等行为,破坏创新型小企业赖以成长的健康市场环境。这不仅会阻碍小企业通过竞争获得成功的道路,也会破坏整个互联网平台经济领域的竞争,最终导致创新和竞争的双重损失。

互联网平台经济领域呈现渐进式发展的特征,反垄断执法政策也需要随时作出动态的调整。例如,我国的网约车平台市场,在网约车兴起之时,对制约出租车市场的垄断起到了很好的作用,而且也能够切实给消费者带来福利,故相关执法部门对网约车市场持支持态度。随着网约车市场恶性竞争越来越激烈,各大公司通过掠夺性定价抢占市场份额,虽然执法部门意识到需要适当控制网约车市场以维持其健康有序发展,但仍然持观望态度。滴滴和优步中国合并之后,网约车市场形成了基本垄断格局,不仅竞争状态被破坏,各种侵犯消费者权益的事件也时有发生,执法部门确定网约车市场已经进入不得不管的境地,于是出台了一系列政策措施。[②] 可见,互联网平台企业的规制,与其等到实然发展成破坏市场竞争、损害消费者权益的状态,还不如趁早实施预防性监管措施,消除垄断威胁,维护市场竞争的同时也能促进互联网平台经济领域的健康稳定发展。

从《互联网平台经济领域的反垄断指南(征求意见稿)》中可以看出,我国反垄断执法机构已经意识到这个问题,开始关注大型互联网平台的垄断问题。但是由于制定于实体经济时期的《反垄断法》并未考虑到互联网等新兴市场的发展,相关制度无法适应经济的发展阶段。故为应对互联网平台经济领域的垄断问题,需要进一步完善相关法律规定和指南,结合互联网平台经济的特征,在相关市场界定、市场优势分析以及垄断行为认定方面作出相应改良,以制度引导平台企业规范发展。

二、相关市场界定:规制平台企业垄断行为的前提

规制平台企业垄断行为的前提是界定相关市场。只有先界定相关市场,才能进一步分析市场优势,判断经营者在多大的市场范围内给竞争带来影响,是否存在损害竞

① 余文涛、吴士炜:《互联网平台经济与正在缓解的市场扭曲》,载《财贸经济》2020年第5期。

② 王仁和、李兆辰、韩天明、陈玲:《平台经济的敏捷监管模式——以网约车行业为例》,载《中国科技论坛》2020年第10期。

争的威胁。[①] 近年来,包括美国等一些司法辖区的反垄断执法指南提出,在互联网平台经济领域的反垄断分析中不需要界定相关市场。[②] 之所以会出现这样的观点,原因在于,互联网平台经济领域的相关市场界定不同于传统领域。传统领域可以通过经济学方法测试相关市场的范围边界,如典型的假定垄断者测试法,反垄断执法机关可以通过一段时间内持续小幅涨价,测试消费者的需求替代,把消费者转移的产品纳入相关市场的范围。假定垄断者测试法在传统领域中可以得到相对客观的相关市场界定结论,但在互联网平台经济领域却面临困境。由于互联网平台经济领域的竞争并不直接体现为价格竞争,其竞争的核心是消费者注意力,平台企业会通过免费提供产品的方式争夺消费者注意力,进而获得可以用于商业开发的数据,再在广告领域、产品推荐领域甚至定价领域获取优势,进而获得利润。[③] 可见,平台企业提供的产品在消费者端往往是免费的,由于基数为零,如果实施涨价就不是小幅量变,而是从免费到收费的质变,假定垄断者测试法无法实施。故传统市场的相关市场界定方法无法直接适用于互联网平台经济领域,相关市场界定遇到前所未有的困境,反垄断执法机关面对该问题也一筹莫展。[④] 反垄断执法分析过程中不需要界定相关市场的观点便应运而生,部分学者通过论证互联网领域相关市场界定的困难,以及某些案件中即使不界定相关市场也能够判断存在竞争损害的威胁,得出了比较简单的结论,市场界定并不是反垄断分析的必备步骤。[⑤]

我们不否认个别案件中平台企业的行为对竞争带来的损害确实是显而易见的,但如果据此直接从质上得出禁止相关行为的结论,不通过相关市场界定从量上分析其对竞争带来的损害究竟有多大,那在决定书中如何说理、如何能够让经营者自觉服从反垄断执法机关的相关决定?例如,有关经营者集中的案件,禁止并不是常态,无条件允许集中以及附条件允许集中才是常态。在我国有关经营者集中的案件审查中,禁止集中的案件仅包括两件,绝大多数案件都是无条件允许,当然也包括少部分附条件批准

---

① 参见张江莉:《论相关产品市场界定中的"产品界定"——多边平台反垄断案件的新难题》,载《法学评论》2019 年第 1 期。

② 参见王晓晔:《市场界定在反垄断并购审查中的地位和作用》,载《中外法学》2018 年第 5 期。

③ 参见肖红军、阳镇、姜倍宁:《平台型企业发展:"十三五"回顾与"十四五"展望》,载《中共中央党校(国家行政学院)学报》2020 年第 6 期。

④ 参见杨利华:《双边市场条件下第三方支付相关市场的界定——基于互联网行业的反垄断法分析》,载《当代法学》2018 年第 6 期。

⑤ 参见唐要家、唐春晖:《数字平台反垄断相关市场界定》,载《财经问题研究》2021 年第 2 期。

集中的案件。[1] 可见,绝大部分案件的集中对市场竞争影响不大,但是集中的竞争效果分析必须建立在相关市场界定的基础上,否则无法得出令人信服的结论。[2] 以前我国有关经营者集中的案件只有禁止和附条件批准会在反垄断执法机关网站上公示,这种做法一直令人诟病。因为除这部分案件需要公众监督外,无条件允许集中的案件更需要公众和利害关系人的监督,如果连利害关系人都无法获知相关执法信息,即使后续给竞争者以及市场竞争带来损害,只能通过其他制度进行救济,反垄断法通过经营者集中制度预防垄断的目的就会落空,也会让市场主体怀疑反垄断法的权威性和公正性。[3] 所以,目前有关无条件允许集中的案件也会进行公示,那么就对执法机关提出了更高的要求:必须要进行合法有据的说理,说明为什么集中在相关市场中不会带来损害竞争的威胁。[4] 这也是为什么相关市场界定是反垄断分析中必不可少的前提要件,不能因为界定有困难,就直接放弃界定。反垄断执法机关应该思考的是,如何在互联网平台经济领域作出相应的变革和改良,使相关市场能够得到科学准确的界定。

实际上,我国执法机关并没有放弃在互联网平台领域进行相关市场界定的努力。[5] 虽然目前并没有确定行之有效的方法,但是我们应不断进行尝试,直至找到科学有效的界定方法。

一个可供思考的方向是,通过降低服务质量界定相关市场。平台企业不直接通过价格开展竞争,其竞争的实质是争夺消费者注意力,但夺取消费者注意力之后需要变现,否则平台企业无法营利。那么,消费者数据通过什么方式变现,以及平台双边是如何产生互动的?互联网平台是典型的双边市场,双边市场存在正反馈效应,即消费者数量会影响另一边经营者的数量。消费者不需要直接支付对价,但需要支付个人信息数据和注意力,平台企业利用这些数据和注意力,吸引另一边的经营者加入,增加经营者数量,以形成规模经济效应。[6] 可见,平台企业获利的原理在于,为消费者提供免费

---

① 徐乐夫:《互联网行业之于反垄断的诸多问题需要理论支持》,载法制网,http://www.Legaldaily.com.cn/zt/content/2018-08/03/content_7609994.htm。

② 参见李剑:《多产品下的相关市场界定——基于中国经营者集中典型案例的反思》,载《法学》2019年第10期。

③ 参见王晓晔:《市场界定在反垄断并购审查中的地位和作用》,载《中外法学》2018年第5期。

④ See Ashley Fry, Matthew R. McGuire, Catherine Schmierer, *Horizontal Market Power: The Evolving Law and Economics of Mergers and Cartels*, George Mason Law Review, Vol. 18:4, p. 825(2011).

⑤ 参见曾彩霞、朱雪忠:《欧盟对大数据垄断相关市场的界定及其启示——基于案例的分析》,载《德国研究》2019年第1期。

⑥ 参见易芳、孟昌、陈丽月:《交易型平台企业规制中的相关市场界定——以网约车平台为例》,载《北京工商大学学报》(社会科学版)2020年第6期。

服务,以此从另一边经营者处获得利润。既然平台企业致力为消费者提供有足够吸引力的免费服务,如果不能通过提高价格的方式测试消费者的需求替代,可以转而降低服务质量,以此对消费者进行测试。落实到具体个案中,需要考虑平台企业的具体盈利点。如果平台企业通过广告获利,那么可以适当增加广告数量或时长,以此降低服务质量;如果通过服务效率获利,可以通过降低服务速度测试消费者的转移倾向;如果通过商家数量优势获利,可以通过减少提供服务的商家等方式进行具体测试分析。

另一个可供思考的方向是,通过分析平台盈利端的供给替代界定相关市场。既然无法通过消费者端的需求替代分析界定平台企业的相关市场,那么可以考虑转向盈利端进行供给替代分析以测试相关市场的边界。① 虽然随着反垄断执法理论的逐步成熟,执法机关和理论界意识到消费者需求才是决定相关市场大小的关键因素,开始把需求替代分析视为界定相关市场的首选途径,但却忽略了供给替代也会对相关市场的大小产生不可忽略的影响。尤其是在创新性较强的互联网行业,即使有部分消费者能够模糊感知自己的消费需求,但由于受技术和想象力的制约,消费者无法准确预知市场中可能会出现什么新产品。要真正使消费者的需求得到更大程度的满足,需要经营者以满足消费者需求并获取收益为动力,发挥创新潜力、开发新产品并进行市场测试,才能在若干尝试后找到满足消费者需求并由此获利的产品,也只有这样的企业才能在创新竞争中脱颖而出。② 由此可见,供给替代分析才是互联网等新兴经济领域更应该重视的方法,在需求替代分析由于各种原因无法发挥其价值时,就应该转而分析供给替代。从价格、服务水平、供给数量和频率等多方面进行评估分析,测试各平台企业间产品相互替代的可能性,把这些产品纳入同一相关市场,由此界定平台经济领域的相关市场范围。

三、市场优势分析:规制平台企业垄断行为的关键

在互联网平台经济领域中,现代多元交易模式取代了传统二元交易模式。③ 买卖双方通过平台节约了盲目寻找的成本,提升了交易频率,在平台企业参与交易的过程中,买卖方尤其是买方在平台留下了大量的数据足迹。平台企业利用独特的数据优势,并基于数据进一步加强了互联网经济固有的网络外部性和市场进入壁垒,在市场中形成明显优势,这也是其实施垄断行为的基础。故,平台企业的市场优势分析成为

---

① 参见雷琼芳:《互联网相关市场界定的研究——基于假定垄断者测试法和盈利模式测试法的比较》,载《价格理论与实践》2017 年第 2 期。

② 参见李丹:《互联网企业市场支配地位的认定》,载《河北法学》2015 年第 7 期。

③ 参见[美]奥利·洛贝尔:《分享经济监管:自治、效率和价值》,载《环球法律评论》2018 年第 4 期。

规制其垄断行为的关键环节。

(一)数据优势

企业优势往往以产品销售额的形式呈现,具体在反垄断分析上体现为企业的高市场份额。而在互联网平台经济领域,由于市场的动态创新性特征,高市场份额不一定对应平台企业的稳定市场优势。平台企业的优势往往体现在其掌握的数据规模上,能否从消费者手中获取足够多的个人信息数据,并据此形成大数据,才是判断平台企业市场优势的核心考量要素。① 所以,平台企业的市场优势分析应从静态的市场份额转向动态的数据价值,提升反垄断执法的灵活性,以应对新兴互联网经济带来的挑战。

数据具有信息优势。数据是信息的表现形式和载体,可以是符号、文字、数字、语音、图像、视频等。② 可见,数据本身就是信息,平台企业收集的数据,主要是消费者在平台累积的各种消费数据。平台企业可以将这些零散的消费者个人数据集结成大数据,进行整体分析,预测消费趋势,以此指导进一步发展的方向,寻找最佳盈利途径。同时平台企业也可以以每个消费者的个人信息数据为分析对象,对消费者的付费习惯、消费频率、浏览关注等信息进行详细分析,得出针对每个消费者的个人数据画像,并以此为基础对消费者进行个性化推荐,提升消费频率;或者对消费者进行个性化定价,提升交易可能性,实施大数据"杀熟"行为。③ 可见,数据本身的信息优势能够被平台企业用以提升收益,形成平台企业独特的市场优势。

此外,数据还具有时间优势。互联网经济是一个快速发展的领域,所有企业都在争分夺秒地进行技术开发和创新,谁掌握了发展的先机,谁就能够在创新竞争中迅速获得胜利。而平台企业基于大量消费者数据信息,能够准确分析消费者的需求和关注点,并以此为指导进行技术开发和创新。数据优势不仅可以减少平台企业创新过程中的无效尝试,节省创新时间和成本,还可以显著提高创新的成功率,保证创新成果能够契合消费者的需求,使其在实际投入市场的环节中能够迅速获得消费者的认可。可见,平台企业利用数据的时间优势很容易在竞争中快速取胜,掌控发展先机。④

---

① 参见曲佳宝:《数据商品与平台经济中的资本积累》,载《财经科学》2020年第9期。

② 参见丁晓东:《论数据携带权的属性、影响与中国应用》,载《法商研究》2020年第1期。

③ 参见陈兵:《数字经济发展对市场监管的挑战与应对——以"与数据相关行为"为核心的讨论》,载《东北大学学报》(社会科学版)2019年第4期。

④ 参见杨汝岱:《大数据与经济增长》,载《财经问题研究》2018年第2期。

（二）网络外部性优势

作为互联网经济的产物，平台企业具有典型的网络外部性特征。[①] 网络外部性与数据优势的结合，能够给平台企业带来明显的市场优势。

一方面，平台企业的外部性表现为交叉网络外部性。由于平台企业所处的市场是双边市场，平台两端都存在市场主体。[②] 以搜索引擎为例，搜索引擎平台的一端是作为用户的消费者，另一端是广告商。在搜索引擎平台发展初期，会致力提高搜索结果的准确率和覆盖范围，尽最大可能地提供契合消费者需求的服务，以此吸引消费者形成使用依赖，扩大消费者规模。但平台企业从消费者端并无法实现盈利，为了把消费者规模转化为收益点，平台企业便开始在另一端提供广告服务，通过竞价排名的方式获取收益。当然，即使是搜索引擎平台开展竞价排名也需要在广告和自然搜索结果中作出平衡，否则可能导致消费者流失。[③] 消费者规模减少又会直接降低广告收益，原因就在于消费者端和广告商端存在交叉网络外部性，消费者数量越多，平台对广告商的价值也就越大，就会聚集更多的广告商。故，消费者规模可以通过交叉网络外部性给平台企业带来市场优势。

另一方面，平台的外部性也体现为单边网络外部性。这种外部性主要存在于消费者端内部。平台企业实现初步盈利之后，通常不会止步于此，面对平台经济领域激烈的创新竞争，还需要进一步巩固市场优势。于是平台企业会持续进行技术开发，以其收集的既有消费者数据展开分析，提供更能契合消费者需求的产品，巩固并扩大消费者规模，以此保障持续的盈利增长点。平台企业通过扩大消费者规模，不断获取更新的消费者信息，再以消费者信息为基础，进行数据驱动，提升产品性能，使之能够更好地迎合消费者需求，锁定既有消费者的同时吸引新消费者。可见，平台企业通过单边网络外部性形成了消费者规模、信息数据以及消费者满意度的正反馈循环，获得了其他企业难以撼动的市场优势。

（三）市场进入壁垒优势

平台经济领域本身就存在市场壁垒，[④]在数据的加持下，这种市场进入壁垒变得愈加坚不可破，进一步加强了在位平台企业的市场优势。

---

① Katz M. L., Shapiro C., *Network Externality*, *Competition and Compatibility*, American Economic Review, Vol. 75:3, p. 424 - 440(1985).

② 参见吴青：《人工智能时代下流量竞争行为的法律规制》，载《竞争政策研究》2018 年第 6 期。

③ 参见邵晨：《搜索中立与搜索引擎平台的博弈》，载《法律适用》2020 年第 4 期。

④ 参见孙晋、赵泽宇：《互联网平台经营者市场支配地位界定的系统性重构——以〈反垄断法〉第 18 条的修订为中心》，载《科技与法律》2019 年第 5 期。

一方面,数据开发会导致市场进入壁垒。即使平台企业通过技术创新获得消费者的认可,并成功收集大量消费者个人信息数据,但数据的开发和分析呈现明显的阶段性特征,即受技术发展的制约,大数据的潜在价值很难一次性充分挖掘。例如,消费者个人信息一开始仅被某些平台企业用于特定广告投放和产品推荐,提升广告的精准投放率,但随着平台对消费数据的进一步整合,发现可以对消费者进行个人数据画像,进而制订个性化定价策略,对消费者进行完美的大数据"杀熟"。大数据巨大的潜在价值导致的直接后果就是,虽然理论上数据存在交易的可能性,但实际上平台企业并不会轻易出售数据。平台企业致力进一步开发数据的潜在价值,这是在位平台企业的市场优势所在。

另一方面,数据集中也会导致市场进入壁垒。即使存在上述诸多困境,但仍然不乏个别创新型小企业可能突破重重障碍,成功开发新产品,获得消费者关注和青睐,成为相关市场的新入者。面对小企业的搅局,出于对创新的忌惮,大型在位平台企业为了维持市场优势往往会采取兼并、合并等手段,集中整合相关数据和技术,在小企业兴起的初期消灭竞争。例如,"微软收购领英案"中,微软公司通过收购领英公司,一方面获取了领英公司在职业社交媒体平台中的职业身份档案,从中得到大量从业者的个人信息数据进行商业开发;另一方面也消除了领英公司进一步发展对其造成的潜在威胁。大型平台企业正是通过消除小企业创新发展的机会,不断压低行业创新的"天花板",增加小企业的市场进入壁垒,进而维持自己的市场优势。

四、具体行为认定:规制平台企业垄断行为的落脚点

平台企业通过竞争发展壮大甚至拥有市场支配地位并不违反反垄断法,但是如果平台企业通过实施垄断行为,滥用市场支配地位、签订垄断协议或不当经营者集中,破坏正常市场竞争秩序、阻碍平台经济的发展,就理应进入反垄断法的规制范畴。

(一)平台企业滥用市场支配地位的规制

虽然平台企业的发展普遍呈现阶段性特征,但是基于技术优势和数据优势,只要突破发展"瓶颈"期,触发规模经济效应,在相关市场形成正反馈循环,平台企业就很容易获得市场支配地位。而市场中也不乏一些企业利用市场支配地位实施滥用行为的案例,如经常见诸报端的大数据"杀熟"、逼迫用户"二选一"等行为。要对平台企业滥用市场支配地位的行为实施规制,关键需要分析其是否存在破坏市场竞争、损害消费者权益的负效应。

1. 大数据"杀熟"行为

所谓大数据"杀熟",是指商家利用从消费者处获取的数据,对消费者进行数据画

像,准确分析消费者的消费习惯、经济状况、购买能力等具体信息,进而为每个消费者制定一个最可能达成交易的"完美"价格。大数据"杀熟"从商家对消费者一视同仁的定价变为针对每个消费者的个性化定价,而消费者甚至不会察觉。虽说商家出售商品不一定完全遵循同物同价原则,但购买频率高或购买量大的消费者反而支付更高价格,显然与"量大从优"的经济规律相悖。①

一方面,大数据"杀熟"行为掠夺了消费者福利。作为交易主体的双方,经营者和消费者是平等的市场主体,经营者为了吸引消费者并获取消费者信任,会采取一系列措施开展竞争,如开发新产品、提高产品质量、降低产品价格等,由此消费者可以享受竞争带来的各种福利。但由于信息本身的不对称,经营者掌握有关商品的所有信息,其可能通过隐瞒商品弊端,欺骗消费者并由此获利。在传统经济领域,这种行为虽时有发生,但并不是常态。因为消费者可以利用手中的价格选票对抗,以此形成相关市场中的优胜劣汰效应,即经营者通过欺诈的方式可能获得一些利润,但此利润无法长久持续。但在平台经济领域,这种平等的对抗关系发生了改变。首先,平台企业在竞争中取胜的关键是创新,其提供的产品在市场中可能独一无二或占据明显优势,如今日头条的新闻资讯、字节跳动的短视频、腾讯的即时通信等产品,消费者在别无选择的情况下,根本没有办法使自己手中的价格选票发挥功效。其次,数据和技术导致平台企业和消费者的信息不对称进一步加剧。平台企业掌握了大量的消费者个人信息,其可以利用消费者的个人信息进行个性化推荐引导消费,甚至在消费者没有消费需求时诱导消费,这也被称为无历史数据的消费者冷启动;②还可以利用消费者个人信息进行个性化定价,最大限度地从"高端忠诚"消费者处攫取高利润,最大范围地从潜在消费者处扩大规模利润,掠夺本应归属于消费者的福利。

另一方面,大数据"杀熟"行为也破坏了市场竞争秩序。众所周知,互联网平台经济领域是一个以创新为核心竞争力的产业,今天的大企业是依赖创新从小企业发展而来,无数小企业也在默默进行创新投入,期望能够有所突破,触发创新的规模经济效应。如果互联网平台经济领域的市场竞争能够按照上述模式正常开展,反垄断法无须多加关注,但是问题在于大型平台企业不仅不会扶持创新型小企业的发展,其甚至会通过大数据"杀熟"行为,使自己的消费者规模稳中有升。如前所述,其通过信息的收集和分析,不仅不断从部分忠诚消费者处获取高额利润以维持自身盈利,还会不断对

① 参见周围:《人工智能时代个性化定价算法的反垄断法规制》,载《武汉大学学报》(哲学社会科学版)2021 年第 1 期。

② 参见喻玲:《算法消费者价格歧视反垄断法属性的误读及辨明》,载《法学》2020 年第 9 期。

新消费者实施优惠策略,使新消费者形成使用习惯,逐渐把新消费者培养成忠诚消费者,进而再实施“杀熟”策略。而且大型平台企业还会通过一系列措施,包括但不限于会员充值、个人信息收集与存储等方式增强用户黏性,这样即使新兴小企业开发出了新产品,也很难撼动大型平台企业的市场支配地位,正常市场竞争也无法开展。

2. 逼迫用户“二选一”行为

逼迫用户“二选一”行为,是指在互联网平台经济领域中,平台企业要求用户只能与其交易,不得与其竞争对手交易的行为。如饿了么外卖平台逼迫用户在饿了么和美团之间作出选择,就属于典型的平台企业逼迫用户“二选一”行为,这种逼迫行为已经构成反垄断法滥用市场支配地位制度中的独家交易行为。与大数据“杀熟”行为一样,逼迫用户“二选一”行为不仅使消费者权益受损,也会损害平台经济领域的竞争秩序。①

一方面,逼迫用户“二选一”行为会损害双边消费者利益。首先,作为以平台为销售途径的商家,是平台企业的直接消费者,平台逼迫“二选一”的行为会导致其销售途径减少。即使商家认可平台企业提供的服务,也确实能够从平台处获得足以盈利的销量,但是商家作为市场主体,最大限度地逐利是其天性,商家当然希望能够有更多途径开展商品销售,获取更大销量和盈利。故商家不会主动放弃在其他平台积累的消费者资源,即使可能不是其主要销售途径。而且商家天然厌恶风险,即使在盈利的情况下,也会做好风险控制,此时多平台销售是其应对风险的有效途径,当主要平台出现技术故障或出现合作矛盾时,其还能从其他平台处维持经营。② 平台逼迫商家“二选一”之后,不仅导致商家利润受损,也削弱了其对抗风险的能力。其次,平台逼迫用户“二选一”也会损害最终消费者的利益。无论是平台还是商家,都是通过为消费者提供服务获利,平台实施逼迫商家“二选一”的行为,会使失去交易机会的平台上的消费者无法获取服务,只能被迫转向实施“二选一”行为的平台,而当消费者和商家都聚集到该平台之后,平台企业就会进一步实施涨价行为,从消费者和商家两边都获取高额利润。故,平台逼迫用户“二选一”行为不仅损害了商家利益,而且也导致消费者的自由选择权和公平交易权受损。

另一方面,平台逼迫用户“二选一”的行为也会损害市场竞争,进一步巩固平台企业的市场支配地位。可以明确的一点是,实施逼迫用户“二选一”行为的平台企业一定是在相关市场中拥有一定市场优势的企业,即使不足以构成市场支配地位,通常也是市场中话语权的掌握者。否则,如果普通平台企业实施逼迫用户“二选一”行为,商家

---

① 参见袁波:《电子商务领域“二选一”行为竞争法规制的困境及出路》,载《法学》2020年第8期。

② 参见王晓晔:《论电商平台“二选一”行为的法律规制》,载《现代法学》2020年第3期。

不仅不会留在该平台,甚至会转投竞争企业的平台。故,当平台企业基于市场优势实施逼迫用户“二选一”行为时,平台商家在别无他选的情况下,为了最大限度地减少损失,只能停留在该平台,终止与其他平台企业的合作。这就导致本身就具有市场优势的平台商家持续增加,并形成稳定的商家群体。而且商家既然已经只能在一个平台独家交易,那其必然会在该平台投入更多的时间和精力,进一步提升服务质量,减少消费者流失的风险。① 基于平台经济的正反馈效应,商家的聚集也会引发消费者的聚集效应。同理,竞争平台不仅面临商家流失的损失,也会引发消费者流失,最坏的后果就是无法继续维持经营、退出市场,相关市场形成“一家独大”的局面。可见,平台逼迫用户“二选一”的行为会损害市场竞争秩序。

(二)平台企业垄断协议行为的规制

平台企业除实施滥用市场支配地位的行为外,还可能几家平台企业联合限制竞争,通过默示垄断协议的方式减少市场竞争,获取垄断利润。由于目前反垄断执法机关对于明示垄断协议的严厉规制,在通常情况下,平台企业不会明目张胆地签订垄断协议。但是基于平台经济领域的技术化特征,平台企业可能会通过算法进行合谋定价,以默示的方式协调价格,最终达到共赢的垄断目标。随着技术的发展,平台企业竞争的核心转变为数据,而要使数据最大限度地发挥价值,形成大数据的规模经济效应,就不得不借助算法,故也有学者称互联网经济本质上就是算法定义的经济。② 算法确实可以给企业带来便利,但同时由于消费者和平台企业之间的技术鸿沟,算法也可能演变为平台企业合谋的工具。算法充当合谋工具可能形成信使类合谋、轴辐类合谋、监督类合谋、自动类合谋等合谋形式。

首先,在信使类合谋中,算法会充当平台企业间达成垄断协议的信使。传统行业中企业间要达成垄断协议并不容易,因为首先需要一家企业充当信使,通过涨价给其他可能签订垄断协议的企业发出信号,其他企业通过涨价跟进。正是由于整体市场价格都上涨了,消费者缺乏有效办法应对,最终在市场中形成垄断的后果。但是信使企业存在一定风险,即其他企业不一定会跟进涨价行为,当其他企业不跟进涨价的情况下,率先充当信使的涨价企业就会面临消费者流失的风险,其市场份额会被其他竞争者瓜分,故很少有企业愿意主动充当信使。而在算法主导的平台经济中,市场情况悄然发生变化,由于算法的技术性可以快速抓取信息,充当信使的企业可以选择消费者反应并不敏感的时间段实施涨价,并且通过算法迅速判断其他企业是否跟进,如果企

① 参见陈伟华:《互联网平台竞争中独家交易的反垄断分析》,载《浙江社会科学》2016年第3期。

② 参见李婕:《垄断抑或公开:算法规制的法经济学分析》,载《理论视野》2019年第1期。

业没有跟进,信使企业可以在消费者察觉之前迅速回调价格,避免消费者流失,如果其他企业也通过涨价跟进,那么合谋就已经实质达成,消费者只能被迫接受涨价的后果。[①] 由此可见,反垄断法应当规制信使类合谋。

其次,在轴辐类合谋中,垄断协议更容易达成。传统行业中,各个企业出于对严厉反垄断执法的忌惮,不敢轻易协商签订垄断协议。这就导致只能依赖某家企业充当信使,但如前所述,充当信使的企业需要承受一定的风险,故垄断协议在传统行业中并没有那么普遍。但在平台经济领域,由于平台定价主要不是通过人工调价,而是由算法自动实施,那么当平台企业间使用相同算法时,其定价机制就完全一致,平台企业不需要进行当面协商,甚至不需要沟通就能实现定价一致的效果。此时算法相当于"轴",各个平台企业就相当于"辐",各个企业在算法作为轴的中心周围,形成了合谋的辐协议,达成实质的横向垄断协议。[②] 横向垄断协议一直以来都是反垄断法规制的重点,应当适用本身违法原则,故,反垄断法应当禁止轴辐类合谋。

再次,在监督类合谋中,算法充当的是监督垄断协议执行的工具。传统行业中垄断协议即使达成也并不稳定,因为可能存在参与者通过秘密降价破坏协议的可能性。而在互联网平台经济领域,平台企业之间达成的垄断协议非常稳定。由于算法可以自动快速抓取各个平台的定价信息,这就导致平台市场比传统市场的透明度更高,企业没有能力避开算法实施秘密降价,因为一旦降价,就会立刻被算法发现,并反馈给其他合谋者,其他合谋者可以迅速采取措施,惩罚破坏垄断协议的背叛者。故在算法的监督下,垄断协议非常稳定,市场竞争被完全消除,消费者福利也被各个合谋的平台企业所掠夺,反垄断法理应禁止。

最后,是自动类合谋。所谓自动类合谋,是指各个平台的定价在形式上呈现一致的状态,但是各企业间并没有经过协商,也没有采用相同算法造成定价一致的主观故意,只是由于技术开发进程的同步,采用了相同或近似的算法,进而导致了定价相同的后果。自动类合谋和其他合谋有明显区别,虽然也是经由算法导致了相同的定价,但由于各个平台企业之间并没有垄断的主观故意,反垄断法并不适合进行干预。[③] 同传统市场垄断协议的规制原理一致,各个企业之间出现定价一致的情况如果是独立决策的结果,那就是市场竞争机制出现了巧合,由市场自行调节即可,反垄断法应当保持谦抑性,维护市场竞争的同时也保护平台企业的创新积极性。

---

① 参见唐要家、尹钰锋:《算法合谋的反垄断规制及工具创新研究》,载《产经评论》2020年第2期。

② 参见梁彦红、王延川:《数字市场背景下的算法合谋》,载《当代经济管理》2020年第9期。

③ 参见李丹:《算法共谋:边界的确定及其反垄断法规制》,载《广东财经大学学报》2020年第2期。

(三)平台企业经营者集中的规制

判断是否禁止经营者集中的关键环节是进行竞争效果分析,即分析集中是否可能对相关市场的竞争造成不利影响。由于经营者集中制度是进行垄断的预防控制,要求拟集中的经营者应该事先向反垄断执法机关申报。但出于减轻经营者和执法机关负担的目的,对竞争明显没有影响的集中可以不申报。各个国家的申报标准不太一样,但本质都是相同的,即通过对市场集中度的预判,考察经营者集中是否会影响市场竞争。如美国采取的是 HHI(赫芬达尔 - 赫希曼)指数,通过拟合并企业的市场份额平方和,评估企业的市场集中度。我国反垄断法采取的是市场销售额标准,①这项标准在传统经济领域中的适用是没有问题的,而且实践也证明确实对预防垄断发挥了实际功效。

如果把市场销售额标准适用于互联网平台经济领域就会遭遇困境。平台企业的兴起和发展依赖的是技术创新。一方面,技术创新需要大量的资金投入,而且还可能面临投资失败的风险,故在平台企业兴起之时,绝大部分收入会用于弥补创新投入,那么显示在会计账簿上的营业额就不会太多,甚至可能出现为负的情形。另一方面,即使互联网企业创新成功,但在实际投产应用的过程中,也会面临极大的不确定性。由于消费者固有思维导致对既往产品的用户黏性,要使消费者接受一项新生事物并非易事,于是平台企业只能进行大量补贴,以低于成本的价格销售,使消费者在没有损失的保障下尝试新产品,体会新产品的优势,进而对该产品形成习惯甚至依赖,之后平台企业才可能扭亏为盈。例如,由于虚假财报大热的瑞幸咖啡在刚兴起时,为了打破消费者对于星巴克以及其他咖啡品牌形成的既有依赖,采取的措施就是首杯免费,并不停给潜在消费者发放打折券,逐渐让消费者接受并认可瑞幸品牌。又如,网约车市场刚兴起之时,即使在高峰期存在巡游出租车供应不足的情形,但由于没有其他选择,当时巡游出租车已经是消费者的最优选择了,消费者已经对巡游出租车形成了依赖,网约车要打破出租车市场的垄断,只能通过大量补贴的形式进入市场。故在网约车市场形成初期,消费者可以极低的价格享受便捷的出行服务,在消费者感受到网约车相对于出租车的优势之后,网约车市场才开始逐渐恢复正常价格,并通过经营者集中的方式

---

① 《反垄断法》第 21 条明确规定:“经营者集中达到国务院规定的申报标准的,经营者应当事先向国务院反垄断执法机构申报,未申报的不得实施集中。”国务院《关于经营者集中申报标准的规定》(2018 年修订)第 3 条第 1 款对申报标准进行了进一步明晰:“……(一)参与集中的所有经营者上一会计年度在全球范围内的营业额合计超过100 亿元人民币,并且其中至少两个经营者上一会计年度在中国境内的营业额均超过4 亿元人民币;(二)参与集中的所有经营者上一会计年度在中国境内的营业额合计超过 20 亿元人民币,并且其中至少两个经营者上一会计年度在中国境内的营业额均超过 4 亿元人民币。”

避免了恶性竞争,才有了今天网约车市场的繁荣与发展。① 既然平台企业在发展初期并不盈利,那么体现在会计账簿上的营业额规模就可能无法达到国务院规定的申报标准,严格按照法律规章执行经营者确实没有义务向反垄断执法机关申报,反垄断执法机关也缺乏适合的途径和理由进行事前干预。

但是真实的市场状况是,平台企业的创新效应往往会在集中之后呈现指数级增长,尤其是发展到中期,当创新规模优势得到完全发挥,就可能在相关市场中形成垄断效应,阻碍相关市场的竞争,损害消费者的福利。此处需要深入思考的问题是,既然国务院目前的营业额标准已经无法适应互联网等新兴行业的经营者集中申报情形,那么就应该作出改进,而如何改进才能真正反映平台企业集中的竞争效应?互联网平台经济领域,经营者集中尤其是大企业兼并小企业的目的,在很多情况下是出于对小企业创新的忌惮,希望能够在小企业发展的初期消除竞争。否则当小企业突破初期发展障碍,形成创新的规模经济效应之后,就会对大企业的市场地位形成不可小觑的威胁,甚至可能基于创新取代大企业的地位,成为新的市场支配者。既然创新是互联网领域经营者集中最看重的要素,那么在竞争审查标准中,反垄断执法机关就应该转变思维,从简单的营业额标准转向更核心的创新要素。但是由于创新本身是一个相对不可量化的概念,就需要对创新要素进一步分析,以有利于反垄断执法机关进行量化分析。平台企业的创新可以通过消费者规模和数据价值体现。

首先,消费者规模可以反映平台企业的创新效应。平台企业创新的目的就是开发出满足消费者需求的新产品,进而扩大消费者规模,形成规模经济效应,那么消费者规模就可以用于判断平台企业的创新效应。以网约车市场为例,当初滴滴和优步中国合并之时,即使其营业额没有达到申报标准,但如果以平台企业拥有的消费者规模进行判断,其庞大的消费者规模足以证明在相关市场中所拥有的优势,也可以判断其合并之后可能存在损害甚至消除市场竞争的威胁。可见,如果以消费者规模为标准,那么"滴滴优步合并案"显然就已经达到应该申报的标准了,反垄断执法机关应该进行竞争效果分析,进而禁止或至少附条件允许其合并。其次,数据价值也可以反映平台企业的创新效应。平台扩大消费者规模的重要目的还包括获取消费者个人信息数据,平台企业的数据优势也是导致其市场优势的关键因素。例如,在"微软收购领英案"中,微软公司希望收购的就是领英公司所拥有的从业者个人信息数据。故可以通过评估平台企业所拥有的数据价值进而判断其创新效应,如果平台企业的集中会造成市场中的

① 参见孙瑜晨:《互联网共享经济监管模式的转型:迈向竞争导向型监管》,载《河北法学》2018年第10期。

创新效应进一步集中，进而形成合并后企业的强大市场优势，那么反垄断执法机关就应该引起重视，在综合判断合并对创新的促进和对竞争的损害基础上作出是否允许合并的决定。

五、结语

平台企业实现了零散数据到大数据作为重要生产资源的价值转换，发挥了数据的潜在价值，实现了自身利润的快速增长。但不可忽视的问题是，平台企业基于平台经济领域所特有的数据、网络外部性和市场进入壁垒特征，形成了明显的市场优势，并给相关市场带来了垄断威胁，可能导致滥用市场支配地位、垄断协议以及不当经营者集中等垄断问题。我们应当正视平台企业垄断行为给消费者福利、市场竞争秩序以及创新发展带来的挑战，通过准确适用反垄断法，在相关市场界定、市场优势分析以及行为认定方式等方面革新执法手段，合理规制平台企业的垄断行为，将法律的平等和公正理念融入技术发展进程之中，以制度引导技术，从而促进平台经济领域的自由公平竞争，真正实现技术推动经济、技术造福社会。

（责任编辑：王珂）

【金融财税法】

金融科技风险治理：监管挑战与治理路径*

张　凯**

摘　要：随着新一轮科技革命浪潮兴起，金融科技作为金融创新与科技相融合的产物，在全球范围内迅速兴起。我国金融科技产业也迅速发展，并处于全球领先地位。由于金融科技跨界化、去中心化的特点，可能产生跨监管领域的高度复杂的金融产品，冲击现有监管制度和监管体系，金融科技监管面临巨大挑战。通过深入挖掘金融科技风险的基本内涵、衍生机理与传导路径，进一步从技术短板、法律“瓶颈”、监管盲区等方面研究了金融科技风险的监管困境，并提出有针对性的治理对策，以期进一步促进金融科技行业健康发展和深化我国金融供给侧结构性改革。

关键词：金融科技风险；“监管沙盒”；金融创新；监管挑战

近几年，金融科技的发展十分迅猛，其凭借人工智能、大数据、互联技术和区块链技术等应用正在深刻改变传统金融模式，重塑金融格局和金融生态。传统金融的运营模式与边界不断变化，“无科技不金融”已经成为金融行业的共识。当前，金融科技已成为相关领域的关注焦点，金融机构开始将科技融合到自身发展业务中以寻求转型创新发展。在此背景下金融科技的投资不断增加，金融科技营收规模呈现逐步扩大的发展趋势。据《中国科技金融服务深度调研与投资战略规划分析报告》统计，2013～2019年我国金融科技营收规模由695.1亿元增加到19,704.9亿元，年均增长率保持在35%

* 收稿日期：2020年12月31日。

本文是辽宁省社会科学规划基金项目“互联网金融法律规制与监管研究”（编号：L15CFX006）、辽宁省教育厅人文社科项目“中小银行流动性风险及防控对策研究——以盛京银行为例”（编号：ZGXJ2020004）部分研究成果。

** 辽宁大学经济法学博士研究生，中国刑事警察学院经济犯罪侦查学院副院长、副教授。

以上。[①] 随着科技的不断进步,金融行业已全面步入金融科技时代,正在向智能化、移动化、数据化、网络化发展。在加快金融脱媒、降低交易成本、提升资源配置效率的同时,金融科技风险逐步凸显,监管手段与监管能力缺失成为金融科技风险治理的难题。党的十九大报告提出"创新监管方式"和"健全金融监管体系,守住不发生系统性金融风险的底线"两大目标。同时,强调加速推进现代金融、科技创新、人力资源与实体经济协调发展的产业体系建设,推动人工智能、大数据、互联网与实体经济深度融合,以促进科技创新驱动现代金融与监管创新发展。可见,金融科技风险治理已成为现阶段促进我国金融行业供给侧结构性改革的关键环节。

一、金融科技的内涵

金融科技最早是指在美国硅谷和英国伦敦的高科技公司利用云计算、区块链、人工智能等新兴技术对传统金融进行颠覆和改造。金融科技可以突破传统金融业的限制,运用大数据、人工智能等手段,遵循金融业的运行规律,用技术改进和提升金融服务效率,实现服务于80%的"长尾",拓展传统金融业务领域和助推普惠金融的实现。

关于金融科技较权威的定义为"金融科技是指金融服务领域的技术创新,对金融市场以及金融服务业务供给产生重大影响的新兴业务模式、新技术应用、新产品服务等"。[②] 从主体和内容的角度来看,对金融科技(FinTech)可以从广义和狭义两个角度来理解。从广义角度来看,金融科技的真正本质是金融,可借助于本身蕴含的科技基因对传统金融市场与业务运营模式产生革命性影响,其参与主体既包括各类科技公司,也包括各类传统金融机构。从狭义角度来看,金融科技是基于传统金融产品和服务的技术创新,仍然属于金融创新范畴,其主体特指一种小型的、技术能力强的金融服务新进入者,不包括进入金融服务领域的大科技公司,或者是将重点放在技术上的金融机构。[③]

因此,金融科技,主要是指互联网公司为直接触达客户,将先进科技广泛运用于个人理财、清算支付、融资借贷等金融领域,从而脱离传统金融体系形成新的金融技术力量。[④] 现代科技成果的不当运用可能导致技术与金融风险双重叠加,对金融交易与金融市场产生更大冲击。综合学术界各个学者的观点考察,笔者认为,金融科技的概念

---

① 参见胡滨主编:《中国金融监管报告(2019)》,社会科学文献出版社2019年版,第62页。

② FSB, *Financial Stability Implications from FinTech Supervisory and Regulatory Issues that Merit Authorities' Attention*, 6, 2017.

③ WEF, *Beyond Fintech: A Prgamatic Assessment of Disruptive Potential in Financial Services*, 8, 2017.

④ 参见杨松、张永亮:《金融科技监管的路径转换与中国选择》,载《法学》2017年第8期。

需要从两方面来讨论。一方面,金融科技是一种由技术创新驱动的金融创新,归根结底仍然是金融,而现代科技只是一种实现金融业提质增效的手段;另一方面,金融科技是随着科技发展衍生出的专门服务于金融业的科技手段。综合来看,金融科技是金融与现代技术的融合。

二、金融科技风险的类型化与衍生机理

(一)金融科技的潜在风险

当前,金融业内已达成共识,认为金融业风险是与生俱来的,进行风险防控是行业内永恒不变的主题。金融科技发展促使金融领域资本筹集方式、机构运作方式以及货币本身发生了根本性变化,增加了金融创新的活跃度。但应该注意到,金融科技发展促进金融创新的同时,也会使现有金融行业界限模糊、加快金融脱媒、颠覆行业发展格局,最终诱发新的金融风险。2017 年时任中国人民银行行长周小川强调,中央人民银行高度鼓励金融科技发展,但同时也需及时规范其发展过程中出现的不当行为。对金融科技的发展现状与不同阶段特点进行分析后总结得出,金融科技在发展过程中仍然面临传统金融风险,且由于现代科技的融入,金融科技新型技术风险与系统风险也逐渐凸显。具体来看,金融科技迅速发展带来的潜在风险如下:

1. 传统金融风险

金融科技是一种提升金融服务效率的应用创新,其风险属性与类型并未因现代科技的应用而产生实质性转变,仍然涵盖法律合规风险、信用风险、流动性风险等传统金融风险。有所不同的是,金融科技促使传统金融风险发生了新变化,其形式变得更加复杂和隐蔽。

2. 新型技术风险

在现代科技应用背景下,底层信息技术等非金融因素也会引发金融风险。科技创新推动了金融业务虚拟化、线上化与开放化,交易资金远程化与流转实时化,促使金融市场对信息技术和互联网的依赖性大增。一旦在某一环节出现任何技术漏洞,均可能导致网站遭遇攻击、隐私泄露等技术风险,为金融机构与客户造成巨大经济损失。金融科技不仅改变了传统金融的风险形态,还会对金融风险权重与分布产生影响,增加因技术漏洞引致的技术风险。

3. 系统性风险

系统性风险,是指整个金融体系或其中一部分主体遭遇损害,金融服务大范围中断,最终导致实体经济严重受损的风险。随着金融科技的快速发展,金融业务相互嵌套和跨界融合,各主体之间信息交互必然会日益增多。在此背景下,传统金融风险会

与科技风险交叉融合,导致金融风险的发生更具隐蔽性、突发性与传染性。一旦风险被触发,就可能演变成系统风险。

(二)金融科技风险的类型化

1. 合规性风险

金融科技创新会对现有法律法规体系造成一定冲击,进而引致合规性风险。从数据层面来看,金融机构利用技术手段控制金融风险的基础是数据积累与可持续性。[①] 若金融机构在收集、存储以及使用外部数据的程序上不符合法律法规要求,就会产生合规性风险;并且在符合相关法规情况下因数据源不稳定导致数据可使用率低、收集和存储成本高,也会引发合规性风险。从技术层面来看,区块链、人工智能、大数据等技术发展重塑了金融市场交易习惯与模式,而现有监管体系难以对金融业态与新型金融交易进行提前监管。加之技术产生的负面效应具有滞后性,导致金融科技创新与监管合规之间的矛盾无法调和。例如,金融监管强调中心化和统一化,而区块链技术具有去中心化特性,二者之间存在矛盾。由此,在金融科技发展背景下,技术合规性风险是主要风险之一。

2. 操作风险

金融科技发展过程中,操作风险是另一个十分重大的风险,主要体现在以下三方面。第一,员工操作风险。一方面,操作人员安全意识淡薄、管理不规范或没有按照安全操作标准进行交易,就会出现操作指令错误的风险;另一方面,金融科技企业治理体系尚不完善,规章制度和组织结构不健全,导致员工在出现风险时可能无法有效处理。第二,客户操作风险。金融科技业务具有较强专业性,而普通客户一般不具备专业金融知识,在操作过程中可能遇到超过自身风险承担能力的业务,因此容易因市场波动遭受无谓损失。客户对金融交易业务与现代科技了解程度越低,发生操作风险的概率越大。第三,科技漏洞风险。硬件和软件设施不完善、设备故障、系统漏洞和计算机病毒等问题均会引发客户信息泄露和资金损失的风险。信息技术不断发展,网络攻击的手段愈发隐蔽和多样,数据泄露的可能性也大幅增加。

3. 法律风险

金融科技法律风险,是指在金融科技创新过程中可能出现的违反法律规定、危及社会利益的事情。互联网和手机 App 快速发展,为互联网金融发展提供了良好的市场环境。然而在此过程中,相关执法机关与立法机关的治理速度相对滞后。由于新技术的应用,披着传统金融外衣的传销、集资诈骗等违法行为更具有欺骗性。[②] 如前一段时

① 参见刘奎宁:《加强金融监管能力建设应对金融科技创新挑战》,载《武汉金融》2018 年第 7 期。

② 参见贺建清:《金融科技:发展、影响与监管》,载《金融发展研究》2017 年第 6 期。

间,P2P 平台理财利用部分人的贪婪本性,以保本高收益为诱饵骗取投资者本金然后“跑路”的案例频频爆出。此外,部分金融机构与互联网理财、众筹及第三方支付等机构的合作也可能会逾越法律红线。如金融机构在利用自身优势开展指数基金和保险类理财等项目时,第三方支付机构可能会违规操作套取巨额托管资金,导致客户兑现困难。

4. 声誉风险

在不同发展阶段,金融科技会面临不同的声誉风险。金融科技的应用能够加快风险信息获取速度,但很难提前防范因负面评价引发的声誉风险。[①] 与传统金融交易市场不同,金融科技参与主体的声誉风险具有高速传染性,这为风险管控带来更大难度。例如,互联网金融在发展之初,社会各界均给予互联网金融以高度评价。但随着互联网风险专项整治措施的落实,各方舆论又快速揭发互联网金融中的失控现象。诸多分歧与争议加速了互联网金融的风险传染,大量合规平台也因此陷入声誉困境。

5. 市场风险

市场风险,是指由于市场参与主体预见金融科技市场利益而过度投机引发的风险。金融市场泡沫虚涨直至破灭,会对市场参与主体利益产生危害。传统金融行业准入门槛高,监管相对容易,市场风险产生的可能性相对较低。而金融领域广泛应用现代科技,导致金融行业准入门槛降低。在此背景下,参与主体跨界相对容易,甚至能够利用互联网进行跨时空交易。这种交易方式为金融监管带来巨大挑战,放大了金融市场风险。

6. 流动性风险

互联网银行等新兴金融机构与传统金融机构合作,容易引发流动性风险。一方面,互联网理财、P2P 等受监管程度较低的金融科技平台可能采取违规拆标手段对个人或机构投资者许以集中兑付、高收益保本等承诺。[②] 而一旦平台资金链条断裂,就会出现流动性风险。另一方面,第三方支付账户的活跃度较高,资金期限错配的潜在风险较大。若货币市场出现较大波动,就可能引发大规模资金挤兑现象,进而引发金融科技平台的流动性风险。

7. 信用风险

金融科技所采用的技术不同,会产生不同形式的信用风险。但其本质仍然是由于参与主体违约或信息披露缺失所致。就个人层面而言,互联网终端的借贷、个人理财和支付的服务对象大多是年轻人群或低收入人群,这些群体在经济欠发达地区较集

① 参见伍旭川、刘学:《金融科技的监管方向》,载《中国金融》2017 年第 5 期。

② 参见王雯、李滨、陈春秀:《金融科技与风险监管协同发展研究》,载《新金融》2018 年第 2 期。

中。如果因经济下行导致无法还款或不能及时还款的情况大量发生,就会引发大规模信用风险。就机构层面而言,虽然我国信用环境在不断改善,但信用录入数据不完整问题仍然存在,这也可能引发金融科技信用风险。

(三)金融科技风险的衍生机理

1. 信息不对称引发金融科技风险

根据KYC(know-your-customer)原则,市场主体进行交易时需要从多个方面获取信息。[①] 但是,在金融科技时代,传统信息披露难以解决信息不对称问题。第一,市场主体进行信息披露时,会选择对自己有益的信息,然后将风险转嫁给交易对手,继而产生道德风险。第二,金融市场中部分资质较低的参与主体忽略了高收益背后的高风险,进行超过自身风险承受能力的金融交易,就会引致逆向选择风险。若经济下行,相关主体就可能会发生"关门""跑路"现象,给投资者带来巨大经济损失。第三,金融科技的数字化与网络化特性会强化金融风险的负外部性。一旦出现金融风险,各主体难以准确评估交易对手的风险状况,就容易在风险处理时作出最坏的假设情况,进而引发一系列负面连锁反应。第四,参与市场交易的主体之间存在较大的认知差异,且部分交易者认知能力较欠缺,即使面对正常的信息披露也无法准确理解。这就会引发金融科技风险,例如,代码、算法及接口的开放仍然无法有效防范金融科技风险。

2. 长尾效应引发金融科技风险

现代科技在金融领域应用广泛,扩展了传统金融业务范围。在此背景下,普惠金融得以快速发展。然而,金融机构在为长尾端客户提供金融服务时,也面临新的"长尾"风险。传统金融市场与机构已具备成熟的风险管理机制与适当性管理工作机制,投资者基本只能选择与自身风险承受能力相匹配的金融产品进行投资。[②] 但在金融科技领域,完备的风险管理机制与适当性管理机制仍然缺乏,相对分散的小规模经营为金融风险管理带来较大挑战。此外,长尾端客户较欠缺专业投资决策能力,加之从众心理引导,个人非理性投资决策会引发群体非理性投资。当宏观经济形势恶化时,最先遭受损失的就是风险承担能力弱的投资者。并且在科技加持下,长尾端风险传播加快,容易诱发系统性金融风险。

3. 金融科技自身的脆弱性引发金融科技风险

金融科技创新本身具有一定脆弱性,过度依赖技术也会产生金融科技风险。[③] 首

① 参见李展、叶蜀君:《中国金融科技发展现状及监管对策研究》,载《江淮论坛》2019年第3期。

② 参见刘念、林琳、伍立杨:《监管科技与金融科技发展》,载《中国金融》2017年第24期。

③ 参见李敏:《金融科技的系统性风险:监管挑战及应对》,载《证券市场导报》2019年第2期。

先,现有法律法规与金融科技发展不匹配。现阶段,金融科技发展迅速,我国法律法规完善速度难以与其相协调。当出现新的金融创新产品时,法律法规体系难以及时调整以匹配新的监管环境。其次,服务管理部门与金融科技创新产品发展不匹配。智能化、移动化和数字化的技术手段在证券和保险、银行及其他互联网机构广泛运用,极大提升了金融体系效率,但同时也促使不同金融业之间界限逐渐模糊。我国当前的金融监管体制"一行两会"分业监管模式难以与金融产品创新有效对接。① 当出现监管空隙时,会导致整体金融领域的不稳定。最后,金融制度与金融科技创新发展不匹配。在监管与创新发展之间,监管长期处于滞后状态。目前,金融机构内部组织与金融科技监管部门之间存在机制不完善之处,金融领域科技运用不当与监管滞后问题较突出,金融制度难以适应金融科技创新快速发展的需求。

三、金融科技风险的传导机制

金融科技主要是通过引发信用风险积累与市场波动、催生多元化市场风险、技术"黑箱"引致风险、增加金融交易敏感度、加剧监管规避行为对现有金融市场与风险防控体系产生负面影响,进而产生较大的金融科技风险,其风险传导路径如图 1 所示。

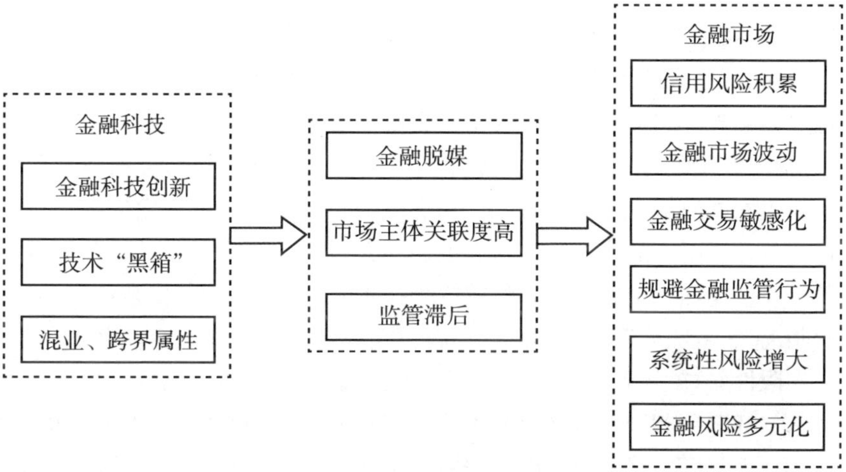

图 1　金融科技风险传导机制

(一)科技创新引发信用风险积累与市场波动

现阶段,我国的金融监管难以满足金融科技创新发展需求。金融科技会对现有金

① 参见皮天雷、刘垚森、吴鸿燕:《金融科技:内涵、逻辑与风险监管》,载《财经科学》2018 年第 9 期。

融产品创新和服务方式造成一定冲击,带来金融科技风险。第一,金融科技具有较高创新性,会促进信用风险积累,可能引发系统性金融风险。在产品研发方面,运用金融科技获取完整的信用周期记录数据难度较大,导致以现有数据和算法为基础的信用风险管控模型不精准。① 因而在运用风险模型研发创新金融产品时就会存在较高的潜在信用风险。在信用风险管控方面,同时具备符合要求的信用等级和风险报酬率的客户群体较有限,这时若在客户群体筛选时严格限制信用等级较低的客户借贷需求,就会导致金融科技企业开展金融零售业务存在较大困难。第二,金融科技领域"羊群效应"尤为明显。究其原因在于,金融科技可大幅提升服务效率,创新现有金融服务方式。当市场参与者的交易行为趋同时,科技快速发展将加剧金融市场的波动。以机器人理财为例,金融机构选择智能投资顾问为客户提供资产管理或个人理财服务时,运用了相类似的投资组合模型,使不同交易者采用的投资策略与风险参考指标相类似,甚至趋于相同。此时,金融市场交易者不断增多,共振现象日益明显。当经济下行时,若投资者风险承担能力较小,可能会加快收缩投资,这种现象会加剧金融市场的波动。

(二)市场主体高度关联增加金融交易敏感度

金融发展的经典理论认为,金融中介机构能够缓解金融市场中交易对象之间因信息不对称产生的道德风险与逆向选择问题,有效降低交易成本。② 在金融市场发展相对不发达时,金融中介机构融通资金的职能由银行执行。随着市场化进程的不断推进,具有高效融通资金能力的非银行中介组织逐渐衍生,金融脱媒(金融非中介化)开始在银行层面显现。当市场化程度处于较高水平时,直接融资成为效率更高的资金配置形式,金融脱媒现象将会在整个金融部门发生。在金融中介动态创新过程中,金融科技应运而生的同时,也催生了与传统金融中介机构互补、更加高效的金融组织形式。而金融业竞争与金融产品多样化的需求促使中介机构应用金融科技的范围得以扩展,导致大量科技企业涌入金融市场。科技进步拉近了金融企业、科技企业与其他相关企业之间的距离,三者关联度随之提升。而科技企业与其他相关企业在金融风险管理上存在较大局限性,这就导致三类企业"交叉感染"金融风险的可能性大增。例如,金融科技企业基本都采用相同的区块链技术或数字加密技术,若某一企业系统被黑客破译或遭受恶意攻击,就会致使采用相同加密技术的金融机构业务体系瘫痪,甚至会泄露大量客户数据信息。此外,金融市场中不同主体之间在薄弱环节的系统关联程度越

① 参见许可:《从监管科技迈向治理科技——互联网金融监管的新范式》,载《探索与争鸣》2018年第10期。

② 参见范一飞:《我国金融科技创新监管工具探索与实践》,载《中国金融》2020年第8期。

高,其金融交易对外部网络攻击的敏感度越高。[①] 可见,金融科技会通过提升金融主体关联性带来较高风险。

(三)监管相对滞后加剧规避金融监管的行为

规避型金融创新理论认为,经济理性人假设成立前提下,金融机构创新的动力主要源自避开各种金融监管来获取更多收益。[②] 即监管套利行为会驱动金融机构进行创新,金融创新发展的主要驱动因素之一就是严厉的金融监管。与传统金融创新模式相比,以科技为支撑的金融创新速度显著提升,科技发展促使金融创新产品的研发周期明显缩短。若监管部门没有同步更新监管手段,那么金融科技的监管规避性问题将会更加凸显,这主要体现在系统性风险、信息技术风险与法律风险三方面。就系统性风险而言,金融科技的监管规避性促使市场各主体更倾向在风险识别与防范措施不健全的领域进行金融交易。例如,金融机构采用现代科技革新支付清算业务。若这些业务与银行等金融机构相关,又与运用现代科技的金融机构相关,那么在对科技金融机构进行监管的同时则难以全面监控银行流动性等其他方面的风险。[③] 而这类潜在风险将会对金融体系的稳定性产生冲击。就信息技术风险而言,金融企业利用机器学习、人工智能等科技手段进行金融数据处理,不仅会增加信息安全防范难度,还会加剧监管机构与金融机构之间的信息不对称,导致监管机构难以准确快速识别和应对金融机构的信息技术风险。就法律风险而言,现有法律法规尚未将金融科技领域全部纳入监管范围,这容易出现金融市场交易主体权责不明问题,进而引发法律运用风险。若提供服务的金融机构受监管程度较低或者根本不在监管范围内,就会引致法律监管空白的风险。

(四)技术"黑箱"增强系统性风险

金融科技迅猛发展,促使传统金融风险传导路径不断扩展,引发新的金融科技风险。在金融科技市场中,单一市场主体脆弱性较高,而各个主体之间关联性又高,这就容易导致单一市场主体的风险事件被误判为整个行业的金融风险问题。[④] 在传统监管机构风险防控指标体系监督之下,传统金融企业即使处于经济下行的市场环境中,也有较强的抗风险能力。然而对于金融科技平台来说,尤其是互联网金融企业内部尚未形成明确的净资本监管指标,也没有相应的风险保障机制。若宏观经济下行,

① 参见费方域:《金融科技与监管科技:生态的视角》,载《新金融》2018 年第 5 期。

② 参见刘江涛、罗航、王蕊:《防范金融科技风险的二维逻辑——基于监管科技与科技驱动型监管视角》,载《金融发展研究》2019 年第 5 期。

③ 参见刘孟飞:《金融科技的潜在风险与监管应对》,载《南方金融》2020 年第 6 期。

④ 参见杨东:《监管科技:金融科技的监管挑战与维度建构》,载《中国社会科学》2018 年第 5 期。

就会出现平台挤兑或客户违约风险。由于各主体之间具有高度关联性,部分平台出现的流动性危机有极大可能致使整个行业产生流动性风险。此时,流动性风险会从金融科技企业传导至传统金融企业,还会向实体经济部门进一步蔓延。这会增加实体经济中主体信用违约风险,进而引发系统性金融风险。以大数据、人工智能等技术为支撑的金融科技大幅提升了金融市场透明度,但这些基础算法尚未经过相关的科学审核与验证,仍然处于"黑箱"阶段。[①] 一旦基础算法出现差错,则会引发系统性风险。例如,采用人工智能进行量化交易时,若基础算法与标的资产价格波动存在同向相关,将会增加市场交易价格的波动性。在宏观经济下行时,这一波动性将会引发流动性风险,继而诱发实体经济信用风险,对整个金融科技风险防范体系造成冲击。

(五)混业与跨界属性催生多元化金融市场风险

在加快信息传播速度、降低交易成本、提升金融交易效率的同时,金融科技还促使金融机构风险管理、服务模式及产品供给发生深刻变化。[②] 科技进步对传统金融生态与金融行业组织结构造成一定冲击,出现泛金融化与金融泛化现象。加之金融脱媒趋势越发明显,金融科技的混业与跨界属性逐步重塑金融风险管理与金融机构运行模式。这促使金融市场交易过程中的风险更加隐蔽和复杂化。已有研究表明,互联网金融发展促使存款结构恶化、付息成本增加,这进一步加重了商业银行的风险承担水平。其中,互联网资源配置、互联网财富管理和互联网支付清算等新兴金融模式对银行利息负担和存款结构的不利冲击更明显。同时,金融科技不断发展,冲击了现有银行业务,加剧了银行系统性风险。

四、金融科技风险面临的监管挑战

传统金融市场准入门槛较高,参与主体主要以银行、保险等金融机构为主,金融监管难度相对较低。随着科学技术的不断进步,科技要素加持的金融科技应运而生,各行业参与金融业务的准入门槛随之降低。[③] 但是由于现代技术发展速度较快,金融创新不断提速,相关监管部门调整速度相对滞后,致使金融科技的监管门槛逐步提升(见图2)。

---

① 参见车安华、马小林:《银行业金融科技发展问题探讨》,载《征信》2018年第7期。

② 参见陈彦达、王玉凤、张强:《我国金融科技监管挑战及应对》,载《金融理论与实践》2020年第1期。

③ 参见王志成、徐权、赵文发:《对中国金融监管体制改革的几点思考》,载《国际金融研究》2016年第7期。

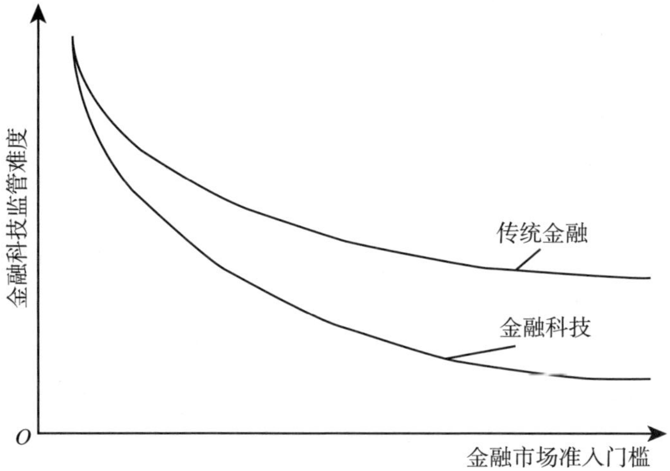

图 2 金融科技监管难度与金融市场准入门槛曲线

(一)法律"瓶颈":金融监管法律滞后于金融创新

作为一种"颠覆式创新",金融科技给传统金融监管带来了巨大挑战。当前,金融监管法律相较金融创新存在不可忽视的"滞后"问题。究其原因在于,金融监管法规和规则并非自发形成,其制定依据主要源于历史经验,即金融市场混乱无序以及银行缺陷,这就使金融监管法规无法避免地滞后于时代发展步伐。现阶段,我国金融科技风险监管仍面临法律法规不完善的严峻挑战,具体表现在以下几个方面:其一,我国尚未制定金融科技监管的框架体系,金融监管部门在认定具体业务时缺少统一的参考规范。与此同时,我国对金融科技尚未作出必要的监管安排,存在巨大的"真空"地带。部分监管政策具有明显的滞后性,与现行法律之间存在一定的冲突。其二,缺乏明确且细化的法律规范,在互联网金融、数据信息保护以及金融用户权益保护等方面缺少基本立法。由于数据是金融科技发展的核心资源,许多从业机构具有利用数据进行牟利的强烈倾向。然而,由于少数从业机构的风险意识、消费者权益保护意识以及法律意识较淡薄,侵害金融消费者合法权益的违法犯罪行为时有发生。而一旦发生数据泄露,将严重损害消费者财产与信息权益,难以有效保障互联网用户的金融权益,对网络金融诈骗等违法犯罪行为进行定罪量刑也具有较大难度。其三,伴随金融科技企业的迅猛发展,其业务日益拓宽至其他领域,跨境金融业务会涉及若干子公司与部门,综合经营呈现复杂化的发展趋势,相关法律的制定与出台同样是需要考虑的重点。

(二)技术短板:缺乏必要的技术手段支撑

传统金融监管主要依赖监管制度的微观监管标准与规则,而金融科技风险监管则主要取决于对技术风险的有效管控。若监管者在实施金融风险监测与预警时缺乏必要的技术条件,无法采取有效的监管手段,最终将致使金融市场监管陷入混乱无序的困境。在现代科学技术的驱动下,金融创新尽管有效提升了金融业服务效率,不断降低金融业交易成本,但也造成金融监管缺乏有效的技术手段而陷入监管困境。具体而言,线上交易虚拟化导致金融业务在交易对象、时间及地点等方面更模糊,交易过程缺乏足够的透明度,金融风险形式也呈现多元化和复杂化的特征。并且,在金融科技创新迅猛发展的当下,金融监管者与金融创新者相比是相对滞后的。监管者难以实现与金融创新者同步掌握新业务,滞后的监管技术无法支撑金融科技风险监管的及时反馈,进而导致监管者和被监管者之间出现信息不对称的问题。

另外,伴随金融行业与科学技术的不断整合,金融监管的重点已由金融市场参与主体逐步转变为金融科技技术,金融监管对象由相关金融机构逐渐转为非实体技术。上述转变对金融科技监管的技术手段提出极高要求。如何进一步改进金融科技风险监管技术,充分借助新型科学技术来应对金融科技生态下的监管难题,已成为目前金融监管所面临的重大挑战。

(三)监管盲区:信息不对称影响金融监管的有效性

全球金融危机爆发主要是由于监管机构对复杂的金融衍生品及其他金融工具缺乏实时监测,进而造成风险大量集聚,最终不但给银行业发展带来较大损失,还极大地影响金融系统的稳定。对此,金融监管机构采取了对银行风险开展定期压力测试、提高大型银行额外披露要求等金融监管措施。上述举措主要得益于广泛的信息披露要求和金融行为的可识别性,然而这些前提条件无法在金融科技领域得以实现。

一方面,金融科技的普遍应用致使监管者无法明确监管的相关行为主体。具有分散化性质的金融科技主要依赖分散的网络、计算机算法决策,较分散的权利下放极大地制约了金融监管的有效性。另一方面,即使确定了金融科技的行为主体,但是监管者仍难以对其行为进行有效管控。不同于传统金融机构,金融科技企业的业务活动不会受制于实质性的披露制度,这对金融监管产生较大的阻碍作用。并且,由于金融科技企业有较复杂的运作体系,监管机构对金融科技企业的实际运作情况缺乏必要的了解,这使监管者对金融科技行业的监管面临信息不透明的严峻挑战。而透明的监管环境是有效防范系统性风险、约束金融科技企业行为的关键。在缺乏足够透明度的金融科技环境中,监管机构难以对被监管者的实际运行情况进行全面评估,只能粗略地对相关监管指标开展合规性检查。

(四)协同监管缺失:"一元多头"式金融监管体系亟待转变

当前,我国实行的是金融分业经营体制,并根据保险法、证券法以及银行业监管法等法律规定开展金融监管工作。从体制的视角来看,我国实行的是"一元多头"式分业监管体制,即由中央政府掌控金融监管权力,中央所设立的金融主管机关以及相关机关对不同领域履行金融监管职能。但"一元多头"式金融监管体制存在监管重叠、监管盲区以及央行监管角色弱化等弊端,无法有效满足混业经营和金融创新深入发展的现实需求。

在金融科技时代下,人工智能、云计算以及物联网等现代信息技术发展极为迅猛,金融业务之间的跨市场活动与交叉融合呈现常态化的发展趋势,这使传统金融经营模式得以不断重塑,并推动金融行业朝混业经营方向不断发展。在此背景下,分业监管体系将面临巨大挑战。具体而言,金融科技具有跨行业、跨区域以及跨市场等特征,金融科技产品多表现为多主体、多层次和多环节的技术叠加。金融科技风险一旦被触发,将有可能产生系统性风险。而分业监管体系主要是依据监管对象继而确定监管主体,并按照监管职责开展监管行动,这不但会导致监管重叠或监管盲区等问题的出现,还会形成监管套利。

由此,金融科技的发展使不同行业间的监管界限逐渐变得模糊,传统监管方式已经无法适应金融科技开放融合、形式多元和跨行业发展的现状,我国亟须对金融监管体系进行适应性变革,构建多元主体、多元规范的协同金融监管体系。

(五)数据困境:加剧金融科技风险治理难度

数据是金融科技监管能力构建的基本要素,金融数据保护是提高金融科技监管水平的重要基础。近几年,部分领域的数据泄露事件频繁发生,给经济社会发展带来严重影响。金融科技监管使用数据主要涉及搜集、处理、存储以及备份等环节,而金融数据通常会涉及个人身份、金融资产和交易行为等敏感信息,一旦发生数据泄露事件将会影响金融市场的平稳运行,甚至会对社会稳定造成极大的负面影响。当前,我国在开展数字治理工作时仍然面临数据孤岛现象、数据维度和样本量不足等问题。

一方面,数据孤岛现象较严重。金融科技风险监管需要对不同来源的结构化和非结构化数据进行处理。然而,由于金融机构严格限制用户数据对外共享,致使跨平台用户难以建立有效的沟通机制,难以做到全面的用户画像。例如,个人买卖股票不仅需要常规的价格等信息,还需要叠加法院工商征信、网络负面舆情等外部信息以丰富与股票有关的关联信息,通过知识图谱分析法对数据间的关联情况进行分析。[①] 数据孤岛现象进一步加大了金融科技风险监管难度,成为当前数据治理工作亟待解决的

① Charles Goodhart, *The Boundary Problem in Financial Regulation*, National Institute Economic Review, Vol. 206, p. 48 (2008).

重点。

另一方面,数据维度与样本量不足。目前,监管机构通过加强大数据基础设施建设,对金融市场数据加以整合。这使监管机构在大数据运用方面具备一定的基础,并拥有良好的发展潜力与数据优势。但金融监管科技仍面临数据维度与样本量较少的挑战,如证券市场中的上市企业仅有几百个年报维度。数据维度和样本量只有保持较高的水准,才能最大化地发挥大数据在判断、分析及决策中的作用,对金融科技监管具有极重要的作用。而数据维度与样本量不足,无法为金融科技监管提供必要支撑。

五、金融科技风险的治理路径

(一)以强化顶层设计为核心,不断健全法律法规体系

健全的金融科技法律体系是促进金融科技稳定发展的重要保障。因此,针对金融监管法律滞后于金融创新的问题,相关部门应立足当前金融发展的实际需要,加强监管顶层设计。具体而言,可从以下方面进行:其一,不断完善金融监管法律体系,为金融科技发展提供必要的制度保障。近年来,我国已颁布《网络借贷信息中介机构业务活动管理暂行办法》《关于规范整顿“现金贷”业务的通知》《关于进一步做好互联网金融风险专项整治清理整顿工作的通知》《小额贷款公司网络小额贷业务风险专项整治实施方案》等金融科技监管政策,为推动金融科技的持续健康发展提供了有力保障。然而,伴随金融科技的迅猛发展,新矛盾、新风险及新问题日益显现。对此,相关部门应结合现代科学技术在金融创新领域中应用的新特征,积极探索与健全金融法制体系,着手制定市场准入和退出、金融科技认证以及金融消费者权益保护等领域的法律细则,并及时修订与金融创新发展不相适应的法律法规。其二,加强金融数据隐私保护,制定金融数据标准。一方面,监管机构在开展数据保护立法工作时,需明确数据的使用目的、采集方式、监管方法以及告知义务,对数据使用的主体义务和责任加以明确,确保数据在存储和传递过程中不被篡改,以此保护金融数据隐私。另一方面,监管机构应加快研究和制定金融数据标准,具体包括统一数据交换的原则、权限管理以及流程等方面的制度设计和监管数据的采集、报送以及处理等方面的接口设计。其三,相关部门在明确金融科技定位的基础上,需要进一步明确金融监管原则,厘清金融监管机构的职责分工,健全各职能部门间的合作协调机制。其四,将金融科技纳入监管部门的宏观审慎监管框架中,构建与完善金融科技风险评估体系,不断健全金融监管机制,实时了解金融科技发展动态,以此有效防范金融科技风险。

因此,应基于我国金融科技发展的现实情况,建立和完善金融科技监管的法律法规,制订金融科技信息安全行业标准,提高金融科技企业的准入门槛,同时还应进一步

明确金融科技企业的法律地位、金融监管部门以及政府的监管职责、金融科技行业的准入和退出机制。

(二)以完善金融基础设施为支撑,加强金融科技平台建设

作为金融市场高效运行的基础保障,金融基础设施是强化风险防控和实施宏观审慎管理的有力抓手。自2008年全球金融危机爆发以来,世界各国已逐步意识到金融基础设施对提升金融风险防范水平的重要性。在此背景下,国际清算银行支付结算体系委员会、国际证监会组织于2012年联合发布《金融市场基础设施原则》(以下简称PFMI),该原则已成为世界各国构建安全金融市场、推进金融市场基础设施建设的纲领性文件。

针对我国在芯片、操作系统等金融核心领域存在的技术“瓶颈”,相关部门应从国家金融主权安全与金融体系数据安全出发,根据PFMI的24项基本原则,强化对金融基础设施的统筹监管,优化设施布局,推动形成治理有效、富有弹性、布局合理的金融基础设施体系。例如,近年来数字货币研究所等金融基础设施已在中国人民银行落户。在国际开放的大环境下,监管部门需加快推进项目融资平台、业务运行指导窗口、征信与信用基础设施、支付清算等基地平台建设,推进金融基础设施的国际化布局,以此更好地适应金融科技发展的多样化需求。

(三)以发展监管科技为驱动,加强技术在金融监管中的应用

为应对当下较严峻的监管形势,监管机构应不断加强监管基础设施建设,形成以数字加密、人工智能、大数据以及云计算等为技术支撑的科技化金融监管工具,利用科技手段积极应对监管信息不对称、监管政策滞后等难题。从短期来看,监管科技可通过流程与数据的自动化,不断降低合规成本和风险。从长远来看,监管科技将在监管缺口分析、互动检测、监管报告以及信息管理等方面发挥巨大作用。

因此,监管机构应充分发挥监管科技在金融科技监管中的重要作用。一是加强大数据在金融科技风险监管中的应用,构建风险预警模型,获取和分析与金融科技风险相关的前瞻性数据,以持续提升金融监管的反应速度。二是加强区块链技术在金融科技风险监管中的应用,充分利用区块链所具有的高效、安全和互信等优势,不断降低监管的调阅成本,提高金融监管的透明度。此外,监管机构还可在区块链链条中构建共同约束代码,进而实现金融科技监管的硬性控制和全覆盖。三是加大反欺诈技术与金融安全技术的应用。就反欺诈技术应用而言,政府部门可依托人工智能技术与大数据,利用无监督机器学习建模方式,在缺少训练标签及历史欺诈样本的状况下,有效监测各类攻击。这不仅能够助力金融科技公司有效应对账号侵权、交易欺诈以及申请欺诈等难题,还有助于降低金融科技公司的合规成本,帮助金融监管机构实施微观审慎

监管。就金融安全技术应用而言,我国政府可通过创建金融安全示范产业园的方式,引进一批从事金融安全技术研发业务的龙头企业,充分发挥产业集聚优势。例如,北京市于2015年8月正式成立互联网金融安全示范产业园,并依托金融风险分析技术平台,利用人工智能技术预防危害金融安全的诈骗活动。

(四)以兼顾金融创新与风险防范为重点,建立"监管沙盒"制度

为有效兼顾金融创新和风险管控,促进金融创新和金融科技风险间的平衡,2016年英国金融行为监管局(Financial Conduct Authority,FCA)率先启动"监管沙盒"这一监管模式。此后,中国香港特别行政区、美国、新加坡等多个国家和地区纷纷实施"监管沙盒"制度,以推动金融创新和金融科技发展,有效控制金融科技风险。该模式是指金融科技企业在监管部门所提供的"安全空间"内,并且在满足特定条件的前提下,对创新性的商业模式与金融产品进行相关测试。① 就"监管沙盒"运作模式而言,首先,在申请阶段,金融科技企业根据相关要求向监管机构提出书面申请。通过监管机构审核后,金融科技企业与监管机构共同确定测试方案。其次,进入测试阶段,监管机构对测试活动实施全程监控。对于危害金融稳定、侵害消费者合法权益或未能达到预期效果的项目,监管机构有权停止测试。最后,进入评估阶段,即由监管机构对最终测试结果加以评估,评估后正式获得许可的项目才可以进行大范围的推广。典型国家和地区进行的"监管沙盒"实践如表1所示。

表1　典型国家和地区"监管沙盒"实践

国家或地区	主管部门	基本定位
英国	英国金融行为监管局(FCA)	在维护金融系统稳定的前提下,以保护消费者为核心,鼓励金融创新的产品与服务,减少创新企业的融资障碍,缩减创新业务进入市场的时间和成本
新加坡	新加坡金融管理局(Monetary Authority of Singapore,MAS)	目的是为金融科技企业创造一个安全的环境,测试的主体还控制在银行业,即使测试失败,后果也相对可控,对消费者和金融系统稳定性的影响有限
中国香港特别行政区	香港金融管理局(Hong Kong Monetary Authority,HKMA)	测试的主体限制是在香港特别行政区本地的银行,目的主要是在银行运用金融科技创新时,能够及时进入真实环境中测试,在风险可控的环境中采集产品或服务的真实数据和用户意见

① 参见胡滨、杨楷:《监管沙盒的应用及启示》,载《中国金融》2017年第2期;张景智:《"监管沙盒"制度设计和实施特点:经验及启示》,载《国际金融研究》2018年第1期。

此外,作为平衡金融创新与金融科技风险的有效监管手段,"监管沙盒"模式能够弥补我国监管机制的不足,有效兼顾金融科技监管的安全与效率。因此,我国可借鉴相关国家和地区的实施经验,根据现有金融监管体系和金融创新发展趋势建立"监管沙盒"制度。具体来说,可从以下四方面着手。其一,按照我国"一行两会"的监管模式,可由中国人民银行进行牵头,联合证监会、银保监会以及其他政府部门,通过部门规章的形式出台"监管沙盒"制度。其二,应在银行业进行"监管沙盒"制度的先试先行,进而逐渐扩大申请主体与业务范围。目前,银行仍然是我国金融创新最重要的主体,并且银行在信息系统、机构资质以及风险管控等方面具有较大的优势。所以,我国可借鉴参考中国香港特别行政区的经验做法,在银行开展"监管沙盒"制度的试运行,在缩小申请主体范围的基础上,以防范试运行过程中可能出现的风险与问题。伴随金融监管协调机制的进一步完善,再逐步将申请主体与业务范围扩大到保险业、证券业和其他金融机构。其三,将知情权、依法求偿权、财产安全权以及自由选择权作为重点,充分保障参与"沙盒"项目的消费者的合法权益。其四,建立跨区域的"监管沙盒"合作机制。由于金融创新与金融科技发展突破了金融产品服务的区域与行业限制,跨地区和跨行业监管合作的重要性日益凸显。鉴于此,我国应充分把握自由贸易试验区与粤港澳大湾区建设带来的机遇,加快建立跨区域的"监管沙盒"合作机制,实现金融科技与金融创新成果共享。

特别说明的是,从境外"监管沙盒"的监管实践来看,"监管沙盒"的模式具有一定的局限性,"监管沙盒"模式并不是固定的,也不具有普适性,而是要根据各个国家和地区自身的情况,提出相对应的监管要求。我国各地区之间的发展情况差异较大,很难通过一个统一的监管模式解决所有问题。监管问题的解决不是一蹴而就的,需要循序渐进,对部分金融创新可以借鉴其他国家和地区的金融科技风险监管经验,持续有效地推动我国金融科技监管水平的提升。

(五)以推进协同监管为抓手,充分发挥多元主体的监管作用

伴随金融科技的快速发展,"一元多头"式监管模式面临的效率低下、协调成本较高等问题日益凸显。鉴于此,相关部门应加快推进协同监管。协同监管的核心在于充分调动社会资源,不断拓展监管主体范围,最终形成多元主体共同发挥作用的金融科技监管体系。具体而言,我国要在确保政府处于监管核心地位、强化政府监管机构内部协调的基础上,大力推动社会、市场、企业以及行业协会等非政府主体间形成均衡监管样态,利用协同监管来加快构建金融科技监管体系框架,如图3所示。

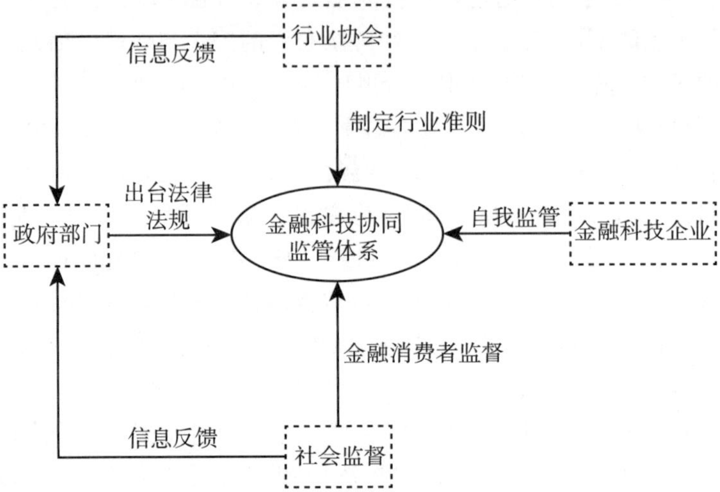

图 3　金融科技协同监管体系框架

在金融科技监管体系框架内,政府部门、金融科技企业、行业协会以及金融消费者共同构成了协同监管体系。

第一,加强金融科技企业自主监管。金融业所面临的监管挑战主要在于,被监管者在通常情况下比监管部门更了解自身的业务,这一问题在金融科技行业中表现得尤为突出。一方面,金融科技企业拥有其他外部企业无法获得的特定信息。例如,虚拟货币平台比其他人都更了解自身的货币运行机制;众筹网站比其他人都更加了解自身的相关漏洞及运作模式。所以,相较监管机构,金融市场参与主体能够更好地识别自身产品中的风险,进而得以对自身行为进行更有效的监控。另一方面,由于金融科技企业通常会对竞争对手进行密切关注,所以企业对竞争对手的运营模式也较了解,这有利于加强同行业企业之间的互相监督与约束。综上所述,金融市场参与主体通过自我约束与自我监管能够有效减少监管部门的干预,充分发挥自身的专长。因此,相关部门应通过成立市场自律组织、构建并完善激励机制等方式,给予金融科技市场参与主体更大的自主权,不断提高参与主体进行自我监管的积极性,推动其主动加强自律行为,以此降低金融科技领域的系统性风险。

第二,行业协会对于推进金融科技协同具有重要作用。例如,FCA、MAS 针对金融行业发展设立了专业主管机构。我国可借鉴相关经验,成立金融科技监管协会,通过出台行业准则的方式,推动金融科技行业稳定发展。

第三,金融科技的迅猛发展为金融消费者进行社会监管提供了更多可能性,例如,消费者可以在网络平台对相关产品与服务进行评价,这对于传统监管制度改革起到了一定的助推作用。总而言之,唯有加强政府部门、金融科技企业、行业协会以及金融消费者之间的共同协作和数据共享,才能形成协同治理格局。

综上所述,金融科技是大势所趋并势不可当。我们应该用金融科技赋能金融供给侧结构性改革,逐步改革和完善金融科技监管机制,缓释金融科技导致的跨界经营、混业经营与分业监管的制度性错配,不断完善金融科技监管的治理体系,通过法律手段规范和治理金融科技,防范其发生系统性风险。

(责任编辑:游紫薇)

海南自由贸易港建设的金融法治创新
——一个空间视角*

管　斌** 郭金鑫*** 管乐之****

摘　要：本文基于空间视角，从金融地理学所关注的“空间差异、空间过程和空间的相互作用”在金融领域的表现形式出发，将戴维·哈维（David Harvey）所主张的“绝对空间—相对空间—关系空间”理论与金融领域中“赋值—增值—创新争值”过程相“映射”，结合海南自由贸易港（以下简称海南自贸港）中的金融资源空间分布不合理、非均衡状态，以及在时空作用下自贸港所形成的金融开放化、自由化与依赖化的空间特征，从立法、行政、司法三个方面提出制度集成创新举措，试图达致关系空间的渐进式金融争值目标。立法上，海南自贸港应充分运用“先行先试”的授权立法模式以助推空间权力的有效配置，形成法律与政策的正向联动效应，最终实现单独关税区的空间定位。执法上，海南自贸港应以“金融服务为主，金融监管为辅，海关监管协力”为原则，提升金融服务水平、优化自贸区营商环境，强调金融监管与海关监管并行，最终维持金融安全与金融自由并重。司法上，海南自贸港应设立高水准、专业化、国际化的金融法院，完善调解优先、诉调结合的司法救济机制，金融仲裁机制助力，最终建成完备的多元纠纷解决机制。

关键词：海南自贸港；绝对空间；相对空间；关系空间；金融价值；单独关税区；金融法治

---

* 收稿日期：2020年10月14日。

本文系中国法学会2019年度部级法学研究自选课题“分权视野下地方金融治理法治化保障研究”［编号：CLS（2019）D39］和华中科技大学自主创新重大交叉研究基金项目（中央高校基本科研业务费资助项目）“中国金融消费者保护法律问题研究”（编号：2016AD016）的阶段性成果。

** 法学博士，华中科技大学法学院副教授。

*** 华中科技大学法学院2019级硕士生。

**** 中国海洋大学法学院2019级本科生。

一、引言

2020年6月1日中共中央、国务院印发《海南自由贸易港建设总体方案》(以下简称《总体方案》),作为海南自贸港建设新纲领。这不仅是我国自党的十九大提出“推动构建面向全球的高标准自由贸易区网络”,①形成“1+3+7+1+1/6+1/3”②的自贸区(港)“雁行矩阵”的重大创举,更是对《关于支持海南全面深化改革开放的指导意见》(以下简称指导意见)中自贸港的“四步走”③战略发展目标的一次分步骤、分阶段的践行。与中国以往的区域性改革试验和国家战略相比,此次海南自贸港建设更加强调金融开放深化与金融法治创新。“避税天堂”和“境外银行业务”是通过联系地理位置而确定相关法律的术语,④自贸港亦然。“空间区位通常都带来一种特定的垄断优势……对关键的战略区位或资源地区的控制是一个重要的武器。”⑤面对逆全球化等各种暗流和挑战,自贸港为何落户海南?海南自贸港如何进行金融开放深化?海南自贸港如何进行金融法治创新?

戴维·哈维将空间划分为绝对空间、相对空间和关系空间。其中绝对空间是预先设定的静止状态;相对空间是时间与空间相互影响、相互作用而存在的运动状态;关系空间是社会实践将时空中的各个要素有机结合起来,形成的一个相互影响、相互渗透、相互作用的复杂关系网络。⑥ 我们充分发挥地理学想象(geographical

---

① 《中共中央关于坚持和完善中国特色社会主义制度、推进国家治理体系和治理能力现代化若干重大问题的决定》(2019年10月31日中国共产党第十九届中央委员会第四次全体会议通过)。

② 2013年,上海自贸区设立;2014年,广东、天津、福建自贸区设立;2016年,辽宁、浙江、湖北、河南、湖北、重庆、四川、陕西8地自贸区设立;2018年,海南自贸区设立;2019年,除新设上海自贸区临港新片区外,山东、江苏、河北、云南、黑龙江5地自贸区设立;2020年,除海南由自贸区升级为自贸港外,北京、湖南、安徽3地自贸区设立。

③ 参见《指导意见》,“四步走”即2020年,自由贸易试验区建设取得重要进展,提高国际开放度;2025年,自由贸易港制度初步建立,营商环境达到国内一流水平;2035年,自由贸易港的制度体系和运作模式更加成熟,营商环境跻身全球前列;21世纪中叶,建成经济繁荣、社会文明、生态宜居、人民幸福的美好新海南。

④ 参见[德]格罗斯菲尔德:《比较法的力量与弱点》,孙世彦、姚建宗译,中国政法大学出版社2012年版,第116页。

⑤ 参见[美]戴维·哈维:《新帝国主义》,付克新译,中国人民大学出版社2019年版,第57页。

⑥ 参见David Harvey, *Social Justice and the City*, Edward Arnold, 1973, p. 13–14;[美]戴维·哈维:《后现代的状况:对文化变迁之缘起的探究》,阎嘉译,商务印书馆2003年版,第303~323页;[美]大卫·哈维:《资本思维的疯狂矛盾》,毛翊宇译,台北,联经出版公司2018年版,第199~208页;等等。

imagination)①,尝试将戴维·哈维的“绝对空间—相对空间—关系空间”3类空间框架与金融领域中“赋值—增值—创新争值”3种价值增长路径相“映射”(如图1所示),结合海南独特的地理位置与空间特征,通过分析绝对空间中的金融静态赋值逻辑,揭示当前海南自贸港中金融资源分布不均衡的实然状态;引入时间要素厘清相对空间中的金融动态增值过程,使静态资产逐步转化为动态资本,明晰海南省在自贸港建设中的现有金融优势;基于对现有海南省金融价值与金融优势的剖析,引入实践要素,探索关系空间内通过金融法治创新实现金融争值的应然路径,助推自贸港建设中金融制度集成创新。

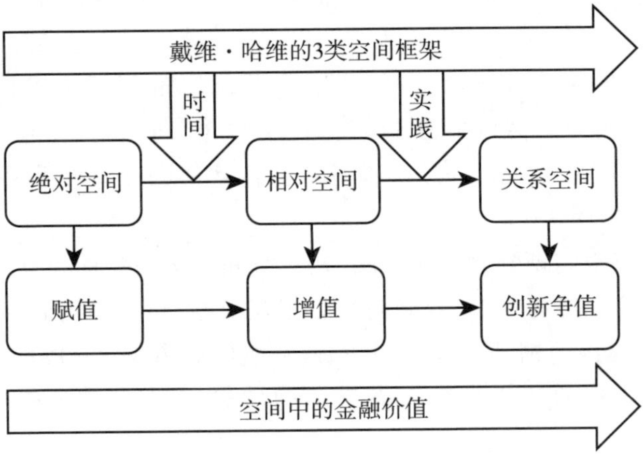

图1　空间对金融的作用原理

二、海南自贸港建设中绝对空间的金融赋值逻辑

空间差异、空间过程与空间的相互作用3个层次,是地理学的基本研究逻辑,②其

① 地理学想象(geographical imagination)也即空间意识(spatial consciousness),是戴维·哈维对C.赖特·米尔斯(Charles Wright Mills)的“社会学想象”(sociological imagination)一词进行借鉴重构后所形成的新名词。在“地理学想象”的语境中,意义的历史建构得到彰显,因此表现为一种时间意识,使时间与空间“那么密切地蕴含在社会关系的再生产和转变的过程之中”。参见[美]戴维·哈维:《后现代的状况:对文化变迁之缘起的探究》,阎嘉译,商务印书馆2003年版,第274页。

② 参见[瑞典]瑞斯托·劳拉詹南:《金融地理学》,孟晓晨等译,商务印书馆2001年版,第3页。

在金融领域能够得到广泛应用。[①] 空间是商品,[②]绝对空间的金融赋值过程直接决定了海南自贸港建设中金融资源的空间分布,即产生了空间差异,同时这个过程也赋予了自贸港独特的空间金融价值。

（一）海南自贸港金融资源的空间分布

海南省因其独特的地理空间特征与金融资源空间分布差异,在静态绝对空间的形成过程中被赋予了一定程度的空间金融价值。

1. 海南省的地理空间特征

海南省位于中国最南端,北以琼州海峡与广东省划界,西隔北部湾与越南相对,东面和南面与菲律宾、文莱、印度尼西亚和马来西亚为邻。省域总面积居全国第一,包括海南岛、西沙群岛、中沙群岛、南沙群岛的岛礁及其海域,陆地总面积3.54万平方公里,全国排名29,其中海南岛面积3.39万平方公里,西沙群岛、中沙群岛、南沙群岛面积合计0.15万平方公里,海域面积约200万平方公里。[③] 截至2020年6月,海南省下设4个地级市,5个县级市,4个县,6个自治县,常住人口944.72万,[④]实现地区生产总值5308.94亿元,在31个省级行政区(除我国港澳台地区)排名28;人均地区生产总值56,507元,在31个省级行政区(除我国港澳台地区)排名15。

上述海南行政区划依《海南省第四次全国经济普查公报》(第七号)还可以从经济地理角度分为东部、中部、西部地区和海澄文、大三亚两个经济圈,其中东部地区包括海口、三亚、文昌、琼海、万宁、陵水;中部地区包括五指山、定安、屯昌、琼中、保亭、白沙;西部地区包括儋州、洋浦、东方、澄迈、临高、乐东、昌江;海澄文经济圈包括海口、澄迈、文昌;大三亚经济圈包括三亚、陵水、乐东、保亭。

官方统计数据显示,海南省地区经济贡献率从高到低为东部地区62.33%,西部地

---

① See Leyshon A., *Geographies of Money and Finance*, Progress in Human Geography, 1998 (3), p. 433 - 446.

② 空间作为商品的几个特殊性:第一,空间的持久性。空间不会消逝,它不能像其他商品一样被用掉。第二,空间的必要性——它是不可或缺的,人们没有任何其他的东西可以用来取代它。第三,空间具有巨大的关联利益,包括其区位效益及集体消费效益。第四,它具备天然的垄断性。第五,它具备很强的二手属性。参见[美]约翰·R.洛根、[美]哈维·L.莫奇:《都市财富:空间的政治经济学》,陈那波等译,格致出版社、上海人民出版社2016年版,第16~47页。

③ 数据来源:《地理位置_海南概览_海南省人民政府》,载海南省人民政府网,http://www.hainan.gov.cn/hainan/hngl/201809/02b6b908146c4ce89c0dbd1fad7720a6.shtml。

④ 数据来源:http://xzqh.mca.gov.cn/defaultQuery?shengji=%BA%A3%C4%CF%CA%A1%28%C7%ED%29&diji=-1&xianji=-1。海南省各市县经济发展状况,可参见《2019年海南省各市GDP排行榜—产业排行榜—排行榜》,载中商情报网,https://top.askci.com/news/20200212/1151011156736.shtml。

区 30.25%,中部地区 7.42%。海澄文经济圈位于岛东北角,跨东西地区,经济贡献率高达 42.55%;大三亚经济圈位于岛西南角,经济贡献率为 19.99%。这说明海南省各地区和经济圈的发展呈现空间不均衡的状态。所幸的是,我们的任务“不在于解释我们的悲惨现实,而在于改善它”①。

2. 金融资源空间分布差异

金融资源理论认为,金融是内在于经济的社会经济资源,金融的资源属性主要揭示的是金融“存量”形态形成的特殊性和存在的客观性问题,实质是金融的“自然”属性状态。② 在静态的绝对空间中,这种“自然”属性主要表现为经过不同空间内金融资源的数量累积与功能累积,从而具有价值“贮藏”特征。

依据《2019 年海南省国民经济和社会发展统计公报》,2019 年海南省金融业增加值为 392.23 亿元,金融支出 11,455 万元。其中银行业,2019 年年末全省金融机构本外币存款余额 9737.77 亿元,年末金融机构本外币贷款余额 9521.10 亿元。全年通过上海、深圳证券交易所募集资金 214.42 亿元;年末境内上市公司 31 家,年末股票市价总值 2293.19 亿元;证券和期货交易总额 32,941.23 亿元,全年原保险保费收入 202.67 亿元,赔付支出 59.78 亿元。不难看出,金融业行业整体经济贡献率不高,仅为 7.4%,且主要依托银行、保险、证券等传统金融业务,新兴金融业态发展不足。

从地区来看,以大型商业银行为核心,中小型银行和农业金融机构为分支的银行机构体系已初步实现省内区域全覆盖,但证券业和保险业金融资源的地域分布不平衡,资源集中程度由省会海口市、三亚市、两个经济圈、东部地区、西部地区、中部地区呈现依次递减趋势,如海口拥有海南省唯一的区域性股权市场;31 家上市公司几乎全部集中在北部的海口和南部的三亚,其中海口的上市公司有 26 家,三亚的上市公司有海航创新、海南瑞泽、大东海 3 家,澄迈县、昌江黎族自治县均有 1 家,省内金融资源分布极不均衡。

3. 区位与资源之间的规律

绝对空间从存在起便赋予不同空间自有的金融价值。海南省临海的东西部地区与中部地区相比较,具有交通发达、贸易便利、投融资活跃等优势,在空间过程和空间相互作用之中,金融资源自发流向极具经济发展潜力的地区,形成地区金融资源积累,使空间金融赋值的差异化不断加剧,形成金融排斥。诚如波切特(Burchardt)所说,金融排斥,主要是指由于金融分割所造成的某区域或社区长期被主流金融排斥在外,或主流金融机构陆续从落后区域或社区的撤离,使这些区域陷入了“金融沙漠”(financial

① [德]奥古斯特·勒施:《经济空间秩序》,王守礼译,商务印书馆 2010 年版,第 4 页。

② 参见崔满红:《金融资源理论研究》,中国财政经济出版社 2002 年版,第 95 页。

desertification)的困境。① 而绝对空间的金融赋值便是金融分割在金融地理学视角的体现。从上述海南省各地区经济贡献率与上市公司的分布状态可知,金融资源的数量分布与一个地区对经济贡献程度呈非线性正相关的关系。金融资源向海南省东西部地区倾斜,而中部地区形成"金融沙漠",逐渐形成了金融资源地区分布的不合理、非均衡状态。

绝对空间的静态赋值直接导致海南省内金融资源分布不均衡状态的出现,基于量的累积与需求程度之间的黏性可知,金融资源的配置状态与金融需求之间具有必然关联性:(1)不均衡的金融资源分布直接对金融需求的产生与发展产生超前或滞后的不利影响;(2)金融需求对金融资源的开发与有效利用程度具有绝对依赖性。因此,空间资源不均衡的静态分布会衍生出绝对空间中金融资源与金融需求错配的乱象,影响金融资源有效配置的流动性与流动效率。

(二)空间金融价值的比较分析

基于我国内地自贸港金融资源的空间分布不均现状,笔者选取中国香港特别行政区、新加坡、迪拜这3个通过发展自贸港取得国际金融中心地位的特定空间,对其空间区位特征与空间金融价值进行比较分析,试图对我国自贸港建设有所启示(见表1)。

表1 中国香港特别行政区、新加坡、迪拜的金融价值分析

特征与价值	中国香港特别行政区	新加坡	迪拜
自贸港类型[1]	海港型:位于临近海港的自由区,主要以沿海港口为对外贸易口岸和物流集散枢纽	海港型	复合型:集合了水运、陆运、空运。叠加打造多个产业功能区
当前港口地位	著名的国际贸易中心、航运中心、金融中心	全球开放程度最高、制度建设最完善、发展最成熟的自贸港之一	中东地区的经济金融中心,中东地区最大自贸港
空间区位特征	中国香港特别行政区位处中国南部沿岸,北靠广东省、西背珠江口及澳门特别行政区、南向中国南海,香港特别行政区陆地面积约为1104.3平方公里,陆水总面积为2755.03平方公里	新加坡是欧亚大陆最南端的一个城市国家,由1个本岛和63个小岛组成。位于马六甲海峡的出入口,是太平洋和印度洋的世界十字路口之一,总面积为724.4平方公里	迪拜位于中东地区的中央,阿拉伯半岛西南部,濒临波斯湾,为亚欧非三大洲的交汇点,面积约为4114平方公里。由拉什德港区与杰贝拉里港区组成。杰贝拉里港区为世界上最大的人工港口

① See Burchardt T, J Hills, *Financial Services and Social Exclusion*, Insurance Trends, 1998(2), p. 1 – 10.

续表

特征与价值	中国香港特别行政区	新加坡	迪拜
空间金融价值	1. 港元与其他货币可不受任何限制自由兑换。 2. 投融资渠道丰富;行业准入限制少;企业注册条件宽松。 3. 拥有完整的银行体系,自由的证券交易制度、开放的债券市场	1. 自贸港内再进行自贸区建设。 2. 取消外汇管制,融资汇兑自由。 3. 针对不同企业类型设计个性化金融服务。 4. 形成以《自由贸易区法》为核心的体系完整的经济法规	1. 港口与自贸区共同运作,港区结合,形成有机运营整体。 2. 扩大政策自由度,宽松的商业环境。 3. 资本随时汇出境外,不受任何金融条件限制;无外汇管制;货币可自由兑换
对我国自贸港建设经验启示	1. 投资自由化:外来投资享受国民待遇;最大程度减少限制。 2. 金融自由化:资本项目完全开放;离岸金融随时转为在岸金融;金融监管以风险防范为核心	1. 金融全面开放,强调金融服务体系建设。 2. 不断完善自贸港法律体系。 3. 积极培养自贸港金融管理人才。 4. 建立金融信息化平台	1. 全岛建设自贸港,做好现有自贸区与自贸港的金融功能区分。 2. 探索实行"前港 + 园区(中区) + 后城"的产业模式

[1]参见杨帆:《探索建设自由贸易港:离岸金融市场再起航》,中国金融出版社2018年版,第14页。杨帆按照运输形态将自由贸易港分为海港型、陆港型、空港型和复合型。

由表1可以看出,每个绝对空间都有其独特的地理区位和相应的金融价值。海南自贸港不同于主要由人工建设且深居腹地的迪拜复合型港口,更不完全同于中国香港特别行政区、新加坡那样天然的海港型港口。相对于中国香港特别行政区,海南无法实现资本自由兑换,通往国际金融中心的道路举步维艰。但是,海南背靠超大规模国内市场,不仅腹地经济潜力巨大,而且地理面积远超中国香港特别行政区、新加坡,既可以避免中国香港特别行政区、新加坡由于物理及市场空间不足而导致的结构性问题(如高房价、收入不平等等挑战),也为特色产业的勃兴预留了上升空间,并且拥有税收、金融等显著政策优势。因此,海南自贸港建设不能完全照搬别处经验,反而应根据自身空间特征获取金融发展优势,实现与域外空间争夺金融价值的最终目的。

(三)海南自贸港的绝对空间金融价值

资本积累向来就是一个深刻的地理事件,①绝对空间的金融赋值逻辑正是"空间"直接参与了金融资本积累过程的体现。空间赋值导致了空间差异,即产生了金融资本积累中非均衡发展的空间样态。空间样态本身进而成为一种特殊的空间和地理的表

---

① 参见[美]大卫·哈维:《希望的空间》,胡大平译,南京大学出版社2006年版,第23页。

现结果。换言之,海南自贸港作为资本流通的载体空间,本身具有绝对的空间金融价值。

1. 金融价值归位的特区重生

海南省生于改革开放,也兴于改革开放。1988 年海南建省并兴办经济特区,此后历经数十余年风雨,地区生产总值已从当年的 77 亿元扩张到 2019 年的 5308.94 亿元。与深圳、珠海、汕头、厦门这 4 个经济特区相比较,海南省曾因倒卖汽车热潮和“房地产泡沫经济”沦为投机套利之地,错失时代机遇,起步晚、发展缓、后劲乏、面积广等相对劣势仍存。“正如马克思所预见的那样,在类似的竭力挣扎过程中,第一波投资者经常会破产,从而把可以赢利的生意留给了那些以最低价格购买这些贬值资产的人。因此,资产的贬值,特别是在资本二级循环中的贬值,能够在为资本积累建立全新基础的过程中发挥重要的作用。”①正是由于海南作为经济特区的空间金融价值并没有得到充分挖掘与利用,中共中央将海南纳入我国自由贸易试验区(港)建设的基本格局。我们完全可以解放思想、大胆创新,将海南自贸港定位为全世界最开放、最市场化的单独关税区,通过离岸经济金融圈的灵活制度安排与全球一些重要城市(群)对接,将离岸与在岸体系做一定的切割,以确保中国与全球经济金融不脱钩,并确保能留住全球顶级人才、企业、技术与财富。与国内其他自贸试验区不同,海南自贸港的建设基于全岛全省,辐射全国乃至全世界,是一个机遇与挑战并存的开拓式金融体制的创新过程,也是一次回归经济特区金融价值应然状态的时代体验。

2. 金融压力测试的天然试验场

海南能作为金融压力测试的天然试验田,主要是由它独特的地理区位特征所决定的:(1)海南省为一个相对独立的环海离岛,岛北的琼州海峡系海南岛与广东省的雷州半岛之间联系的战略通道。海南四面被海水包围,自然形成一个天然的“一线放开,二线管住”空间。金融的本质是资源跨时间、跨空间的价值交换,并通过对资源跨时空的配置实现风险的分散、管理和转移。② 当绝对空间的距离扩大,金融对于风险产生、分散、管理与转移的作用也会由此放大,海南的金融开放和金融法治从而更具可观察性。(2)海南省海岸线总长 1823 公里,有大小港湾 68 个,有利的地理条件助力海南省海上实体贸易的兴盛。实体经济与金融发展之间并非绝对的线性关系,但实体经济的发展仍对金融发展有促进作用。③ (3)海南的金融与经济发展的互动更具样本意义。海南

---

① [美]戴维·哈维:《新帝国主义》,付克新译,中国人民大学出版社 2019 年版,第 66 ~ 67 页。

② 参见管斌:《金融法的风险逻辑》,法律出版社 2015 年版,第 151 页。

③ See Robinson J., *The Generalization of the General Theory*, in the Rate of Interest and other Essays, Macmillan Press, 1952, p. 67 – 142.

省在全国的经济总量中占比不高,2019 年地区生产总值在全国 31 个省市自治区中排名仅为第 29,人均地区生产总值排名第 16,仅仅与浙江省嘉兴市相当;经济发展目前主要依靠与内陆地区的紧密经贸联系,外商直接投资在全国占比偏低,不到 2%。即使在金融系统的调适过程中因预计偏差带来金融风险特别是系统性风险时,海南省由于其经济量小,在全国经济中驱动力弱,从而使经济主体遭受损失的可能性的空间范围缩小。海南据此可承受更强的压力测试。

3. 金融价值上升的潜在空间巨大

当前,海南省拥有巨大的潜在金融增值空间,原因有三:(1)相对海南省较低的经济发展水平,自贸港的金融增值与发展空间巨大。(2)基于海南省内各地区金融资源地区分布的不合理、非均衡的现状,自贸港可逐步探索一条金融法治创新之路以保障空间内金融资源的利用程度达到效益最大化。(3)基于海南省这一绝对空间中呈现金融需求增长乏力、金融资源与金融需求错配的现状,金融价值的上升正好能够体现于突破绝对空间的地域限制,自贸港可挖掘潜在的、预期有效的金融需求,形成金融资源与金融需求相适应、相匹配的绝对空间布局。

值得注意的是,此处提及的金融价值上升空间仅限于绝对空间之中,体现为一种静止的状态。换言之,要实现金融增值过程,仅仅依靠绝对空间的作用并不足够,需要引入"时间"要素;当时间与绝对空间相互作用逐渐发展并形成了相对空间,金融增值过程由此得以实现。正如戴维 · 哈维所说,在相对空间中,不可能理解独立于时间的空间,而这要求语言从"空间"与"时间"向"时空"或"时空性"进行重要转移。①

三、海南自贸港建设中相对空间的金融增值优势

空间是稀缺资源,也是典型的金融资源。海南省独特的绝对空间赋予了自贸港一个潜在的金融增值空间。配置了金融资源的空间,是更优质的金融资源。为了发挥其金融增值优势,绝对空间在时间的作用下逐步发展成为相对空间。诚如梅西(D. Massey)所说,特定的社会发展阶段有其特定的地理形式,空间变化是经济再结构和社会重组两者合力的结果。② 时间脚注只会在相当重要的历史时期出现。从自贸区到自贸港的历史叙事,伴随 2018 年 4 月 11 日指导意见的提出和 2020 年 6 月 1 日《总体方案》的印发,日益显示出海南在金融增值过程中所形成的金融开放化、金融自由化和改

① 参见[美]戴维 · 哈维:《作为关键词的空间》,阎嘉译,载中国社会科学院文学研究所文学理论研究室、中华美学学会外国美学学术委员会编:《外国美学》第 22 辑,江苏凤凰教育出版社 2014 年版,第 131 页。

② See D. Massey, *In What Sense a Regional Problem*?, Regional Studies, 13, 1979, p. 233 – 243.

革自主化的发展态势。

(一)改革加速主义下的金融开放化

"加速主义"这一概念最早见于罗杰·泽拉兹奇(Roger Zelazny)1967年出版的科幻小说《光明王》(*Lord of Light*),泽拉兹奇把一群力图通过人类科技发展改变社会的革命者称为"加速主义者"。① 此后加速主义理论逐渐发展,科技不再是时间加速的唯一驱动因子。加速主义核心概念并不是时间维度的简单加速,而是历史过渡意义上的重新目的化。② 建设自贸港并不是追求短期的高速发展,而是以相对空间为改革载体,助推和催化海南省作为经济特区与自贸港的特殊历史优势再生,解决中国从高速度增长迈向高质量发展过程中的高水平开放问题。

1. 从区到港的空间扩展

根据海南自贸港建设的"四步走"战略布局,从2020年到2025年,海南省的建设要实现从取得重要进展的自由贸易试验区向初步建立的自由贸易港转变。这一"从区到港"的战略举措,不仅提高绝对空间中静态增值空间的上限,还让改革加速主义作用下相对空间的金融开放程度显著提升。

在现有自贸区总体方案设计中,有关金融开放的目标设计体现出区域性与国际性的双重特点:一是加快金融开放以融入经济全球化大趋势;二是借助自身区位优势以增强进一步金融开放的后备力量。同样的金融开放目标,以往自贸区更多地强调对内开放,而海南自贸港更强调对外开放,而且是对内对外联动开放。当然,较早设立的上海、广东、天津、福建自贸区经过一系列金融创新举措,形成了多批可推广、可复制的改革创新成果,③对海南自贸港建设不无借鉴意义。

这些自贸区的金融开放举措,主要涉及人民币跨境使用、境内金融机构改革、深化境外金融合作等方面。鉴于自贸港作为全球经济开放水平最高的特殊经济功能区,海南要求走一条全岛建设、整体推进的港口建设路径,系自贸区的升级版,其目的是打造开放层次更高、营商环境更优、辐射作用更强的开放新高地,由此要求自贸港不仅作为中国的"开放之窗",也作为吸引世界各地金融资源蜂拥集聚的自然窗口,④在改革加

---

① 参见姜淑娟、关锋:《从数字悖论到加速转向——当代左翼加速主义批评进路及理论局限》,载《广东社会科学》2020年第3期。

② See Steven Shaviro, *No Speed Limit*: *Three Essays on Accelerationism*, University of Minnesota Press, 2015, p. 1.

③ 参见刘洪愧:《自贸实验区金融开放创新研究》,中国社会科学出版社2018年版,第1页。

④ 参见刘窗、陈玺安:《特区:一个改革加速主义的案例》,载乌有之乡网刊网2018年7月9日,http://www.wyzxwk.com/Article/sichao/2018/07/391343.html。

速进程中踏上相对空间的增值路径。

2. 金融自由化

"金融自由化"作为自贸港的关键词之一,对于自贸港的建设具有举足轻重的意义。(1)自贸港基本定位。自贸港,是指设立在一个国家或地区境内关外,实行"一线放开,二线管住,区内自由"等政策制度,允许货物、资金、人员等要素自由进出,并对绝大多数商品免征关税,以实现贸易和投资自由化、便利化为目的的特定区域。其中,港内要素自由流动是自贸港的基本特征之一,贸易和投资自由化系自贸港建设目的之一。而金融资源属于资源要素中的一类,实现金融要素的自由流动是实现金融自由化与金融法治化的前提要义。(2)金融发展趋势。当前中国的金融结构呈现市场化与综合化两大变迁趋势:市场化要求金融资源要素组合在资本市场运行机制中保持高强度活力;综合化则是为了金融市场进一步发展,在各类活跃要素与不同系统层次之间构建统筹协调机制,这无疑增加了金融系统这个"复杂调适系统"(complex adaptive system,CAS)的自由度与复杂性。(3)时间作用空间。金融资源的"创造"是通过前期的累积与后期开发和配置形成的,从绝对空间的赋值逻辑中可推导出金融本身具有贮值功能,这是金融资源创造的前期积累部分;为了实现相对空间中金融资源的后期开发和配置过程,由此自贸港建设对金融自由与金融开放提出了新要求。

3. 改革自主化

改革自主化是绝对空间的扩展与金融自由化共同作用的结果。绝对空间的赋值逻辑导致金融资源积累呈现天然的非均衡状态,而从自贸区到自贸港这一绝对空间的扩展路径,以及在金融自由化中资本不受地域限制的全球性流动,从空间静态与时空动态两个方面加剧了金融资源分布的非均衡性。这种非均衡性体现为一种特殊时空下的地理表现,要求结合特定空间特征,以自主化改革促进生产要素在全球的高度流动和社会空间的重新布局。

金融自由化并不只是从消极方面刺激改革自主化的产生,其核心内容对改革自主化也有积极推动。例如,金融自由化要求自贸港不再规定持股上限、行业准入限制,实现货币自由交易、支付货币自由,金融市场自成体系、自主监管等。这也是在相对空间中以改革自主化来实现空间金融增值的必然举措。

(二)时空压缩实践中的金融科技化

根据马克思的观点,资本力求超越一切空间界限,力求用时间去更多地消灭空间。[①]

---

① 参见马克思:《政治经济学批判》,载《马克思恩格斯全集》第46卷(下),人民出版社1980年版,第11、33页。

戴维·哈维基于“通过时间消灭空间”,认为已然形成“使时间空间化”(存在)的特权优于“通过时间消灭空间”(形成)的这种趋势,由此提出时空压缩理论。[①] 时空压缩理论认为,科技进步缩短了决策的时间范域,消除了相对空间中的时间障碍,从而使相对空间中的时间与空间均不再是社会发展的障碍与主要动力,同时也促进了一个经济社会发展的新地理形势的浮现。2020年6月1日中共中央、国务院印发的《总体方案》所强调的运输要素的自由流动(特别强调“船舶运输和航空运输”),与2020年6月3日民航局印发的《海南自由贸易港试点开放第七航权实施方案》所强调的试点开放的第七航权(包括航空客运与航空货运),皆是科技进步缩短了决策时间范域的适例。

1. 金融科技促进时间空间化

与马克思的“时间消灭空间”观点强调时间的强制力不同,戴维·哈维的时空压缩理论强调空间在时间作用下收缩成了一个“地球村”,使人们在经济上和生态上相互依赖;与此同时,科技进步对“时间作用于空间”这一进程产生“创造性破坏”,使花费在跨越空间上的时间急剧缩短,以致人们感到“现存就是全部存在”,时间空间化加剧。近年来金融科技的发展为传统金融业务注入AI算法、大数据、云计算、区块链等现代信息技术,也为科技型企业提供网络借贷(P2P)、网络融资租赁、供应链金融等先进技术创造产生的新型金融业务模式。在金融科技时代下,过去许多限制绝对空间的不利因素现已因时代进步与科技发展而被克服,金融活动越来越不需要依赖特定的时间与空间,导致“时间作用于空间”的距离缩短、频率上升。马克·韦德曼(Mark Wedman)认为,人体通常只能感受到当下的时间,并且需要通过大脑内置的计时器,[②]而金融科技化使“被感知的三秒”变得近乎忽略不计,由此跨越空间的时间急剧缩短,甚至出现时间零度化,进而使空间在认知上被重新建构,完成了时间空间化这一过程。

此外,时间空间化因金融科技的发展而削弱了时间对空间的强制作用,为相对空间中的金融飞速发展提供了契机,在金融领域主要反映为金融加速器作用。金融加速器机制,是指在信息不完全对称的情况下,金融机构与其他市场参与者存在摩擦,使小的冲击可以迅速引起整个经济体系的剧烈波动。这或使整个金融体系中的金融风险得以强化、叠加与扩散,增加系统性风险产生的可能性与破坏性。

2. 金融科技促进空间的再造

基于时空压缩理论中的“空间被消灭”与“空间被建构”双重含义,有学者挖掘和拓

---

① 参见[美]戴维·哈维:《后现代的状况:对文化变迁之缘起的探究》,阎嘉译,商务印书馆2003年版,第340页。

② 参见[德]马克·维特曼:《时间,快与慢》,陈惠雯等译,文化发展出版社2017年版,第55、71页。

展出该理论的第三重含义,即"空间的再造"①。空间的建构(时间空间化)固然促进了金融资源的流通,但为规避其衍生的金融风险、开拓资本积累新领域以实现金融增值,已构建的空间仍须打破再造。而在再造过程中又不可避免地产生因金融科技带来的空间信息化与短暂的金融贬值现象。换言之,空间再造中的金融价值在时空作用下呈现波动性上升趋势。

(1)相对空间信息化

金融科技与空间再造为空间信息化提供了必要条件,空间信息化也为应对时间空间化中金融科技带来的系统性风险而产生。从风险管理的角度讲,为确保离岸经济金融不会对在岸经济金融创造系统性风险,建立两者之间的防火墙或电子围栏极为必要。当今区块链等金融科技已经有能力实现无物理边界的电子化在岸与离岸分割,因为今天所有的金融资产与负债都已数字化了。

为了克服时间空间化中金融加速机制的消极影响,相对空间在金融科技作用下形成相应的信息反馈机制。被信息化的空间具有如下特征:一是即时暂时性。空间的再造在消除空间障碍与地区差异的同时,又产生新的差异,这些差异又形成需要被克服的新的空间障碍,②空间由此不断再造,空间的信息也得以不断更新,呈现空间信息的即时性、暂时性。二是互联互通性。在自贸港金融开放化的背景下,空间信息化表现为以金融科技为依托,创新运用现代信息技术,营造自由贸易港大数据智能化的政务服务平台、构建"互联网 + 区块链 + 大数据 + 信用评级"的社会信用体系等,逐步消除现有空间障碍,实现境内外信息互联互通。三是风险应对性。金融科技使相对空间中传统金融风险更加隐蔽,同时衍生出新的难以识别的金融风险,加剧了金融顺周期性。科学构建自贸港信息空间,可增强金融风险的可视性与金融监管的可操作性,与自贸港的风险防控体系建设和防范化解重大风险的目标不谋而合。

(2)短暂的金融贬值

金融科技化导致相对空间再造中的金融增值过程并非一蹴而就,空间格局的生产是为资本积累和社会再生产的总体时间动态中的一个"活跃环节",③总是不断地被政治经济和社会生态过程所再生、维持、破坏及重构,并伴随一次次短暂的金融贬值,在总体上呈现一种波动式非线性上升态势。

从时间维度来看,海南省曾九次因错失发展良机而出现短暂的金融贬值。比如,

① 参见程晓:《大卫·哈维对资本积累的时空分析》,载《山西师大学报》(社会科学版)2014 年第 5 期。

② 参见[美]大卫·哈维:《资本的限度》,张寅译,中信出版社 2017 年版,第 638 页。

③ 参见[美]大卫·哈维:《资本的限度》,张寅译,中信出版社 2017 年版,第 577 页。

在改革开放初期大规模走私汽车；在20世纪90年代房地产泡沫乱象与经济金融崩盘，一个金融开放窗口沦为楼市加工厂；21世纪初陷入一片“欺诈消费”“天价旅游”的声讨中，其国际旅游岛建设计划被迫搁置，海南省由于地缘人文缺乏、人口素质不均、管理能力不足等不利因素，其承载自贸港政策红利的基础能力颇受质疑。

然而，尽管每一次金融贬值使海南金融发展停滞甚至倒退，但是一次次短暂的金融贬值发生之前，这个相对空间都经历了一个生产力加速发展且金融资源加剧积累的时期。① 这也是在时空压缩中原有空间“被消灭”与“被建构”的过程。而金融贬值的真正到来则迫使启动“空间修复”这种特殊机制，目的在于为现有空间的生存打开更大的活动空间，当空间修复达到极限将会引发空间再造。② 一定意义上讲，在海南自贸港建设开始之前，短暂的金融贬值催生了新的经济地理景观，是空间创造的必经之路。解决因金融贬值带来的金融资本活力下降，防范金融市场风险，扭转弱势局面实现金融增值，这对引领新时代的海南自贸港来说，既是机遇也是挑战。

(三)时空互动过程中的金融依赖化

依据时空压缩理论，随着时间极限化，空间逐渐收缩成了一个“地球村”，资本在“地球村”这个空间的分布形成全球化，促使人们在经济上和生态上相互依赖，在金融领域则表现为金融依赖化。换言之，全球化可以被视作一个过程、一项条件或者一个特定的政治规划，它是一个由交通和通信、基础设施和领土组织构成的人造空间，这促进了它在一个历史阶段期间的资本积累。③

1. 金融空间集聚的强辐射作用

全球化催生了相对空间内的金融集聚运动。金融集聚即为金融资源与地域条件协调、配置、组合的时空动态变化，金融产业成长、发展，进而在一定地域空间生成金融地域密集系统的变化过程。在初始阶段，金融集聚通常体现为金融机构的数量增加、种类增多和规模扩大，金融市场的发展不均衡与金融结构的不稳定性。从总体来看，金融集聚地经济贡献率上升，正如海口市当前作为金融资源的聚集地，金融业增加值占全省的56%，在海澄文经济圈中乃至自贸港中经济发展水平较高，逐渐拥有金融集聚区与金融功能核心承载区的第一地位。与此同时，作为经济中心的金融集聚地也不可避免地增强了空间经济辐射力的深度与广度，“他们之间相互联络、共享信息源，创

① 参见［美］大卫·哈维：《资本的城市化》，董慧译，苏州大学出版社2017年版，第52页。

② 参见［美］大卫·哈维：《资本的城市化》，董慧译，苏州大学出版社2017年版，第56页。

③ 参见［美］大卫·哈维：《希望的空间》，胡大平译，南京大学出版社2006年版，第53页。

造了一个常常产生共同观点的微型社会环境”,①在这个环境中,空间集聚对经济贡献与系统性风险发挥双向杠杆作用。当然,金融集聚因空间样态差异形成的强辐射作用只是暂时的,金融集聚发展到最后阶段,集聚空间通过向外设立分支机构、区域合作、金融自由等方式带动相邻空间的发展,正如空间再造中已形成空间将在历史关键点上被摧毁并被重塑,从而为下一个阶段更进一步的资本积累让路。

2.“时间消灭空间”后金融风险全球化

在时间消灭空间这一时空互动之中,时间发挥优势作用使空间收缩成了一个“地球村”,导致空间内外的金融依赖程度上升。与金融科技发展带来的时间空间化相类似,在金融加速器作用下,整个金融功能体系崩溃与功能丧失的可能性上升,由此引发金融领域系统性风险的产生。因此,系统性风险的产生根源可以从时间维度与空间维度加以考量。② 其中时间维度是金融风险在时间演进过程中因绝对空间的扩展与相对空间的缩小所发生的放大效应;空间维度是在固定时点上,特定空间中的金融风险不断叠加以至于产生外溢效应,向整个全球金融领域蔓延。同时,金融风险集聚也使系统性风险的传染性增强。因此,在自贸港建设中构建金融宏观审慎管理体系,建立金融监管协调机制,加强对重大风险的识别和系统性金融风险的防范显得尤为重要。

3.自贸港对标国际金融高标准

全球化是在时空交互作用中被创建出的独特的地理景观。自贸港要实现相对空间中的金融增值就必须通过金融开放加快融入全球化进程,而全球一体化发展的最高境界是金融的一体化。这对自贸港建设提出了对接国际金融标准的高要求,比如,自贸港明确提出直接对标世界银行关于营商环境的评价标准体系。该体系中主要涉及开办企业、注册财产、获得信贷、投资者保护、跨境贸易等10个评价指标;其中跨境贸易指标采用文件、时间和成本3个维度,主要测评标准装运货物所涉及的成本和程序,使企业在进出口贸易中享受便利最大化。这为自贸港金融法治创新奠定了优化营商环境的金融服务理念。

与自贸区建设不同,自贸港建设作为国家兴盛的起航点,还承担融入世贸体系、争取国际认可的特殊任务。对接国际金融高标准,有助于促进自贸港岛内外的资金流动、提升港口的金融吸引力与金融开放层次,还有助于形成一体化、便捷化、法治化的国际金融市场。此外,自贸港直接采用国际金融标准,有利于加速相对空间中的信息

① 参见[奥]卡瑞恩·克诺尔·赛蒂娜、[英]亚历克斯·普瑞达:《牛津金融社会学手册》,艾云、罗龙秋、向静林译,社会科学文献出版社2019年版,第481页。

② 参见管斌:《金融法的风险逻辑》,法律出版社2015年版,第165页。

流动,提升信息透明化与信息分布均匀化程度,从而构建自贸港金融市场中公平与效率的双支柱体系。

四、海南自贸港建设中关系空间的金融制度创新

基于"地理知识的形式与内容无法脱离该知识生产和运用的社会基础而得以理解",①戴维·哈维提出了"关系空间"概念。在关系空间中,社会实践作为实践与空间的连接点,使空间成为时间过程中的内在关系;空间、时间、社会实践各个要素有机结合,在一个复杂的网络系统中相互影响、相互渗透、相互作用。

已知任何一个社会,以及任何一种生产方式,都会生产出自身的空间。② 制度是或多或少地持续着的被生产出来的空间。想象(思想、幻想和欲望)是全部可能的空间世界的肥沃的资源,那个世界预先构造(虽然内在的)不同话语、权力关系、社会关系以及制度结构和物质实践的全部样态。③ 发挥空间想象力,从制度竞争理论④出发,自贸港建设可视为关系空间中的制度竞争实践。为助推海南自贸港建设的金融增值,依循立法、行政、司法 3 条路径进行制度集成创新,规制金融创新实践。

(一)立法上厘清层级空间的权力配置

法治的健全是我国自贸港建设的基本前提。这要求在上下层级空间的"法治先行",进行制度集成创新实践,建立自贸港"先行先试"式的授权立法模式,辅之金融领域政策的倾斜和支持,形成法律与政策双向联动效应。作为改革加速主义的一次试验,自贸港坚持"重大改革于法有据"的改革法治化,2019 年第十三届全国人民代表大会第二次会议将制定海南自由贸易港法列入了国家立法日程,体现了以自由贸易港法为首的自贸港相关法律体系的不断完善。将制度创新视为一项基础设施固定嵌入关系空间中,形成"第二自然"的地理发展景观,⑤推进立法实践中自贸港建设的金融法

---

① See David Harvey, *Spaces of Capital: Towards a Critical Geography*, Edinburgh University Press and New York: Routledge, 2001, p. 109.

② See Henri Lefebvre, *The Production of Space*, Cambridge, Massachusetts, 1991, p. 31.

③ See David Harvey, *Justice, Nature and the Geography of Difference*, Blackwell Publishers Inc., 1996, p. 111.

④ 制度竞争,即不同制度之间的"争胜",是多个设计(供给)主体通过一定的过程或载体(经济、政治、文化等)检验其制度安排之优劣和利弊的活动。参见冯辉:《制度、制度竞争与中国经济法的发展——纪念中国经济法三十年》,载《华东政法大学学报》2008 年第 6 期。制度竞争(或"体制竞争")概念突出了内在规则和外在规则体系对于一个国家的成本水平,从而对国际竞争力和吸引力的重要性。参见[澳]柯武刚、[德]史漫飞、[美]贝彼得:《制度经济学:财产、竞争、政策》,柏克、韩朝华译,商务印书馆 2018 年版,第 541 页。

⑤ 参见[美]大卫·哈维:《希望的空间》,胡大平译,南京大学出版社 2006 年版,第 58 页。

治化,以支撑我国自贸港在相对空间中完成金融增值过程,并且保障自贸港开放性与国际竞争力的进一步提升,向外争取更多相关公共空间的金融价值。

1. 先行先试立法权

自贸港制度的法律本质是国际法框架下的国内法创造。采取先行先试立法权进行法律创造,对于促进自贸港建设中金融开放化与金融自由化意义重大,但"先行先试"授权立法模式往往难逃"违宪""违法"等权利来源合法性的质疑。而海南省作为经济特区,受到我国《立法法》的"垂青",其第74条①为全国人大授权海南自贸港"立法先行先试"提供了明确的法律依据。与广东自贸区、上海临港新片区相比,拥有"自贸港"与"经济特区"双重身份的海南在自贸港制度创新中享受为经济特区特殊设计的法律规则,从而在行使地方先行先试立法权时具有权力来源合法性的先天优势。

作为改革自主权的一项重要内容,"先行先试"模式通常意味着上层空间中的上位法需要赋予自贸港更大的改革试验自主权与开放活力。在海南自贸港单独"先行造法"过程中,在保障立法权限合法下放的基础上,应建立容错免责法律机制与定期评估整改机制,促进自贸港高度开放化、自由化的空间经济样态形成,最终实现单独关税区(separate customs territory)的空间定位。②

必须强调的是,自贸港是新时代改革开放的新高地。它是建构出来的空间环境,有利于集体维持某些类型的生产活动。区域内交错的流动产生足够的结构一致性(structured coherence),其通常远非局限于经济交易,还会延伸至态度、文化价值观、信念以至宗教和政治联系。③ 适当时候,由此形成的区域在单纯依据某种领土逻辑(也就是位置)来规定国家的全体国民是如何构成一个整体的方面发挥关键作用。④ 对自贸港单独关税区的空间定位,退可以强化海南的独特优势与竞争能力,对于海南的差异化发展与可持续发展至关重要;进可以与中国香港特别行政区、中国澳门特别行政区和中国台湾地区3个单独关税区联动,对于泛珠三角区域自贸区乃至粤港澳大湾区的

---

① 《立法法》第74条规定:"经济特区所在地的省、市的人民代表大会及其常务委员会根据全国人民代表大会的授权决定,制定法规,在经济特区范围内实施。"

② 目前WTO仅认定4个单独关税区,即欧洲联盟、中国香港特别行政区、中国澳门特别行政区和中国台湾地区。关于海南自贸港是否为一个单独关税区,学界颇有争议。有学者主张将海南定位为一个单独关税区,只需解决与WTO关联的合规性与国际社会认可等问题。这一主张,符合本文前述"一国两制"主张。事实上,"对于任何权力的资本主义逻辑而言,其普遍的推动力不在于阻止某些区域发展资本主义,而在于保持这些区域的长期开放"。参见[美]戴维·哈维:《新帝国主义》,付克新译,中国人民大学出版社2019年版,第82页。

③ 参见[美]大卫·哈维:《资本社会的17个矛盾》,许瑞宋译,中信出版社2016年版,第161页。

④ 参见[美]戴维·哈维:《新帝国主义》,付克新译,中国人民大学出版社2019年版,第61~62页。

政治和经济生态影响极大。作为中国社会主义市场经济深化改革的“试验田”，未来属于“境内关外”的自贸港以“思想破冰”推动建设行动上的“加速度”，并将制度优势更好地转化为治理效能，其改革的每一步都包含比具体措施更大的信息量，具有市场经济改革风向标的意义。

（1）立法权限合法下放

基于《立法法》第74条为经济特区的法律授权提供了法律依据，2020年4月29日第十三届全国人大常委会第十七次会议审议了《关于授权国务院在中国（海南）自由贸易试验区暂时调整实施有关法律规定的决定（草案）》（以下简称《决定（草案）》）。在《决定（草案）》中，中央选择先以暂停实施部分法律条款的方式，授权国务院在海南自贸区暂时调整适用《土地管理法》《种子法》《海商法》的有关规定，允许海南实施不同于中国其他地区的法律，从而使海南拥有更大的政策实施空间。2020年6月18日国务院发布了《关于在中国（海南）自由贸易试验区暂时调整实施有关行政法规规定的通知》（国函〔2020〕88号）决定，即日起至2024年12月31日，在中国（海南）自由贸易试验区暂时调整实施《海关事务担保条例》《进出口关税条例》《国际海运条例》《船舶和海上设施检验条例》《国内水路运输管理条例》5部行政法规的有关规定。

法律是人有意识地利用时空中的资源达成自己目的的一整套规则，法律是有生命周期的、在时间和空间中获得资源支持下的生命。在这种意义上，一部法律就是一部时空建构史。① 由于上层空间对下层空间的立法授权缺乏制度化规定，授权上具有“相机抉择”特点，自贸港建设“于法有据”的真正关键是制定一部自由贸易港法，为自贸港建设提供原则性、基础性的法治保障，以打造世界最高开放水平的经济形态角度为出发点，重在构建开放型的、高度市场化的经济体制及其运行机制。“法律下的空间主要关注的是法律如何构建并且控制在社会生活的各种关系中产生的空间。空间多由社会关系产生……法律对空间的控制主要是体现在对空间内所处的社会关系的控制以及决定谁有权利在某个空间内停留。”②制定自由贸易港法不仅能通过顶层设计制定整体性授权的法律原则，在立法层面上确保“海南事，海南办”的经济特区立法权的落实。

---

① See Nicholas K. Blomley, *Law, Space, and the Geographies of Power*, the Guilford Press, 1994；参见K. A. 莫戴尔：《法学版图中的时间与空间：作为一门全球学科的比较法文化》，载信春鹰主编：《全球化与多元法律文化》，社会科学文献出版社2007年版，第17～24页。

② See Nicholas K. Blomley, *From“What?” to“So What?”: Law and Geography in Retrospect*, in Law and Geography, eds., Holder Jane and Carolyn Harrison, Oxford University Press, 2003, p. 99, 22－24.

更重要的是,通过成文法形式顺势稳定的法律系统,①将自贸港建设中制度创新、集成创新、系统创新的开放成果沉淀为部分可复制、可移植、可借鉴的经验,②为海南自贸港恒定运转与全面深化改革过程中其他省市的自贸区建设奠定法治根基。

值得注意的是,第十三届全国人大常委会第二十四次会议对《海南自由贸易港法(草案)》(以下简称《草案》)进行了审议。中国人大网官网2021年1月4日公布《草案》,面向社会公众征求意见。《草案》共分八章,举凡贸易自由便利、投资自由便利、财政税收制度、生态环境保护、产业发展与人才支撑等海南自贸港建设所涉领域,悉数覆盖。特别是《草案》第10条规定,海南省人民代表大会及其常务委员会可以根据本法,结合海南自贸港建设的具体情况和实际需要,遵循宪法规定和法律、行政法规的基本原则,就贸易、投资及相关管理活动制定法规(以下简称海南自由贸易港法规),在海南自由贸易港范围内实施;海南自由贸易港法规在经备案说明后,可以对现行法律或者行政法规"作变通规定"。以成文法为改革开道,海南自贸港是一个先行者。《草案》试图通过法律上"一揽子"授权的方式做成国内其他地区没有条件做到的事情,为海南自贸港制度集成创新提供法律保障。这种典型的变通性立法,可以有效保证改革与法治的协调。

(2)容错免责法律机制

自贸港的核心理念是打造开放层次更高、营商环境更优、辐射作用更强的开放新高地,成为改革创新的试验田。履行先行先试立法权探索法治建设,是一个不断试错的过程。为进一步深化创新,建立科学有效的容错免责法律机制势在必行。在我国自贸区建设的先例经验中,广东、福建、天津自贸区均以规范性法律文件的形式明确规定了容错免责机制,比如,《中国(广东)自由贸易试验区条例》提出在试验区创新中未能实现预期目标,但符合国家确定的改革方向,决策程序和法律、法规规定,未牟取私利或者未恶意串通损害公共利益的,对有关单位和个人不作负面评价,免于追究相关责任。《中国(福建)自由贸易试验区条例》与《中国(天津)自由贸易试验区条例》更是直接在总则部分明确建立鼓励改革创新、允许试错、宽容失败的机制。

当然,法律制度"试错"所产生的社会成本不容忽视。"先行先试"立法通常不允许

---

① 参见[美]大卫·哈维:《地理学中的解释》,高泳源等译,商务图书馆1996年版,第550页。顺势稳定系统是在外部随机波动情况下保持一种恒定运转环境的系统,能抵御环境状况的任何变动并在这种变动后,表现出逐渐恢复到均衡或稳定的状态。

② 例如,2020年7月7日,国务院发布了《关于做好自由贸易试验区第六批改革试点经验复制推广工作的通知》,海南的知识产权证券化、商事主体信用修复制度、领事业务"一网通办"和野生动植物进出口行政许可审批事项改革4项入选。

出现反复的、大规模的试验，应采取预留一定改革空间的方式：只有那些经过实践的反复检验，被证明符合自贸港生存价值和发展规律的创新举措才能得以制度化。

(3)定期评估纠错机制

在先行先试立法权中，中央允许自贸港暂时调整适用有关上位法的法律规定，而让下级空间中的海南省级政府代行上层空间的大部分审批权。此举对法律的体系化与权威性提出挑战，容易引发法律风险。除建立自由贸易港法对先行先试权加以总体约束外，还要求国务院及其有关部门建立定期评估纠错机制，加强日常指导、协调和监督。比如，设立全国人大海南自贸港立法修法委员会定期评估自贸港法律试点工作，并建立自贸港先行先试的情况反馈报告机制，以期在改革创新中出现偏差或者失误时，及时采取纠正措施，以避免或减少损失。对实践证明可行的有关法律进行修改完善，对实践证明不宜调整的恢复施行原先的有关法律规定，即部委审批权委托或下放给海南省政府履行后，要给予业务指导和后续评估，必要时可以收回委托。

2. 政策的统合推动

在关系空间中有关自贸港建设的立法实践主要表现为立法权的纵向配置，但法律在管理自贸港建设的日常事务中并不能面面俱到，此时需要多方面政策的统合推动。自贸港这一关系空间内由此承载了财政、税收、海关、土地、金融等多重国家政策，形成发展优势：(1)对接上层空间中的国家战略。自贸港在探索建立国际间重要的对外开放门户，此举实为对国家战略中全面深化改革要求的实践回应。海南依托自身地理空间优势主动对接国家改革开放重大发展战略，从而享受政策空间倾斜的制度红利和市场红利，搭上国家发展的快车。指导意见强调，首先赋予海南全境建设自由贸易试验区的现行自贸区试点政策，其后逐步探索实行符合海南发展定位的自贸港政策。[①]《草案》第7条明确了海南自贸港的改革自主权。这或将成为中国立法史上的标志性文本——第一次明确赋予一个省具有改革自主权。(2)有效补充立法。法律作为空间里的上层建筑，通常具有稳定性，在空间重构的过程中会产生与空间不相适应的部分，此时政策的出现能够适度补充立法，统合推动关系空间的法治化建设。有学者认为，立法实践主要包含权力重塑与政策叠加，其中权力重塑本质上导致权威资源在府际关系中产生结构性的差异化配置，而政策叠加则通过政策资源在地域空间上的差异化配置集聚发展优势。[②] 当然，政策需要以顶层设计为纲，以实际发展为需进行设计，避免政

① 参见中共中央、国务院《关于支持海南全面深化改革开放的指导意见》，载新华网，http://www.xinhuanet.com/2018-04/14/c_1122682589.htm。

② 参见赵吉：《权力重塑与政策叠加：中国国家级新区发展机制研究》，载《中南大学学报》(社会科学版)2020年第2期。

策的过度“碎片化”。(3)发挥联动效应。自贸港的立法实践并不是多重政策在数量上的简单叠加,而是要求在强有力的法律主导下,新旧时空的政策相衔接,不同空间的政策相促进,关系空间的政策相协同,最终形成法律与政策的联动合力,促进自贸港的法治化发展。

(二)执法上重视金融服务与监管协同

被社会实践生产出来的空间与时间,与社会的展开过程具有同构性,但在不同时期,社会时间与社会空间在特定历史情境中所起到的作用是不同的。当自贸港关系空间建设处于这个特殊的历史时期时,行政执法实践亟须金融服务和监管协同,形成一种“实践的框架”。① 基于国际开放新高地的建设目标,自贸港行政执法应坚持“金融服务为主、金融监管为辅、海关监管协力”的实践原则,优化市场营商环境、坚守市场安全底线和保障岛内金融贸易自由,明确海南省各级行政机关在自贸港建设中的“积极服务者”与“消极监管者”的双重角色定位。

1. 优化营商环境

在“先行先试”立法模式下,自贸港拥有较高的自主改革权限与政策倾斜红利,这成为自贸港建设的内生动力。凭借法律政策优势,自贸港旨在打造一个金融资源要素的集聚、市场化的治理、现代化的良好空间营商环境,由此成为争夺公共空间金融价值的沃土。自贸港的主要要义在于“自由”,以金融服务为主体现了“以权力服务市场”“以权力开放市场”的自贸港建设逻辑。由于“金融性和制度性的安排与权力在资本积累过程中的关键性中介作用是重要的”,②“典型的新自由主义国家靠松绑来推动金融机构的扩散影响,并不惜代价保障金融机构的信誉和偿还能力”。③ 自由和便利是《总体方案》和《草案》的两大主旨。《草案》专门设立了“贸易自由便利”和“投资自由便利”共两章14条内容,其他章节也有多条内容和“自由便利”有关。

(1)构建营商空间便利服务机制

交易便捷是现代商法的基本原则,其核心内容是减少交易手续、降低交易成本。建立营商空间便利服务机制是构建更高水平的金融开放化与金融自由化的相对空间的应有之义。例如,在对标世界银行营商环境十大评价标准中,海南自贸港高达8项指标(包括跨境贸易、开办企业、申请建筑许可、注册财产、获得电力供应、合同执行、缴纳税款、办理破产)均包含时间维度,即将办理所有必要手续所需的时间作为衡量交易

---

① 参见[美]大卫·哈维:《地理学中的解释》,高泳源等译,商务图书馆1996年版,第249~250页。

② 参见[美]戴维·哈维:《新帝国主义》,付克新译,中国人民大学出版社2019年版,第73页。

③ 参见[美]大卫·哈维:《新自由主义简史》,王钦译,上海译文出版社2016年版,第73页。

便捷的一个重要维度。

海南要加快金融基础设施建设，提升金融服务以营造便利化空间环境：一是加快多功能自由贸易账户体系建设。将自由贸易账户体系打造成对外开放的金融基础设施平台，发挥其在促进跨境金融产品和服务创新中的作用，依托其探索开展跨境金融服务、全功能资金池、资本项目可兑换等方面改革。二是加快国际能源、航运、产权、股权、知识产权等交易场所的前瞻性建设和国际化发展，积极筹建结算中心，提升金融服务供给能力，打造面向“一带一路”沿线国家和地区的要素市场。三是应创建便利快捷的支付方式，力求支付货币及其方式国际化，借鉴离岸金融、离岸支付经验，实现国际贸易支付自由，实现金融自由化。《草案》第49条、第50条及第51条专门阐述了海南的金融业开放政策，核心是推动海南资本可自由兑换。四是应整合金融服务机构职能，沿用现有经验设立一站式服务窗口。比如，海南以创新设立国际投资“单一窗口”，为外商投资提供简化优质的金融服务，最大限度地减少申请设立外资企业的时间成本。五是争取“监管沙盒”和法定数字货币试点落地，依托金融科技形成全岛式统合性的互助执法体系，让“一站式”金融服务成为常态，让海南的东部、中部、西部地区的金融服务发展水平更平衡、更充分，由此打造一个全方位服务自贸港发展的行政动力系统。

（2）开启“绿色通道”开放关系空间

综观国际上的自贸港建设，荷兰的阿姆斯特丹、德国的汉堡先后验证了开放性政策的空间金融价值，英国随后开启了自贸港法律体系的国际趋同化，在全球殖民地范围内建立起以低税免税、自由通行为核心的开放型制度体系，为此后的中国香港特别行政区、新加坡等著名自贸港播下了金融自由和经济繁荣的种子。① 由此可知，开放关系空间是一个增强内部市场活力与争取外部金融价值的经济发展手段，自贸港建设应坚持开放为先，实行更加积极主动的开放战略，②充分利用好境内境外两种资源、离岸在岸两种市场。

空间的开放大多是通过开启关系空间与其他关联空间之间的“绿色通道”而实现的，在自贸港行政执法实践中主要体现为以下四个方面：一是在初期推行“极简审批”制度，减少单次交易的时间与成本，形成制度化的成本“洼地”，吸引外部空间的金融资源流入，形成全球优质金融资源的空间集聚。《草案》第21条试图将其上升为法律规

---

① See Mark Frazier, *Emergence of a New Hanseatic League: How Special Economic Zones Will Reshape Global Governance*, Chapman Law Review, 21, 2018, p. 342.

② 参见《习近平在庆祝海南建省办经济特区30周年大会上发表重要讲话》，载新华网，http://www.xinhuanet.com/politics/leaders/2018-04/13/c_1122680106.htm。

定。二是在"极简审批"制度基础上实行"非禁即入",严格落实市场准入承诺即入制,创新招商引资方式,降低市场准入门槛,允许金融产业全面开放,实现入境零关税、区内零征税、市场低税负,做到一线真正放开。《草案》第 18 条提出,海南自贸港全面放开投资准入,但是涉及国家安全、社会稳定、生态保护红线、重大公共利益等国家实行准入管理的领域除外。《草案》第 19 条提出,对外商投资实行准入前国民待遇加负面清单管理制度。三是借鉴国际上自贸港相关经验,针对不同企业提供个性化"绿色通道"服务。例如,新加坡针对不同类型的企业提供个性化金融服务的管理模式,通过对石油类企业采取信用证融资模式提供优质金融服务。四是政府信息透明机制拓展至自贸港建设的重大研究成果,助推民众认知水平不"掉队"、不"落伍"。例如,2020 年 6 月 16 日由国务院发展研究中心牵头在北京成立的海南自由贸易港建设专家咨询委员会,其推进《总体方案》落实的建言献策、全过程评估报告等高水平智力支持成果,亟须通过特定行政机构及时、全面、有效地规范化披露。

(3)打破信息壁垒促进良性竞争

相对空间中的信息具有即时性特征,即空间的再造与金融科技发展的双重作用使信息不断重置、不断更新;这些短暂呈现、变化无常的信息同时也反作用于相对空间,形成空间障碍与信息壁垒,使意图利用信息不对称进行恶性竞争的市场主体有可乘之机。为优化营商环境,相对空间与实践要素结合形成关系空间,主要体现为在行政执法中利用金融服务打破空间信息壁垒,促进市场良性竞争。

《草案》第 42 条重点提出了"数据流动管理制度","有序扩大通信资源和业务开放","探索加入区域性国际数据跨境流动"。打破关系空间中的信息壁垒,要求金融服务主体处理好不同层级空间中的三大关系:一是金融服务主体之间的信息互通关系。金融服务主体间的信息互通,不仅有利于执法互助的便捷化服务体系的形成,还有利于金融服务主体之间相互监督,让权力运行在阳光之下。二是金融市场主体与金融服务主体之间自下而上的信息报告关系。三是金融服务主体与金融市场主体之间自上而下的信息共享关系,构建一个金融信息横向互通、纵向互动的"空间信息库",提升政府金融服务效能,全面实行公平竞争的市场体制,形成一条自贸港发展的可持续之路。

2. 守住安全底线

作为一项特殊的地区制度设计,自贸港不仅是一个能够向空间之外投射战略行为和影响力的平台,也是能够提供隔绝、抵御全球化的缓冲地带。因此,在自贸港"一线放开,二线管住,岛内自由"的建设思想指导下,为了应对相对空间里可能因时间空间化和时间消灭空间带来的系统性风险,要求在自贸港建设中坚持金融监管的底线思维,切实守住不发生区域性、系统性风险的安全底线,从传统的合规性监管转变为全面有效的风险监管,[①]强调金融监管主体在关系空间中的公共职能、先决能力与属地监管责任,通过强化事前宏观审慎监管与创新事中事后监管两条基本路径,加强"事前—事中—事后"的全流程风险防控体系建设。《草案》第 54 条的规定,试图避免关系空间中自贸港建设所引发的金融风险的扩大与升级,实现自贸港在行政执法实践中的法治化目标。

(1)强化宏观审慎监管

宏观审慎监管与微观审慎监管通常作为一对形影不离的概念出现。宏观审慎监管之所以必要,是因为全球经济金融体系日益庞大、关联日益密切,传统的重在单一机构的微观审慎监管方式已经不能满足防范系统性风险的要求,而货币和财政政策也因其总量特征而难以定点或定向控制系统性风险。宏观审慎监管主要站在整体市场或者总资产视角强调防范系统性风险,对于避免系统性风险的累积和扩散、舒缓和化解压力日渐重要,能够为金融活动的开展营造良好的法治空间环境。

强化宏观审慎监管的主要措施,除加强金融风险监测基础设施的建设外,必须利用现有关系空间的信息库对金融活动的稳健、安全和环境制定相应的监管标准,构建事前风险评估与识别机制;建立针对已识别重大风险(如跨境资金流动)的持续监测与预警机制,对关系空间中的系统性重要性金融机构进行重点监控,对危害监管机构目标的初现风险进行关注并采取相应的执行措施和检查措施。

(2)创新事中、事后监管

创新事中、事后监管的核心在于科学的风险管理。当前,大多事中、事后金融监管重权力而轻责任,过于强调监管对于经济的塑造作用,运用细碎的监管措施过分干预经济市场的成长轨迹。而作为"开放窗口"的自贸港应切实坚持市场的决定性作用与全局观念,以事前建成的宏观审慎监管体系为风险防范的整体框架,非重大突发性金融事件的产生,事中、事后监管不应超越宏观审慎监管框架运行,这对事中、事后监管提出以过程监管为重点、进行科学风险管理的要求。一是要构建一个"自上而下"的电子围网系统,对进出岛的金融资源实施高效的事中、事后信息追踪检测,打造一个以监管科技为手段的强有力的金融监管主体,按照全面监管、科技监管的思维重塑整个监管架构,实现空间的健康持续发展。二是要创新金融监管协调机制,对海南省现有金融监管机构的监管职能进行整合,对威胁市场整体安全的金融主体行使统一规范的行政处罚裁量权,逐步形成联动惩戒风险管理体系,不断提高综合执法的力度与效能。

---

① 参见刘恩专:《世界自由贸易港区发展经验与政策体系》,格致出版社、上海人民出版社 2018 年版,第 267 页。

三是在统一的顶层设计下,发挥行业协会“自下而上”的基层监管作用,形成政府主体与市场参与者之间的监管合力。

3. 保障岛内自由

海关监管独立于金融监管且着眼于全岛,从而超越金融领域范围,目的在于实现从洋浦保税港区等海关特殊监管区域试行到全岛推广的便捷高效的监管发展路径。若将自贸港建设看作空间金融争值语境下对原有固定空间的“创造性破坏”,由此在空间创造过程中克服旧的矛盾从而激发出新的发展力量,①那么为了创造一个“贸易自由便利、投资自由便利、跨境资金流动自由便利、运输往来自由便利、数据安全有序流动”的关系空间,趋向简化“一线申报”、保障岛内经营自由的自贸港海关监管仍需要扩展时空理念、转变监管方法和转移监管重心,以实施低干预、高效能的精准监管。

(1) 树立进出岛保税基本空间意识

《总体方案》中关于海关监管的一项亮眼设计便是对海南自贸港实行封关运作的“两阶段”策略:第一阶段是 2025 年封关运作之前施行“一负三正”②的清单监管办法;第二阶段是实施封关运作后将自贸港视为一个独立的关税区,实施“一负”清单监管办法,不再保留洋浦保税港区、海口综合保税区等海关特殊监管区域。其中,第一阶段的“一负三正”办法坚持“放开”和“管住”相结合,在自由贸易港内使用或消费的商品实行“零关税 + 高免税额度 + 增值免税”政策模式;③第二阶段的“一负”清单在第一阶段的基础上进一步放宽限制,扩大保税开放力度,对负面清单之外的商品免税。《草案》第 28 条等相关条款已对此加以确认。“两阶段”策略将“关系空间”概念提升为“关系时空”概念,即“我们必须关注时空的关系性,而不是孤立空间的关系性。这种关系时空的观念包含着内在关系的观念;外部的影响通过时间内化于特定的过程或事物之中”。④

“两阶段”发展策略与海南地理空间特征结合,和以往政策相比具有得天独厚的优势,也需要海关监管因应挑战作出相关回应。举其要者,一是海关监管的监管理念应

---

① 参见[美]戴维·哈维:《后现代的状况:对文化变迁之缘起的探究》,阎嘉译,商务印书馆 2003 年版,第 321 页。

② “一负”是对企业进口自用设备零关税负面清单管理,负面清单之外商品免税;“三正”要对进口运营用的交通工具,对进口用于生产自用或者“两头在外”模式进行生产加工活动所消耗的原辅料,以及岛内居民消费的进境商品制定 3 个正面清单进行管理。

③ 《总体方案》对进口商品基本实行“零关税”政策;放宽离岛免税购物额度至每年每人 10 万元,扩大免税商品种类;对鼓励类产业企业生产的不含进口料件或者含进口料件在海南自贸港加工增值超过 30%(含)的货物,经“二线”进入内地免征进口关税,照章征收进口环节增值税、消费税。

④ See David Harvey, *Spaces of Global Capitalism*, Version, 2006, p. 124.

“从境到岛”转变，这是基于空间创造中关系空间的延展性提出，也是由于海南在封关之后全岛一起成为一个独立的、特殊的海关监管区域。在完全封关之前，海南自贸港将建立一批海关特殊监管区域和重点园区，它们是海南自贸港建设的主要载体和平台，是自由贸易港政策的主要承接地和先行先试的“孵化器”。二是保证“零关税”商品基本限于岛内使用或消费，强化对偷漏税风险的识别，防范税基侵蚀和利润转移，防止不合理的税务筹划、避税举措造成国家财政税收流失。“空间的秩序体现在两个方面：一个是决定谁可以在什么地方，另一个是对处于空间内的人的行为的控制上。”①财政部、国家税务总局2020年6月23日发布的《关于海南自由贸易港企业所得税优惠政策的通知》（财税〔2020〕31号）明确规定：“对在海南自由贸易港设立的旅游业、现代服务业、高新技术产业企业新增境外直接投资取得的所得，免征企业所得税。”税与金融密不可分，科学的税制，从金融角度看就是增加公司现金流入、激励人力资本、提升公司价值，会使人们更加努力投入股权资本承担风险。三是管住管好“零关税”商品的出岛流动，防止海南重蹈“房地产泡沫”的覆辙，成为“避税天堂”“注册经济”的金融空壳。可以期待，海南炼油厂在“零关税”政策下所生产的便宜油品，会吸引亚洲乃至全球的运输轮船和飞机进出海南洋浦港（洋浦保税港区）加油，延展“陆海新通道”，助推海南蜕变为亚洲地区最重要的自由港、海上丝绸之路的重要支点。四是要妥善处理海南与国内经济腹地、海南与域外空间涉及不同区域空间开放级差的问题，以及税种设置、税基衔接、税率调整，与因开放极差带来的相关税收套利的合理控制问题。可以预期，相对于国内保税区在10平方公里、3平方公里甚至2平方公里范围内实行零关税，海南变身为3.39万平方公里的“大保税仓”，其所具备的产业发展后劲更可观。

（2）加强内外空间监管重心的转变

在自贸港进一步发展的过程中，海关监管对外空间的监管重心应从事先监管向事中、事后监管转变，对内空间的监管重心应从海关监管转向综合共管。举其要者，一是要落实对关系空间中要素资源流动的过程监管，即针对一线进出岛环节强化安全准入出监管，这不仅要加强口岸卫生质量安全管控，还要强化自贸港保税的基本功能。二是扩大海关监管力量，与上下级空间中的政府主体、社会中间层和市场参与者协同协力，形成关系空间的监管合力。三是倡导企业自管，在空间信息化的基础上，构建以企业信用风险分级分类为基础的“双随机、一公开”监管机制，②规范海关监管的自由裁

① 参见於兴中：《法理学前沿》，中国民主法制出版社2015年版，第152页。

② 依据国务院《关于加强和规范事中事后监管的指导意见》（国发〔2019〕18号）和《关于推广随机抽查规范事中事后监管的通知》（国办发〔2015〕58号），“双随机、一公开”监管机制建立在信息数据集成的基础上，监管过程中可随机抽取检查对象，随机选派执法检查人员，抽查情况及查处结果应及时向社会公开。

量权,倡导企业树立金融风险意识以进行自我管理,减少行政机关对市场参与者正常生产经营活动的影响,在海关监管过程中形成海关主管、多部门协同监管、企业自管的综合共管机制。

(三)司法上突出金融法庭与诉调结合

强有力的司法是金融秩序和投资者信心得以维持和维系的前提,也是法治实施的关键。在相对空间中的自贸港建设因时空互动与资本积累而产生的金融集聚现象,主要体现为金融机构的数量增加、金融工具的种类增多和金融活动的规模扩大,金融领域的活跃程度、潜在风险、摩擦冲突也随之不断上升。换言之,自贸港因高度开放而成为吸引国际金融资源的集聚地。为保障自贸港经济的可持续发展,除通过立法实践建立相对完善的金融法律体系、通过行政执法建立科学有效的金融服务与金融监管体系,还需要建构一个强大高效的金融司法体系,使关系空间中的立法、行政、司法实践互为依赖、相互支撑、共同促进,形成有机统一体。

为了及时化解经济纠纷、提升金融效率、维护境内外投资者合法权益、提高市场参与者的行为预期与市场信心,设立高水准、专业化的国际金融法庭与完善调解优先、诉调结合的司法救济机制极为必要。

1. 设立高水平的金融审判组织

现代司法组织不仅解决纠纷,更重要的是,为社会运行提供规则之治。面对金融案件数量大幅增长及案情复杂性程度显著提升的情形,高水平的金融审判组织通过审判人员的专业素养以灵活形式补充现有成文法规则的不足:不仅可以保障对金融争议案件审理的公正性与高效性,由此发挥司法“定分止争”的作用;而且能够解决金融创新的前瞻性与法律调整的滞后性之间的矛盾,充分发挥司法能动主义,就动态金融关系进行有效规制,进一步实现金融法治化。①

根据当前自贸港建设的实际情况,设立一个高水平的金融审判组织至少需要两个阶段:一是在初期设立专门的金融法庭;二是考虑自贸港建设过程中的金融集聚程度与金融案件的类型和数量,决定是否需要设立专门的金融法院。2008 年上海浦东新区组建金融法庭;2018 年江西省南昌市成立首个跨行政区划的金融法庭。可以看出,金融法庭产生于我国现有四级人民法院的组织体系之内,集金融案件审判、金融司法研究、金融风险评估的功能于一体,在提升金融案件审判质效的同时,通过分析评估金融态势、管控和防范金融风险、指导规范金融行业行为等方式,充分发挥司法对金融的服

① 参见[美]劳伦斯·鲍姆:《从专业化审判到专门法院:专门法院发展史》,何帆、方斯远译,北京大学出版社 2019 年版,第 229 ~253 页。

务保障职能，金融法庭对于金融案件的审判从粗放转向精细，对于金融风险的防控从被动转向主动，这与自贸港在司法实践中提升审判能力、防范金融风险的要求不谋而合。

2018年8月20日上海金融法院挂牌成立。依据中央全面深化改革委员会第十七次会议2020年12月30日审议通过的《关于设立北京金融法院的方案》，北京金融法院2021年3月18日成立。虽然同为专业性的金融审判组织，金融法院相比金融法庭便于应对更复杂的金融纠纷与日益上升的案件数量，更有利于改进传统金融案件审判方式，促进金融司法的效率提升，甚至提升区域金融的政治和经济地位，进一步增强中国金融司法的国际影响力和国际金融交易规则的中国话语权。后续是否需要在自贸港内设立专门的金融法院，可根据关系空间中金融开放度、金融自由度、金融依赖度等综合决定。

此外，高水平金融审判组织的设立离不开高水平金融人才。要加强金融人才培养，建议以海南大学等高校为基地，加大对金融法学科与金融学科建设的支持力度，为司法机关输送金融人才；同时加大力度从国内外“筑巢引凤”，增加金融法律“复合型”人才进驻海南。此外，通过提高政府金融从业人员比例来提升全省金融意识极为必要。建议海南各级政府加强金融专业人才配备，设立金融副省长，各市县区至少配备1名金融专业的副市长、副县长、副区长。《草案》第六章对人才支撑问题已基本涵摄。

2. 提高诉调结合机制运作水平

自贸港建设呈现金融市场活力不断、金融创新实践丰富的新趋势，对司法实践中的受案范围、诉讼程序、法律适用和审判理念等方面都产生了更深层次的影响。其中，对司法救济手段运用过程中的公平与效率的要求更加强烈，这时提高诉调结合机制运作水平正是对此种要求的恰当回应。

诉调结合机制的核心在于调解优先、诉调结合。司法过程中提高诉调结合机制运作水平，首先要坚持调解优先理念。严密公正的诉讼程序能充分保障双方当事人诉权的实现，但烦琐耗时的诉讼程序令诉的主体承担高昂的时间成本与费用成本。因此，在处理金融争议案件时应鼓励调解优先，以民商事主体自愿原则为前提，确认双方主体对于调解优先承诺的有效性与可执行性，提高非诉调解机制在解决金融纠纷中的使用率，防止因层出不穷的金融纠纷案件无法得到及时解决而致使关系空间的金融环境恶化。其次对于无法通过调解解决的金融案件，要设立案件的诉调结合、诉调衔接机制，提高非诉调解机制的体系化水平，通过对立案后的金融纠纷诉讼的定性分析，对诉讼进行进一步的繁简分流，建立简案快审的审判机制，真正实现审判资源优化配置，降低审判的时间与费用成本。

值得提及的是,《草案》第 53 条明确规定,海南自贸港建立多元化商事纠纷解决机制,完善国际商事纠纷案件集中审判机制,鼓励通过国际商事仲裁、调解等多种非诉讼方式解决国际商事纠纷。作为多元化纠纷解决机制的重要补充与拓展,金融仲裁机制独具一裁终局、及时性、保密性、专业性以及域外执行便利性等优势,其良好发展有利于减轻金融诉讼压力,缓解司法部门因案件复杂性而产生的消极被动之感。基于金融仲裁的优势与自贸港国际开放的态势,海南自贸港应借鉴上海等地经验制订金融仲裁专门规则,聘请国内外金融法律专家担任仲裁员,提供优质高效的仲裁法律服务;借鉴《中国(广东)自由贸易试验区条例》(2019 年修正)第 79 条、第 80 条、第 81 条规定,鼓励自贸港民商事纠纷当事人协议选择纠纷化解方式,准许当事人在法律允许的范围内遵循意思自治原则,协商选择仲裁规则、适用法律、审理方式和仲裁庭的组成方式等。

五、结语

戴维·哈维一再强调,空间既不是绝对的,又不是相对的或关系性的,而是可以视周围环境成为其中一种或者同时成为全部 3 种。关于恰当的空间概念问题是通过与空间相关的人类实践来解决的。① 换言之,这 3 种空间并不存在严格的线性关系,相反,它们都是观察海南自贸港这个特定空间的窗口。海南自贸港金融制度的形成部分归因于资源禀赋(factor endowment)这种地理或初始条件(initial conditions)。我们在海南的绝对空间中所进行的政策试验和制度探索只有在关系条件下才有意义。自贸港建设实践为海南赋能。发布《总体方案》,是重大的历史事件(historical shock),标志建设海南自贸港这项重大战略进入全面实施阶段,为金融制度的长期持续性(long-term persistence)找到了一个外源变化(exogenous variation)。理想情况下,由外部因素诱发的政治、法律制度变更,会产生显著的经济增长效应;“经济绩效(economic performance)也可能对制度存在反向因果(reverse causality)的作用,富国更可能采纳更优的制度安排”。② 开展空间与法律的研究,可以完善政策和法律,避免其仅惠及生活在某一空间中的一小部分人。③ 时间是真理的“显影剂”。只要海南自贸港结合自身的

---

① See David Harvey, *Social Justice and the City*, Edward Arnold, 1973, p. 14.

② 参见[美]丹尼尔·伯科威茨、[美]卡伦·克莱:《法律、地理和国家发展》,李丹莉、韩微译,中信出版集团 2015 年版,中文版序(龚启圣)、第 160 页。

③ See Soja William Edward, *Seeking Spatial Justice*, University of Minnesota Press, 2010, p. xvi – xvii, preface.

资源禀赋与政策优势，坚持空间的战略定位（欲与不欲），①从全球着眼、从地方着手（think globally，act locally），在风险可控的前提下通过试验更高水平开放政策促进更深层次改革，就能成为全面推动我国国家治理体系和治理能力现代化的“孵化器”、“试验田”和“试金石”，涌现金融制度集成创新，吸引更多人才、企业、资金、技术来相互赋能，助推我国形成高度市场化、国际化、法治化、现代化的制度体系，在现代世界体系的“霸权危机和金融扩张”②中捍卫我国自己的利益和扩大经济空间。

（责任编辑：王珂）

---

① 2018年9月24日发布的国务院《关于印发中国（海南）自由贸易试验区总体方案的通知》（国发〔2018〕34号）明确海南自由贸易试验区的战略定位是“发挥海南岛全岛试点的整体优势，紧紧围绕建设全面深化改革开放试验区、国家生态文明试验区、国际旅游消费中心和国家重大战略服务保障区，实行更加积极主动的开放战略，加快构建开放型经济新体制，推动形成全面开放新格局，把海南打造成为我国面向太平洋和印度洋的重要对外开放门户”。上述“三区一中心”是海南自贸港的“欲”。根据中央与海南的表态，海南自贸港“不欲”成为转口贸易与加工制度基地、博彩业乐土与房地产投机之地。有学者建议，海南应以香港特别行政区为蓝本，致力于发展自由港、服务中心和金融中心。同时，为了提供群聚效应，海南与大湾区的9个内地城市之间应该开放互访互通，建议设立一个区分大湾区实验区与内地其他地区的内边界，以及与世界其他地区的外边界。通过这种方式创建的中国离岸中心可以重启内地陷入僵局的改革进程，缓解国际贸易和金融紧张态势。See Matthew Harrison，Wendy Hong，Shirley Lam，Geng Xiao，*The Promise of China's Free Trade Zones—the Case of Hainan*，Asian Education and Development Studies，2019（10）.

② 参见［美］乔万尼·阿瑞吉等：《现代世界体系的混沌与治理》，王宇洁译，三联书店2003年版，第36～40页。

个人所得税制中专项附加扣除权的证成与展开

——将纳税人置于家庭婚姻的场域中考量*

彭　程**

摘　要：宪法与法律对公民基本权利的保障具有限制国家课税权的作用。2018年修订的《个人所得税法》重要变化趋势之一是在个人所得税制权义结构中更多地将视角与眼光投诸公民权利，关注税收实体法中的纳税人权利构造。专项附加扣除制度中的扣除权理应成为纳税人在个人所得税法中享有的一项从属于法定纳税权的权利类型，其性质是宪法中公民财产权与社会经济性权利的税法表达。专项附加扣除制度的引入将税法这一公法制度与家庭婚姻这一私人领域相勾连，将纳税人置于婚姻、家庭的场域中，对纳税人的实际生活负担状况、纳税能力及其应当承担的税收负担进行综合的刻画与考量，以增益民生福祉。

关键词：个人所得税；专项附加扣除；纳税人权利；扣除权；婚姻家庭状况

一、问题的提出

个人所得税是一种以自然人与非法人组织取得的所得为征收对象的直接税。作为一种无对待给付的公法上的义务，个人所得税的课征自然会介入人民的财产权，造成纳税义务人可支配财产的减少，减少纳税义务人可用于自由发展与家庭消费的经济利益与物质基础。

---

* 收稿日期：2020年10月16日。

本文系司法部国家法治与法学理论研究项目一般课题“优化税收营商环境法律问题研究”（批准号：19SFB2051）的阶段性成果。

** 法律硕士，北京大学税法研究中心研究人员。

由于个人所得税所承载的功能期待与价值目标的复杂性,我国1980年通过的《个人所得税法》至今已历经了7次修正,每次修法的侧重点与变化幅度各有不同,总体呈现以调节收入分配为核心、配合推进改革开放、顺应经济社会变迁趋势的特点。其中,2018年修法的重要趋势之一是在个人所得税权义结构中更多地将目光投向了纳税人权利:以"纳税人"取代"纳税义务人"的称谓,将沿用多年的分类课征税制改为分类与综合相结合的混合税制等。通过更多地在税收立法中植入权利因素,关注纳税人个体状况,《个人所得税法》的纳税人权利保障属性得以凸显,更有利于从税法层面维护公民基本权,保障民生,增益社会福祉。

我国法学界对个人所得税的研究浩如烟海,但多围绕个人所得税纳税人的纳税义务展开:或是关注个人所得税的收入分配功能,或是聚焦于具体税制的课税要素设计与规范进路。2018年以来的部分文献虽有提及2018年《个人所得税法》修订体现的纳税人权利保障因素,但缺乏对个人所得税中纳税人权利形态与具体含义的深入阐述。①

权利与义务是法律制度结构的核心,亦是法学研究中的重要范畴。税法制度虽多强调公民对国家的税款缴纳义务,但税法的核心仍在于公民权利与义务的对等。②2018年《个人所得税法》修订较以往的重要进步便在于对纳税人权利保障属性的凸显,个人所得税法中的纳税人权利的具体形态究竟为何,与宪法所赋予的公民基本权利有怎样的关系?2018年《个人所得税法》的修订首次引入了专项附加扣除制度,这一税前扣除制度中的扣除权是否得以成为纳税人在个人所得税法中的一项独立的权利形态?

基于上述问题,本文以2018年《个人所得税法》的修订为研究背景,关注以《个人所得税法》为代表的税收实体法中纳税人的权利构造,并以专项附加扣除制度中的纳税人扣除权为例,尝试对个人所得税法中纳税人权利形态与具体含义进行逻辑展开与系统阐述。另外,专项附加扣除制度的引入使个人所得税法能够从家庭、婚姻视角切入,亦有必要将目光投向个体的家庭社会关系,探讨扣除权如何勾连税法这一公法制度与家庭婚姻这一私人领域,以及在这一过程中纳税人权利的充分彰显。

二、个人所得税法中纳税人权利的宪法表达与法理基础

税收是公民权利与国家权力间关系的物质纽带。一方面,公民财产权的建立与行

---

① 在关于纳税人权利的法学研究中,主要的理论观点来自日本学者北野弘久、我国台湾地区学者黄俊杰的纳税人基本权研究,中国大陆学者对纳税人权利的研究主要集中于纳税人权利保护与纳税人在税收征管法中的程序性权利等主题,对税收实体法的具体税制中纳税人权利的深入研究寥寥无几。

② 参见邢树东、刘超群:《税法的核心价值与纳税人权利》,载《财经问题研究》2013年第7期。

使有赖国家公共服务的提供,财产权在受宪法保障的同时负有增进公共利益之社会义务。另一方面,纳税义务的本质是公民将自己的一部分私有财产让渡给国家的金钱给付义务,不可避免地会造成纳税人可支配财产的减少,甚至可能对公民财产权造成不当介入乃至侵害。将公民的纳税义务与权利写入宪法与法律,一方面,授予了国家向公民私有财产与经济收益课税的权力,另一方面,以宪法与法律的方式明确约束国家征税权,通过税收法定的方式防止国家对公民财产权的肆意侵害。

(一)纳税人权利的宪法表达

宪法是以基本权利保障为核心的规范体系,公民承担依照法律纳税的义务,而国家作为公民履行纳税义务的对象,必须同时保障公民权利自由的实现。① 根据《宪法》第56条的规定,公民负有纳税义务,但根据税收法定原则的基本意旨,一个完整的税收法定主义的宪法表达应同时涵盖权利与义务两个面向,在要求公民负担纳税义务的同时应当表明公民享有法无明文规定不纳税的权利,无法律则无课税。

从这一点看,我国《宪法》第56条仅为税收法定主义的不完整表述。公民的"纳税权利"无法与公民的纳税义务一同在宪法中找到直接的法律文本依据,仅可通过宪法对公民基本权利尤其是财产权的规定中解释宪法条文已具有赋予公民纳税权利的实质意涵(赋予公民纳税权利之实质在于保护公民的财产权不受国家课税权的不当干涉),或是将对公民纳税义务的义务性规范解释为宪法对纳税义务范围即课税权具体界限具有明确限制的意涵,从而使之具有权利属性意味,通过法理解释使之成为纳税人权利的宪法表达。②

在介入与限制公民财产权的同时,税收课征同样具有减少纳税人可用于其自由发展与家庭消费的经济利益与物质基础的可能,因此税法亦应承担对公民社会经济权利的给付作用。公民用于维持基本生活保障、维护人格尊严以及实施一定程度的社会经济发展权利的生活资料部分应免于征税,以保障公民得以有足够的经济利益行使宪法所赋予的公民的基本权利。税法立法者在进行立法裁量时,"尚需斟酌基本权之保障",当所得属于基本权所保障的对象时,"为所得来源及私人用益之保持,只有在宪法

---

① 参见韩大元、冯家亮:《中国宪法文本中纳税义务条款的规范分析》,载《兰州大学学报》(哲学社会科学版)2008年第6期。

② 可作为补充的是,税收法定原则在我国得到了学界的普遍共识及官方的确定与申明,根据《全国人大常委会法工委负责人就〈贯彻落实税收法定原则的实施意见〉答问》,税收法定是我国税收立法和税收法律制度的一项基本原则,也是我国宪法所确立的一项重要原则。可认为公民在社会普遍认同中具有依照法律明文规定缴纳税款的纳税权利,只是这一纳税权利属于经由税收法定原则推导出的抽象性、原则性权利,目前暂无明确的宪法条文规范予以指引。

所许可之社会义务范围内”，才能对该部分所得课征税收。[①]

宪法层面的法无明文规定不纳税的权利落实到税法领域，则要求公民的具体纳税义务必须经过具体税种法律的明文规定，公民享有无税法明文规定不得被要求缴纳税款的权利。[②] 正如北野弘久的阐释，纳税人基本权利是纳税人“要求按符合宪法的规定征收与使用租税的权利”，是一项“关于纳税人各种自由权、社会权等的综合性权利”。[③]

（二）个人所得税制中的纳税人权利

对国家权力的限制主要借由基本权保障、权力区分及法治原理来达成，[④]而保障公民权利的实现正是个人所得税制改革的价值依归。[⑤] 从法律效力层级的角度看，在整个税收课征的过程中，公民的纳税权利具有两个层次的内容，即宪法层次对公民纳税权利的抽象性、原则性确认，以及税收实体法层面对公民纳税权利的再次申明。在第二个层次即税法所确认的纳税人权利之中，亦具有从抽象到具体、从宏观到微观的权利层次差别。而从主体间关系的角度看，纳税人权利亦具有国家与国民间的纵向分配关系与国民间关系即纳税主体间的横向税负分配关系的不同层次之别，分别承接了宪法所赋予的财产权与平等权。

税法层面对公民纳税权利的申明通常以对纳税人所承担的纳税义务之范围的界定来呈现，如《个人所得税法》第 2 条规定了个人所得税的征税范围，当纳税人的所得满足税法规定的课税要件时，便从抽象意义与应然层面上承担个人所得税的纳税义务，也相应具有了与纳税义务相对应的纳税权利，即按照税法明文规定进行纳税的权利。这一纳税权利虽具体到了确切的税种，但依然属于抽象的纳税权利。当纳税人在具有了上述抽象纳税权利之后，在具体履行特定税种的纳税义务的过程中，则享有以特定税法规定的各类构成要素为依据而履行具体纳税义务的具体纳税权利。[⑥]

从主体间关系的角度看，上述有关纳税人权利的讨论主要是从国家与国民间的纵

---

① 参见葛克昌：《所得税与宪法》，北京大学出版社 2004 年版，第 11 页。

② 参见张守文：《论税收法定主义》，载《法学研究》1996 年第 6 期。

③ 参见［日］北野弘久：《日本税法学原论》，郭美松、陈刚译，中国检察出版社 2008 年版，第 59 页。

④ 参见葛克昌：《租税国的危机》，厦门大学出版社 2016 年版，第 77 页。

⑤ 参见蒋励佳：《公民权利语境下的我国个人所得税改革》，载《税务与经济》2012 年第 2 期。

⑥ 如纳税人在《个人所得税法》中享有的根据税法规定计算应纳税所得额的权利，根据税法规定而免受课税的权利，根据税收优惠规定而减免税款的权利，以及根据专项附加扣除制度对所得进行扣除的权利等纳税人在纳税过程中享有的具体性权利等。此外，上述对纳税人权利的层级界分主要集中于纳税人的税收实体性权利，纳税人在税收程序法如《税收征管法》中程序性权利的享有与保护并非本文的论述重点，且学界对此不乏讨论，此处不再具体阐述。

向分配关系对纳税人“税负适度”的讨论,聚焦于纳税人权利与国家征税权力这对关系的博弈与制衡:个人所得税的课征有益于国家福祉的同时应适度征收,不得过度侵害公民财产权,以维持公民用于其自由发展与家庭消费的生活资料。而从国民间关系即纳税主体间的横向分配关系上看,个人所得税的课征同时应注重税收负担在国民之间的公平分配。

税收负担既是立法者在进行税法起草时需要考量的问题,也是税制整体秩序与宪法平等理念是否协调一致的重要判断依据。“宪法所欲实现者,乃追求正义之实质法治国家。无论国家对人民之给付,或人民对国家之租税负担,皆须公平分配。”①税负的公平分配意味着个人所得税制的设计应当对不同的纳税人课以不同的税收负担,对公民的财产性利益予以不同程度的取予,保障纳税人的平等纳税权。质言之,税法理应承接宪法对公民财产权、平等权的保障属性,于具体税制的设计以及纳税人权利的赋予与保护中充分体现税收公平。

三、分类综合所得税制下纳税人扣除权之提炼

各国的个人所得税制主要可分为分类所得税制②、综合所得税制③和混合所得税制3类。由于分类所得税制在税收公平上表现欠佳,而综合所得税制的税收稽征难度较高,众多国家在结合本国课税状况的基础上,逐渐在分类所得税制与综合所得税制之间发展出将分类税制与综合税制进行不同程度糅合的混合所得税制模式,兼采二者

---

① 陈敏:《税法总论》,台北,新学林出版股份有限公司2019年版,第66页。

② 分类所得税制是将所得分为不同的类型分别征税,对不同类型的所得适用不同的税率与税前扣除方式。分类所得税制模式能够从不同类型所得的源头对水源予以管控,对征管成本和能力要求不高,能够有效筹集财政收入,因此在一国税制建立的初期通常被采用。但是由于分类所得税制对不同来源的所得分别课征,存在对具有不同类型所得的个人的税收差别待遇,而该纳税人之间在税收负担上的差别待遇却难以经由某项所得归属的类型本身而具备正当性解释,因此与个人所得税的基本原则“量能课税”存在背离之处,对公平价值存在选择性牺牲。随着现代社会的发展,个人收入来源的多样化使得税制越来越难以对个人所得来源类型进行穷尽式的列举,对个人所得税的税收征管能力亦提出了更高的要求,这使得该税制在税收征管效率上的“得”与其在税收公平上的“失”难成比例,效率与公平之间的天平愈加失衡。

③ 综合所得税制将个人不同来源的所得视为一个整体,就个人的全部所得适用统一税率进行课税,因此较分类所得税制更能体现纳税人的实际纳税能力,符合税收公平的要求。由于这一模式需要税收征管机关对纳税人不同来源的全部所得具备全局性的严格把控,对纳税人的税收遵从度与征管机关的征税技术具有较高要求,实践中税收稽征难度高。

之长，以避两极之短。混合所得税制成为个人所得税制演化的主流。①

1993 年我国首次实行的《个人所得税法》确定了分类所得税制，对不同来源的所得进行界定和分类，这一分类所得税制在 2018 年之前《个人所得税法》的历次修改中得到沿用，在降低个人所得税的征管成本、有效管控税源上发挥了重要作用。但是，分类所得税制的费用扣除未能考虑纳税人的个性化需求，在公平性上存在缺失。② 2018 年我国对《个人所得税法》予以修订，将长期沿用的分类所得税制改为分类与综合相结合的混合所得税制。③ 在综合所得的各项减除内容当中，6 万元的减除费用与专项扣除相同，④均为既有规则的调整后沿用，是对个人所得税纳税人课税过程当中必须完成且扣除过程无须取得纳税人同意，亦无须纳税人作为的税前扣除项目。

在综合所得的多项税前扣除中，仅有专项附加扣除制度属于被首次引入个人所得税制的扣除项目。⑤ 根据《个人所得税法实施条例》（2018 年修订）第 28 条的表述，居民个人"可以"提供专项附加扣除有关信息，这表明专项附加扣除信息的提供以及专项附加扣除规则的适用与否均由居民个人自主决定，需要纳税人主动作为，属于纳税人行为选择的范畴，在性质上属于《个人所得税法》中的纳税人权利性规范。

（一）标准扣除与专项附加扣除：对生计费用与纳税能力的刻画

财产权映射的是个人负担其个体生存、人格尊严、家庭消费以及自我发展的物质基础与经济条件，而税收课征因对公民财产权的介入而具有降低纳税义务人可用于其

① 参见李林木：《综合与分类相结合的个税改革：半二元模式的选择与征管》，载《财贸经济》2012 年第 7 期。

② 参见侯卓：《二元目标下的个人所得税法制度演进》，载《华中科技大学学报》（社会科学版）2020 年第 3 期。

③ 2018 年修订后的《个人所得税法》在将工资薪金所得、劳务报酬所得、稿酬所得与特许权使用费所得这 4 项统归为综合所得的基础上，确定了综合所得的应纳税所得额的计算方式，即以每一纳税年度的收入额减除费用六万元以及专项扣除、专项附加扣除和依法确定的其他扣除此四项扣除项目后的余额作为综合所得的应纳税所得额。

④ 在《个人所得税法》中综合所得的各项减除内容当中，六万元的减除费用是对过去《个人所得税法》工资薪金所得扣除的调整后沿用，专项扣除则包括居民个人按照国家规定的范围和标准缴纳的基本养老保险、基本医疗保险、失业保险等社会保险费和住房公积金等内容，这一部分虽属于《个人所得税法》引入的新扣除项目，但其本质是将《个人所得税法实施条例》与财政部、国家税务总局《关于基本养老保险费、基本医疗保险费、失业保险费、住房公积金有关个人所得税政策的通知》中有关的扣除制度在法律层面予以落实，是为避免重复征收而设置。

⑤ 专项附加扣除主要包括子女教育、继续教育、大病医疗、住房贷款利息或者住房租金、赡养老人等支出。

自由发展与家庭消费的经济利益的可能,这使税法在对公民课以税收的同时理应承担对公民社会经济权利的保障作用。

公民用于维持基本生活保障、维护人格尊严以及实施一定程度的社会经济发展权利的生活资料部分应免于被课征税款,“单纯个人提供之所得,并不能产生所得;个人给付须满足需求,而后始有所得”。[①] 基于此,各国所得税的设置与课征都遵循仅对纳税人的“净所得”课征的征税原理,将纳税人用于基本生存与消费的支出部分在所得中予以扣除,将扣除后的纳税人可支配所得视为衡量纳税人实际税收负担能力的核心标准。有学者将个人所得税应当予以扣除的费用从费用性质上分为3类:成本费用类、生计费用类与特殊政策类费用。[②] 其中,成本费用类的扣除是对纳税人取得所得所付出的成本、费用与损失的扣除,体现的是纳税人的客观给付能力。而生计费用类的扣除则是纳税人在为取得所得而付出的成本、费用、损失之外,为供养个体生存、人格尊严、家庭消费与个人发展而支出的费用类型,体现的是纳税人的主观给付能力,[③]亦是费用扣除制度得以体现量能课税原则、从多个维度“立体式”呈现纳税人在社会中的实际税收负担能力的核心所在。

具体到我国《个人所得税法》所规定的税前扣除项目,6万元的减除费用与专项附加扣除兼具成本费用与生计费用的特征,在性质、功能属性上存在一定程度的交织与杂糅,共同刻画了纳税人的主观给付能力。

6万元的减除费用属于标准性的基本扣除,遵循的是最低生活费用不课税原则,并不考虑纳税人在纳税能力上的差异。而专项附加扣除则是将子女教育、继续教育、大病医疗、住房贷款利息或者住房租金、赡养老人等社会生活性费用支出设置为纳税人可选择的、个性化的差异性列举扣除,对具备相似社会生活状况的个体相同处理,对具有不同社会生活状况的个体予以差别对待。

虽然6万元的标准扣除与专项附加扣除在性质与功能属性上存在交织,在对个人日常开支中生计费用部分的税前扣除中存在交集,但其侧重点存在明显区别。标准扣除保障的是居民的最低生活费用不被课税,其性质虽不同于起征点,但其实质作用相当于为个人所得税的课税范围设置了一道数额门槛:一个纳税年度内综合所得不足6万元的居民个人即便未经其他税前扣除便已被排除在了个人所得税的征税范围之外,因此标准扣除实质上具备了起征点的功能目的,对纳税人亦具有普遍的适用性。

---

① 葛克昌:《所得税与宪法》,北京大学出版社2004年版,第12页。

② 参见施正文:《分配正义与个人所得税法改革》,载《中国法学》2011年第5期。

③ 参见陈清秀:《税法各论》,法律出版社2016年版,第184页。

而专项附加扣除则是在标准扣除已经对纳税人的实际税负能力进行了第一轮的筛选与排除之后,对居民个人在一个纳税年度内的收入额减除6万元标准扣除费用后的剩余数额进行的再一轮扣除,且这一轮扣除具有明显的个体差异性,对具体扣除项目的选择与适用则依照纳税人的实际社会生活状况与个人行为选择而交由纳税人自主选用。对于专项附加扣除项目的个案具体适用,纳税人具有行权之现实可能,而非仅具法律文本之意义。

简言之,标准扣除的作用在于限定个人所得税课税范围的数额门槛,从而保障居民的最低生活费用免受课税,而专项附加扣除制度则是将个人置于社会生活的场域当中,从而多维度"立体式"刻画纳税人在社会生活中差异性的生存状况。二者虽在对生计费用的税前扣除中存在交集,但其功能作用存在明显区别,是对生计费用与纳税能力的多层级刻画,并无性质重叠之虞。

(二)扣除权之宪法法理与双重基本权属性

宪法在我国法律体系中位于最高的效力层级,《宪法》第2章对公民基本权利的规定需要在部门法的规定中得到体现与细节展开。税法在保障国家征税权的同时,亦应充分保障宪法所赋予公民的财产权与社会经济性权利,避免纳税人财产权遭到国家征税权的不当侵害,以维持公民用于其自由发展与家庭消费的生活资料。

从扣除权与宪法所规定的公民基本权利之衔接的角度看,纳税人在专项附加扣除制度中的扣除权具有双重的基本权属性:其一,扣除权的行使直接介入纳税人个人所得税应纳税所得额的计算过程,直接影响纳税人个人所得税税基的确定,属于税法对宪法中公民财产权在下位法中具体形态的进一步展开,如图1"纳税人权利层级"所示;其二,扣除权因专项附加扣除制度本身具有的生计费用扣除性质而与纳税人在个体生存、人格尊严、家庭消费和个人发展上所享有的社会经济发展权利相勾连,是税法对宪法中公民的多项社会经济性权利的切实维护与保障。

质言之,纳税人在个人所得税法中享有的专项附加扣除权是宪法对纳税人财产权与多项社会经济性权利予以尊重与保障的要求。无论是从税收法定原则的基本意旨切入,还是从宪法对公民基本权利的规定出发,扣除权均应成为纳税人在个人所得税法中享有的一项从属于法定纳税权利的权利类型,其性质是宪法中公民财产权与社会经济性权利的税法表达,在具体类别上可归入税收负担从轻权的范畴(见图1)。

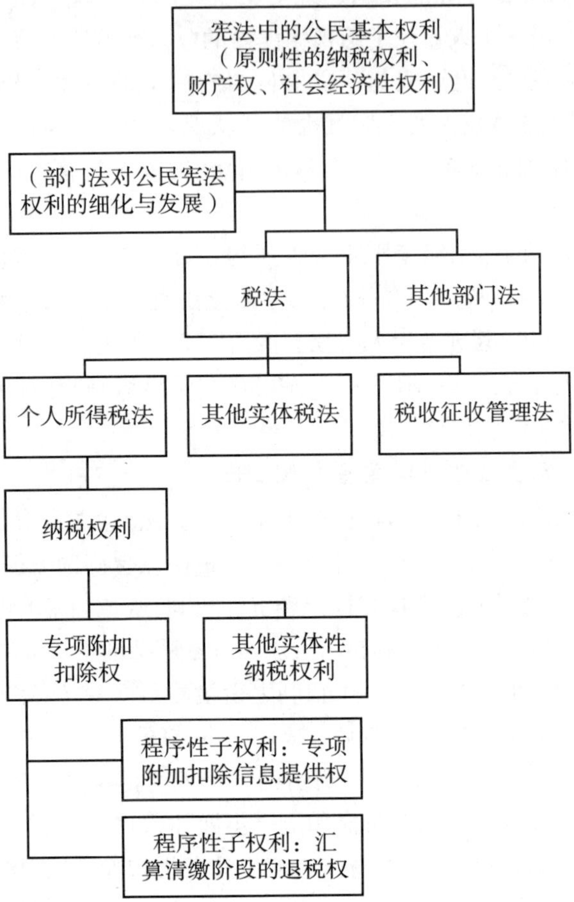

图1　纳税人权利层级

正如上文所讨论的,在个人所得税法中其他的税前扣除制度如标准扣除与专项扣除等制度中同样存在纳税人的“扣除权利”因素,但这不代表此3项税前扣除制度中的纳税人扣除权均得以具备独立的权利形态。从纳税人对扣除项目的适用是否具有选择权的角度上看,对于专项附加扣除项目的个案具体适用、税法可否实际对纳税人进行专项“附加”之扣除,其前提取决于纳税人是否“行权”、主观上是否选择申报以及客观上是否发生符合专项附加扣除项目所要求之法定情形等内容,纳税人具有“为或不为”之选择权,亦具备行权之现实可能,而非仅具法律文本之意义。

与之相较,标准扣除与专项扣除同样具有降低纳税人应纳税所得额、降低纳税人税收负担之功能,具有公民基本权保障之属性,具体类别上亦可归入税收负担从轻权的范畴。但在实际的税制运作中,标准扣除与专项扣除制度均属于个人所得税制中的自动减除项目。简言之,标准扣除与专项扣除两项扣除制度虽同样具有权利性因素,但在实际的税收征管过程中属于纳税人必须完成、无法自主决定"为或不为"、无须主动申报的扣除项目,不具有充分的权利内核,无法成为一项独立的权利形态。

（三）专项附加扣除权:权利法理及其权利内核

《个人所得税法实施条例》第28条通过"居民个人可以提供专项附加扣除有关信息"的表述表明该条属于纳税人在个人所得税法中的权利性规范。作为一项权利性规范,专项附加扣除制度中的扣除权是否得以成为纳税人在个人所得税法中所享有的一项独立的权利形态?叶姗认为,专项附加扣除制度为纳税人的纳税义务植入了更多的权利因素,纳税人有依照法律纳税的权利和义务。[1] 蒋遐雏认为,专项附加扣除制度的引入在税收实体法中充分体现了对纳税人权利的保障。[2] 但对于专项附加扣除权,其实质的权利内核,行权范围、权利保护等方面的内容,仍有必要从法理与税理的角度展开细致分析。

根据专项附加扣除制度,纳税人在专项附加扣除制度中享有的扣除权是纳税人在法定纳税权利与义务下享有的一项法定权利,是纳税人在行使"依照法律纳税的权利"过程中根据税法实体课税要素的设置而具有的一项子权利,更是纳税人用以降低纳税负担、保护个人财产权与社会经济性权利的重要工具。《个人所得税法实施条例》第28条以明确的权利性表述表明,专项附加扣除规则的适用与否以及纳税人专项附加扣除信息的提供均由纳税人个人自主决定,并需要纳税人主动作为,属于纳税人行为选择的范畴,这表明专项附加扣除的适用是纳税人可选择作为或不作为的权利之一。国务院《个人所得税专项附加扣除暂行办法》则规范了纳税人在适用专项附加扣除制度、行使专项附加扣除权时的行权范围。[3] 这些不同效力层级的法律法规编织成了现行纳税人于个人所得税制中专项附加扣除权的法律规范体系,系统性地诠释了纳税人所享有的专项附加扣除权的权利属性,为纳税人正确、适当地行使该项扣除权提供规范性指引。

扣除权作为一项税收实体法中的纳税人权利,只有在税收法律关系中具有现实行使之可能才具有实际意义。专项附加扣除制度设置了6项可供纳税人根据个人婚姻家庭实际状况可选择适用的扣除内容,明确界定了纳税人所具有的专项附加扣除权之

---

① 参见叶姗:《个人所得税纳税义务的法律建构》,载《中国法学》2020年第1期。

② 参见蒋遐雏:《功能导向下我国税前扣除制度的变迁与进路》,载《求索》2020年第2期。

③ 专项附加扣除权时的行权范围覆盖了子女教育、继续教育、大病医疗、住房贷款利息或住房租金、赡养老人等内容。

行权范围。当个人所得税的纳税人选择行使其享有的专项附加扣除权,适用专项附加扣除制度中的某一项或多项扣除内容,且个人婚姻家庭实际状况确乎落入专项附加扣除权的行权范围当中时,此时纳税人便可通过行使专项附加扣除权而得以享有应纳税所得额降低、税收负担减轻的行权后果。鉴于此,专项附加扣除权在性质上可归入税收负担从轻权的范畴,在某种程度上亦属于一种税基式的税收优惠,属于税收立法予以确认并保障的纳税人权利,具有独立的权利形态与权利内核,亦具有对应的法律规范体系予以法律文本上的支持。

权利的价值与意义并不在于法律文本上的客观宣告,而在于权利的主观行使与实现,而权利理论的重点应当关注权利的运行实践与实现的机制。[①] 税法对专项附加扣除制度的适用与否取决于纳税人主观上是否选择申报,而制度之现实适用则取决于纳税人客观上是否发生符合专项附加扣除项目所要求之法定情形。简言之,专项附加扣除制度将纳税人置于家庭与婚姻的场域中综合考量,这使专项附加扣除权的"权利属性"愈加明晰,只有当纳税人主动申报行权且纳税人的真实生活情景与专项附加扣除项目所要求之法定情形相吻合之时,纳税人方可真正行使专项附加扣除权。

具体到专项附加扣除权的运行机理上,扣除权的本质是一种请求权。享有扣除权的权利主体是通常在税收法律关系中处于税收债务人地位的个人所得税纳税人,而扣除权的义务主体则是通常居于税收债权人一方的国家。在该项税收法律关系当中,纳税人实际的个人婚姻家庭状况决定了其所享有的专项附加扣除权的行权范围,而纳税人便根据其行权范围,依照国务院的相关规定,[②]请求国家或税务机关在其应纳税所得额的计算中,将其在子女教育、继续教育、大病医疗、住房贷款利息或者住房租金、赡养老人此6项上的支出,以据实扣除或标准扣除的方式予以一定数额的扣除。专项附加扣除权的权利内核是请求权,是一种纳税人请求国家以法定方式减轻其税收负担的权利。

同时,纳税人在税收实体法中的权利离不开征管阶段的程序性权利保障,而扣除权在征管阶段也具有专项附加扣除信息提供权以及在汇算清缴阶段的退税权等程序性子权利。专项附加扣除信息提供权是纳税人在取得相应所得时或在汇算清缴阶段都可以行使的一项权利,该权利的行使是纳税人适用专项附加扣除制度的前提条件,是纳税人可以决定为或不为的行为选择。而退税权则是在纳税人已缴纳了应纳税款

---

① 参见范进学:《税收政治论——一种宪政民主理论的阐释》,山东人民出版社2003年版,第25页。

② 详见国务院《个人所得税专项附加扣除暂行办法》《关于个人所得税专项附加扣除有关情况的报告》等文件内容。

且已进行了专项附加扣除之后所享有的请求国家退还相应税款的权利。

四、婚姻家庭场域中的专项附加扣除制度

个人所得税的课征具有调节收入分配、促进社会公平的功能期待,需遵循量能课税原则对纳税人公平课税,因此,如何对纳税人的真实纳税能力进行有效的评估与衡量对个人所得税法的建制来说尤为重要。个人所得税是对居民个人在一个纳税年度内的所得征收税款。“人的本质并不是单个人所固有的抽象物,在其现实性上,他是一切社会关系的总和。”①由于个人是通过与外界的物质交换获得所得,作为一种社会性的存在,个人只有被置于社会关系之中才能够与外界进行互动、交往以及经济利益的交换,才能够参与劳动分配,取得所得。

在一个场域中,个体的每一个行动均会受到行动所发生的场域的影响,②个人所得税法的设计不可仅围绕孤立、平面的个体,而应当将个人置于社会关系之中、置于家庭与婚姻的场域下进行立体式考量。有必要从个体的社会关系的视角切入,将作为个人所得税纳税人的个人置于家庭与婚姻的场域中,对纳税人的实际生活负担与纳税能力进行综合的衡量和考察。

(一)生计费用扣除:个人所得税法如何勾连税法与家庭婚姻

税法的目的是规范纳税人与国家之间的税收法律关系,按照宪法与税法的规定,从公民的财产权中划出一部分缴入国库,是一种典型的公法之债。而婚姻家庭生活则具有微观与宏观两个维度:微观的家庭与婚姻属于公民的私人领域,是社会中的个人理应受到公权力尊重且轻易不受侵犯的私人生活空间;而宏观的家庭与婚姻则属于社会制度的一部分,作为一种群体组织具有其独特且不可替代的社会功能。从功能主义视角看,家庭作为一种社会制度在满足社会的基本需要和维持社会秩序方面具有重要使命,核心家庭更是在现代社会中履行生殖、育儿与社会化上重要且不可替代的职责。

若要讨论专项附加扣除制度是如何将个人置于婚姻与家庭的场域中,则首先需要对家庭与婚姻作出相应的定义。立法者在税法制度设计中引入了婚姻与家庭因素,其目的主要通过综合考察纳税人的婚姻家庭生活从而刻画纳税人的实际生活负担,以社会关系的视角衡量纳税人的真实纳税能力,因此对婚姻与家庭的定义需要特别偏重其社会属性,本文主要采用社会学对家庭与婚姻的定义方式。

---

① 《马克思恩格斯选集》第1卷,人民出版社2012年版,第56页。

② 场域是指在各种位置之间存在的客观关系的一个网络,一种具有相对独立性的社会空间。参见[法]布尔迪厄、[美]华康德:《实践与反思——反思社会学导引》,李猛、李康译,中央编译出版社1998年版,第131~138页。

在社会学中,家庭,是指直接由亲属关系联结起来的一群人,①而婚姻则被界定为两个成年个体之间被社会所承认与许可的性的结合。② 家庭作为一种重要的群体组织与个体社会化得以充分进行的场域,需要对内组织各自的个人家庭义务,同时对外组织其与广泛的社会环境之间的联结,其中对内组织主要体现为对子女的抚养义务、对老人的赡养义务、③家庭住房与生活费用的供给等方面,而对外组织则主要有进行社会互动、参加社会劳动并取得分配所得等。④

本着量能课税原则,"所得课税应以收入减除成本及必要费用后的客观净值,而非所得毛额,作为税基",⑤从所得额中扣除个体的生计费用是税收法定原则与税收公平原则共同要求的结果。过去的税前扣除制度采用"一刀切"的扣除模式,忽视了个体生活状况的特殊性与差异化,而2018年《个人所得税法》对专项附加扣除制度的引入便是对这一问题的有效回应,使个人所得税法能够将目光投向个体的家庭社会关系,判断其实际的生存状况、生活负担以及由此折射出的纳税能力。

(二)税法中的个体婚姻家庭状况:区别对待下的类型化处理

专项附加扣除制度将个人的主要生活负担总结为子女教育、继续教育、大病医疗、住房贷款利息或者住房租金、赡养老人6项主要内容,选取了这六方面的家庭生活性费用支出,并将其设置为可供纳税人选择适用的、差异化的列举扣除。同时在具体的扣除项目中,该制度亦设置了部分项目可由纳税人选择由夫妻双方分别扣除或单人扣除的扣除方式,以综合刻画纳税人在家庭中对内组织活动的真实经济负担状况,描画了一幅生动简明的"纳税人真实画像",以纳税人的纳税能力设计税法中对纳税人的差别待遇,从而契合量能课税的题中应有之义。从家庭婚姻保护的角度看,专项附加扣除制度展现了一种家庭婚姻关系的税法表达方式。

与此同时,家庭婚姻虽可被视为社会制度的一部分,但仍然具有私人生活领域的

---

① 在一个家庭当中,成年成员负责照料孩子。家庭中的亲属关系是指个体之间的联系,这种联系或是通过婚姻而形成,或是通过连接血亲(母亲、父亲、同胞、子嗣等)的血统关系而确立。在现代社会中一种主要的家庭形式被称为核心家庭,主要是指一对已婚配偶(或单亲)与亲生或领养的孩子一起生活于其中的家户;而当一对已婚配偶与其子女及子女以外的亲属住在同一家户中,或者彼此间有密切、持久的关系时,这种更大的亲属关系网络则可被称为扩大家庭。

② 参见[英]安东尼·吉登斯:《社会学》(第5版),李康译,北京大学出版社2009年版,第171页。

③ 税法仅将扩大家庭中的祖父母、外祖父母纳入了家庭生活的负担范围,而将兄弟及其妻子、姐妹及其丈夫、姑姨和甥侄归属于其他的核心家庭。

④ 家庭的对外组织活动为家庭提供所得来源,而个人的对内组织活动则构成了个人在家庭中的主要支出,即本文所讨论的个人的生计费用。

⑤ 陈敏:《税法总论》,台北,新学林出版股份有限公司2019年版,第70页。

属性，理应受到公权力机关的尊重、保护与适时的回避，税法也并不试图全方位渗入、窥视乃至干扰个体的家庭婚姻生活。通过有目的地选取了集中反映了纳税人生活状况与经济负担能力的六个方面，专项附加扣除制度在将个体置于家庭婚姻的场域中考量其纳税能力的同时，以类型化的方式处理税法对纳税人的扣除项目选择，并同样以类型化的方式（标准扣除与据实扣除相结合）处理纳税人在具体扣除项目中的可扣除数额。这种类型化的处理方式具有两方面的效用：其一，基于现代国家与国民间关系的考量以充分尊重纳税人的私人生活，而非深入探究，甚至过度侵犯纳税人的私人关系与生活领域；其二，基于税收效率原则，尽可能在个人信息采集的同时处理好社会生活事实的复杂性与个案适用的简明性之间的关系，减少纳税主体的奉行成本与额外负担，达成稽征之经济。

即便在个人所得税制中加入了对纳税人家庭婚姻状况的考量，税法作为公法之债仍应在家庭婚姻选择之私人领域的问题上保持"价值无涉"的中性态度，在充分尊重纳税人个人的选择自由的基础上，以审慎且节制的方式切入其私人领域，在具备正当化理由的前提下区别对待具有不同生计负担状况与不同所得的纳税人。

五、专项附加扣除制度的优化路径：以婚姻家庭保护为目标

2018 年《个人所得税法》的修订将专项附加扣除制度引入个人所得税制当中，将纳税人置于婚姻、家庭的场域中进行综合刻画与立体式考量，其最终目的便在于将个体的真实经济负担状况、纳税能力与其实际的税收负担此 3 项达成一个两两成比例、整体相符的平衡状态。

实际上，个人所得税制若要将个人置于家庭婚姻的场域中综合考量，仍有大量需要在未来税制优化中不断改良的细节。面对纳税人形形色色的家庭婚姻状况以及纷繁复杂的生计负担情况，税法若希望以更加生动切实的方式刻画纳税人的实际生活负担与纳税能力，还需要对专项附加扣除制度进行科学、合理的展开与优化。

未来的个人所得税专项附加扣除制度的完善路径应当在遵循现有的"将纳税人置于家庭与婚姻的视域中予以综合考量"的制度理念的基础上，在公法之债中更多地看到细微个人，将那些"虽不常规但依然典型"的生活事实从常被制度所牺牲或选择性无视的状况解救出来，在对具有不同生活负担状况的个人的差异化、类型化处理方式上进行科学、细致的展开，推进量能课税应有之公平正义。基于此，本文尝试提出以下两种可能的优化方式，以期为未来的专项附加扣除制度改革提供一定的参考。

（一）家庭类型细分：区别对待下的类型化处理

一个多元社会中的家庭结构绝不仅有核心家庭一种，其扩大家庭亦可能以多种方

式被纳入实际生活状况下的独立家庭结构之中。同时,核心家庭中亦存在仅有夫妻中的一方处于待业或失业状态而只有另一方具有所得以及单亲家庭的状况等,这些状况在现行的个人所得税制中仍居于真实经济负担状况、纳税能力与其实际税收负担三者不相符合的处境当中。

未来的税前扣除制度中的类型化处理仍有必要不断细化,以不同于对待核心家庭的税前扣除方式来处理此类"虽不常规但依然典型"的生活事实,以促进个人所得税的公平性。例如,对于单亲家庭以及夫妻双方有一方处于失业或待业状态而仅有另一方具有所得的家庭,应当结合其整体经济状况决定是否在子女教育、住房贷款利息或者住房租金、赡养老人 4 项专项附加扣除项目中予以 50% 的加计扣除,甚至可考虑予以双倍扣除。之所以选择子女教育、住房贷款利息或者住房租金、赡养老人此 4 项予以加计扣除,是因为这 4 项专项附加扣除内容与纳税人的婚姻家庭负担、基本生计维持之间的关系尤为密切,且均具有由法律法规所明确的标准扣除额,能够在体谅纳税人生计之艰难与保障国家课税权之间寻求一个较平衡且合理的结果。

(二)结合"专项附加扣除所得额"予以梯级幅度扣除

所得税往往较其他税种更偏重公平价值的实现,个人所得税关乎一国收入分配与国民贫富差距这一社会重大议题,自开征以来便被赋予了调节收入分配、促进社会公平等诸多功能期待,"是所谓税收分配纠偏机制的优先选择"。①

但在实际的税收征缴中,我国个人所得税在对国民收入分配的调节功能上却表现欠佳,工薪阶层成为个人所得税实际纳税主体的主要组成部分。在目前的个人所得税税制设计当中,主要由超额累进税率承担对收入分配与贫富差距的调节功能。为强化个人所得税的收入分配功能,可将专项附加扣除制度与《个人所得税法》第 22 条所规定的个人所得税税率表相结合,虽未必须对高收入者予以特别负担,但理应对中、低收入者予以专项附加扣除上的特别优惠,以降低其生计艰难,实现家庭婚姻保护之目标。

具体而言,可结合我国国情,设立"专项附加扣除所得额"作为纳税人在适用不同专项附加扣除幅度时的判断依据。② 可将"专项附加扣除所得额"定义为"居民个人取

---

① 参见陈洋:《个人所得税综合所得税制可行性研究》,中国税务出版社 2016 年版,第 8 页。

② 在目前的个人所得税税率表一(综合所得适用)当中,该表所称"全年应纳税所得额"是指依照本法第 6 条的规定,居民个人取得综合所得以每一纳税年度收入额减除费用 6 万元以及专项扣除、专项附加扣除和依法确定的其他扣除后的余额。

得综合所得以每一纳税年度收入额减除费用六万元以及专项扣除后的余额”，①并将纳税人未经减除专项附加扣除与依法确定的其他扣除的“专项附加扣除所得额”置于个人所得税税率表当中，判断纳税人的“专项附加扣除所得额”所处的级数，并根据级数的不同而在专项附加扣除中给予不同程度的扣除幅度。②

简言之，纳税人的专项附加扣除所得额之计算与级数判断较简明，不会造成扣缴义务人与税务机关测算成本之过度增加，但在增益个人所得税收入分配调节功能上作用明显，在调节贫富差距之同时亦能对中低收入者予以更多的税收照顾，减轻其纳税负担，帮助其在周全家庭婚姻之基本生计需要之后，以其馀力分担国家之财政负担。

六、结语

个人纳税能力的高低建基于此个人及其家庭的基本生活需要之上，国家课征税款的前提应是人民首先得以供应其个人及家庭的基本生活需要，否则便禁止国家课税权的干涉。质言之，宪法与税法法律对公民基本权利的保障具有限制国家课税权的作用。

2018 年修订《个人所得税法》之后，学界与社会中不乏对专项附加扣除制度的质疑与不满，诟病扣除项目之粗疏与偏漏。笔者认为，专项附加扣除制度是个人所得税法在发展沿革过程中一次重要的制度创新。通过将纳税人置于婚姻、家庭的场域中予以刻画与考量，专项附加扣除制度描画了一幅立体式“纳税人生活图景”与“纳税人真实画像”，依循家庭生计负担状况的差异来区别性安排不同纳税人所应承担的所得税负差异。同时，专项附加扣除制度选取了类型化方式以处理税法对纳税人的扣除项目选择，在充分尊重纳税人的私人生活、避免过度侵犯纳税人生活领域的前提下，处理社会生活事实的复杂性与个案适用的简明性之间的关系。

作为首次将家庭婚姻因素纳入个人所得税制税前扣除项目中的制度创新，一次修

---

① 但在实际的个人所得税税收征缴过程当中，6 万元扣除费用与专项扣除通常因代扣代缴制度之运行而被自动予以减除，无须纳税人主动申报与行权，而纳税人对于是否适用专项附加扣除制度具有选择之自由，根据其实际情况确定其专项附加扣除权之行权范围，主动作为以行使其享有的专项附加扣除权。简言之，居民个人所适用的专项附加扣除项目与其他扣除项目之间在实际申报、缴纳税款的过程中具有明显区别，将专项附加扣除项目与其他扣除项目在扣除顺序上予以分离事实上可行。

② 例如，对于“专项附加扣除所得额”处于 1 ~2 级的纳税人，其所适用的专项附加扣除项目可予以双倍扣除的税收优惠；而对于“专项附加扣除所得额”处于 3 ~4 级的纳税人，其所适用的专项附加扣除项目可予以加计 50% 扣除的税收优惠；而对于“专项附加扣除所得额”处于 5 级以上级数的纳税人，则予以正常扣除，因其属于高收入者而无须给予更多优惠，亦因专项附加扣除制度为家庭婚姻保护之普遍目的，而不应因其收入高而判以惩罚式的“不予扣除”，即不得剥夺其专项附加扣除权之正常享有与行使。

法自然难以对纷繁复杂的社会生活与形形色色的个人生活状况完成一次性的充分列举与彻底网罗,我们不应对其过多地求全责备,而应当在充分肯定其制度进步的前提下,在制度的现实运作中明确个人所得税法专项附加扣除未来的改良方向,持续探索其优化进路。

未来的个人所得税专项附加扣除制度的完善路径应当在遵循现有的"将纳税人置于家庭与婚姻的视域中予以综合考量"的制度理念,以家庭婚姻保护为制度目标,在公法之债中更多地看到细微个人,以类型化的处理方式对纳税人生计状况予以更进一步地细致刻画。同时,可考虑引入"专项附加扣除所得额"测算方式,强化个人所得税收入分配之功能,推进量能课税应有之公平正义。

(责任编辑:莫晓尧)

减税降费政策：基于收益分配权的法律解析*

张　旭**

摘　要:减税降费着眼调整政企间收益分配权的比重,优化国家与国民的分配结构,切实为市场主体减负,以营造双方良性的"取予关系"。运用经济法分配理论解析减税降费政策的调控逻辑,可以阐发出"收益分配权配置—分配结构—分配问题"的基本脉络,把握住补强市场主体收益分配权的核心要旨。同时,依托收益分配权调整的不同向度、深度和维度,可以反思如何对减税降费政策加以法治化规范、适度性约束和系统性拓补,持续推动减税降费的深化和改进,实现政府与市场主体各得其所,促进两者之间的公平分配。

关键词:减税降费;收益分配权;分配理论;主体负担;税收营商环境

一、问题的提出

近年来"减税降费"作为持续推行的财税政策,成为社会高度关注的热点。"大规模/更大规模"的表述、上万亿元的总额,展示出减税降费不断加大力度、扩展范围的决心。从法律层面思考,减税降费经由宏观调控领域的财税政策,在初次分配中降低政府财政收入的比重,减轻市场主体的经济负担,这与经济法通过调控行为促进公平分配的原理密不可分。

"在讨论税收政策时所应主要考虑的是分配问题",持续推进减税降费本就是"不

* 收稿日期:2020 年 3 月 10 日。

本文是司法部国家法治与法学理论研究项目一般课题"优化税收营商环境法律问题研究"(批准号:19SFB2051)的阶段性成果。

** 北京大学法学院经济法学专业博士研究生。

断地重新配置权利、调整权利结构和变革实施程序的过程”,[①]通过改变经济法上的权利配置,调整政府与市场之间资源分配的格局,使市场主体获取更大的资源配置量。[②]从税收立法的理念来看,减税降费区别于单纯侧重汲取税收收入、确保国库利益的收入导向型立法,转而在肯定国家获取适当收入的同时,科学设计、有效实施各项财税政策,降低市场主体负担。[③] 因此,减税降费政策作为“促进型经济法”的表现,其理念、程序、效果等理应受到现代财税法理念的指引与考察,其与经济法调控、公平分配之间的关系同样有必要予以厘清。在强调经济法治的当下,应运用经济法理论对减税降费政策加以验证和检视,关注减降政策本身的合法性、合理性,探索进一步优化的理论路径。鉴于此,笔者拟围绕减税降费这一重大现实问题,结合经济法分配理论的分析框架,阐发减降政策“补强市场主体收益分配权”的核心逻辑,并从收益分配权调整的向度、深度和维度反思进一步深化减税降费应着重把握的要点。

二、分配结构与收益分配权调整

(一)分配问题:营商环境排名的视角引入

理论上,一国税负水平的高低影响企业日常运营的费用支出。根据世界银行发布的《2020年营商环境报告》,中国营商环境评价结果中纳税指标排名全球第105位,落后于其他9项指标的排名。纳税项下的二级指标中,中国在“纳税时间”“纳税次数”“报税后流程指数”进步显著且均优于可比平均值,但“总税收和缴费率”为59.2%,远高于东亚太平洋地区平均水平的33.6%,也高于OECD国家平均水平的39.9%。[④]

作为全球市场环境对比的量化结果,营商环境排名说明高税负成为影响我国竞争优势的重要因素。税费过重意味着在华企业需负担更高经营成本,影响投资者对我国市场环境的预期。自分税制改革以来,我国3个统计口径的宏观税负均呈上升趋势,在发展中国家中处于较高水平,甚至接近推崇高税负、高社会福利的发达国家,[⑤]这体现出我国社会资源配置与经济发展程度之间的张力。近年来,许多国家纷纷调低税负

---

① [美]理查德·波斯纳:《法律的经济分析》(第7版、中文第2版),蒋兆康译,法律出版社2012年版,第50页、第281页。

② 参见张斌:《减税降费的理论维度、政策框架与现实选择》,载《财政研究》2019年第5期。

③ 参见张守文:《论“发展导向型”的税收立法》,载《法学杂志》2016年第7期。

④ World Bank Group, *Doing Business* 2019 *Economy Profile China* (Oct. 24, 2019), https://chinese.doingbusiness.org/content/dam/doingBusiness/country/c/china/CHN.pdf.

⑤ 参见杨灿明、詹新宇:《中国宏观税负政策偏向的经济波动效应》,载《中国社会科学》2016年第4期。

来响应减税浪潮,全球税收竞争进一步加大了企业对税费高低的敏感度,[①]我国如欲突破改善税收营商环境,需要重塑一个具备包容度和合理性的税费负担体系。

"营商环境的实质是政府与市场关系",[②]深究税负排名隐藏的问题是我国政企间财富分配不甚均衡的状况。"总税收和缴费率"测度的是样本公司缴纳所得税、社保费等直接税费占商业利润的比例。中国近六成的综合税负表明,市场主体的税费负担畸重,影响资金周转的流量和速度。其中,社保缴费是企业运营成本处于高位的原因之一,具体表现为总体费率显著高于世界平均水平,地区间费基设置不统一、负担不均衡。[③] 经测算,中国法定的社保缴费约占企业工资总额的40%,"为北欧五国的3倍、G7国家的2.8倍、东亚邻国和地区的4.6倍"。[④] 非税收入项目庞杂、征收乱象频发,同样是企业负担过重的一大成因。[⑤] 而营商环境评估未将增值税等间接税纳入考量,如将此部分额度计入测算,将会进一步拉大我国同可比国家之间税费负担的差距。

(二)分配结构:引发分配问题的根源

上述视角可以看出,理解分配问题的3个层次:(1)从直观感受来看,政府取走社会创造总资源的较多部分,市场主体感受到过重负担,产生政企间"分配不公"的问题;(2)进一步分析税负数据,我国税负水平与经济运行现状不匹配,政企双方"分配差距过大";(3)更深层次分析,政府凭借强势的公权力在初次分配中汲取过多收入,企业留存收益不足,财富"分配结构趋于失衡"。

该解构思路由浅入深地指向分配问题的产生机理,即市场主体根据所获财富量感受到分配结果不公,该现象是主体间分配差距过大的现实表征,而造成过大差距的深层根源在于分配结构的失衡。"分配结构失衡—分配差距过大—分配不公"正是基于"结构根源—运行结果—现实状态"的逻辑展开的。

首先,分配结构失衡是隐藏在分配问题之下的根源性诱因,经由失衡结构传导会产生差异性分配。分配结构、产业结构等经济结构呈现的是主体间权义组合形成的样

---

① 减税浪潮下美国、英国、法国、日本、比利时、澳大利亚等国均降低了公司所得税的适用税率。

② 姚海放:《关于优化营商环境的几点审思》,载史际春主编:《经济法学评论》第18卷,中国法制出版社2018年版。

③ 参见李林木、张海峰、付宇:《减轻我国企业税费负担的路径探析:基于G20的比较》,载《税务研究》2019年第2期。

④ 参见庞凤喜、杨雪:《优化我国税收营商环境研究——基于世界银行2008~2018年版营商环境报告中国得分情况分析》,载《东岳论丛》2018年第12期。

⑤ 参见高轩、麦雅诗:《我国主要城市营商税费负担度比较及其法治化完善》,载广州市法学会编:《法治论坛》第52辑,中国法制出版社2018年版。

态,至于哪些主体以何种方式参与到何种权利义务的配置之中,则由社会的各类制度决定,其中最重要的是法律制度。宪法、民商法、经济法等规定了国家、企业和个体劳动者可以参与社会财富分配以及所获分配的多少。换言之,制度决定权义,权义影响结构。而结构失衡的原因在于制度设定的主体权义不甚合理,导致结构内部主体禀赋的异质化增强。具体到分配结构失衡的问题,即源于法律确认的各主体收益分配权失当,形成“膨胀 vs 式微”的不平衡状态。

“收益分配权,往往被简称为收益权或分配权,是相关主体依据一定的权利或权力而享有的取得收益的权利”,“在现实生活中,国民基于其劳动力产权以及股权、债权、知识产权等各类权利,依法享有收益分配权,而国家则基于其征税权、收费权、所有权等各种权力和权利,依法享有收益分配权”。① 在经济法的早期研究中,分配权就与发展权、安全权等权利被当作经济法基本权利的典型范式,具体指向“国家、组织和个人享受社会收入增长所带来的利益的权利”。② 收益分配权关注的是调剂强势群体与弱势群体之间的结构利益关系,通过合理的法律手段矫正失衡的利益分配状态。尤其在财税领域,强调主体间均衡适当的收益分配权有助于避免过高税负引起的市场扭曲、投资减少、需求萎缩等现象,维护经济稳定、市场繁荣等社会整体利益,符合经济法权利公益性的基本特征。③

从不同部门法对社会利益分配的调节作用来分析,民商法等确认了各主体自然禀赋原始状态下的收益分配权状况,未考量实质公平,由此引发劳资矛盾、公共物品短缺等市场失灵状况。经济法、社会法等新型法律的参与,使政府得以宏观调控和市场规制等手段平衡分配权的权重;同时,经济法也限定政府调制行为的边界,以防止出现政府失灵。但是,无论何种权利配置模式都需要法律本身是“良法”,即制度内容应尽量保证其确认的分配权与主体的合理利益需求相适应,否则仍然会形成分配权配置不适当的局面。

其次,分配结构长期失衡,差异性分配就会持续运行,造成分配差距过大的结果。失衡的分配结构如同一个异形的传输导管,社会财富从一端流入,由其进行划分并确认归属,从另一端流出完成分配,分给不同主体的利益多寡不均,呈现“差异性分配”的状态。市场经济下的差异性分配是正常现象,但差异必须适度和合理。④ 如若恶性差

---

① 张守文:《分配结构的财税法调整》,载《中国法学》2011年第5期。

② 参见程信和:《经济法基本权利范畴论纲》,载《甘肃社会科学》2006年第1期。

③ 参见范水兰:《论经济法权利的公益性》,载岳彩申、盛学军主编:《经济法论坛》第21卷,法律出版社2018年版。

④ 参见张守文:《经济法原理》,北京大学出版社2013年版,第9页。

异长期存在,某类主体累积了过多利益,某类主体所获利益却难以满足其需求,发展出的后果就是分配不公现象。

最后,分配不公是社会对分配问题的直观感知,丧失合理性的分配结果引发社会质疑,公众怨愤的增加与集聚容易酿成分配危机,动摇社会的稳定状态。要解决分配问题就需要追根溯源,从调整分配结构入手,优化主体间分配权重,减少不合理的恶性差异,缩小畸轻畸重的分配差距,尽力避免分配不公。

由此,分配理论提炼出分配问题的根源所在,即收益分配权的归属或比重不同,形成不合理、非均衡的分配结构。解决问题的关键是在具体情况中辨别参与收益分配的主体及其收益分配权配置的状况,作出有针对性的调整(或补强,或维持,或弱化)使原本不均衡的分配结构趋于合理。分配理论基于结构分析与功能分析的有机结合,以"基本矛盾—基本问题—调制目标"的视角搭建分析框架,提出解决现实问题的经济法思路。进言之,分配理论作为更具解释力和回应力的经济法新型理论,[①]为破解分配问题提供了一种系统性选择,是阐释和反思分配领域相关制度和政策的有效理论工具。

(三)收益分配权:减税降费政策的调控实质

明晰收益分配权的归属和权重,考察各主体收益分配权状况及其利益需求,进而调整和优化分配结构,是解决分配问题的理论路径。相较个体而言,政府依据国家公权而直接占有纳税人的劳动成果,其在财富分配中掌握了更大话语权。为规范此种权力,法律制度给政府行为施加了约束。具体到财税领域,财政收入法规范政府获取利益不得恣意而为,财政支出法要求政府为了公共利益应当有所作为。然而,由于经济法制度本身可能存在设计不甚恰当,抑或是未能适应变化的经济现实,赋予了政府收益分配权更大的比重,导致政府和市场主体间分配结构的失衡,[②]这恰是减税降费所着力解决的问题。总体来说,减税降费政策坚持的就是为市场主体赋权、增利的理念。

进一步来看,将经济法分配理论适用于减税降费的解析,不仅符合上述适应性的推断,也具有必要性的意义。经济法作为"分配之法",发挥效用的机制在于识别形式平等的主体之间能力禀赋的"不平",合理配置相关主体之间的收益分配权。其中,财税法规范的是国家获取财政收入并统筹向社会安排财政支出的过程,与国民收入分配密切相关,直接关乎社会分配正义的实现程度。结合分配理论识别出政企间收益分配权不均的状况,才能有针对性地修订财税制度,调整收益分配权的赋权比重。"市场主

① 参见张守文:《经济法理论的重构》,人民出版社2004年版,第1页;张守文:《中国经济法理论的新发展》,载《政治与法律》2016年第12期。

② 参见孟庆瑜:《论分配关系的法律调整机制》,载《河北大学学报》(哲学社会科学版)2005年第5期。

体的减负,源于其权利的增加和义务的减少”,①减税降费要做的就是保留政府为提供公共物品而施加给企业的合理税费,针对合理范围之外的超额负担则通过补强企业的收益分配权、弱化政府的收益分配权,以政府的“少取”实现企业的“多留”,②使企业能将税费减降对应的节流资金投入再生产中,进而激发市场活力,促进经济增长。

三、促进公平分配的减税降费政策

财税法领域中包括财政权的分配、课税要素的设置等诸多规范,均体现出调整主体间收益分配权的基本逻辑。③ 为改善分配结构、实现分配正义,减税降费需要衡量税费负担的归宿和轻重,调整收益分配权的配置。不必多言的是,减税降费倾向补强市场主体的收益分配权、弱化政府的收益分配权,这一原理体现在减税降费每一项具体政策之中。但是,如此概括性的立场却无法涵盖减税降费的实质内涵,对减税降费的经济法解析若仅止于此也显得单薄乏力。因此,笔者将从收益分配权调整的不同向度、深度和维度,分析“减税与降费”“以往减降与当下减降”“结构性减降与普惠性减降”之间的关联,阐发减税降费政策中蕴含的促进公平分配的经济法逻辑。

(一)减税与降费:收益分配权调整的向度

由政府决定的企业成本可以从“税”和“费”两个方面理解,由此衍生的收益分配权调整机制也呈现两个不同的向度——“税收减免”和“收费清降”。“税收”和“收费”存在征收是否有偿、资金是否专用等区别,考量企业负担时更关注两者征收主体和征收依据的不同。税收由税务机关依据税法专门征收,稳定性较高,资金规模较大;收费由行政机关依据规范性文件征收,稳定性较低,资金规模较小。④ 以我国财政运行状况来看,税收收入是财政收入的主要来源,受法定原则约束而运行相对规范;收费除纳入预算的部分外,存在征收名目繁杂、征收比例过高、设定权限较低的现象。

税收负担占企业总负担的比例较高,且税收依据法律设立和征收,不能随意变动。因此,从“税”的向度减轻企业负担大致可以分为两条路径——通过税制改革剔除原有的不合理税制因素,或者在现行税制中寻找税收优惠政策的制定空间。随着我国税收

---

① 张守文:《减负与转型的经济法推进》,载《中国法学》2017年第6期。

② 参见侯卓:《论税法分配功能的二元结构》,载《法学》2018年第1期。

③ 参见刘剑文:《收入分配改革与财税法制创新》,载《中国法学》2011年第5期。

④ 根据2013年《全国企业负担调查评价报告》,企业“上缴税金总额”占营业收入的比重为7.80%,缴纳的职工“五险一金总额”占比为1.60%,“各项缴费”占比为4.05%。企业最终留存利润仅占5.10%。故约有83.44%的企业希望国家出台税收减免政策,40.93%的企业希望国家取消不合规的收费。参见工业和信息化部课题组:《全国企业负担调查评价报告》,载《经济理论与经济管理》2013年第12期。

法定的逐渐深化,税制整体建构已趋于完成,前一条路径的拓展余地已然不多,当下“减税”也主要是在日渐成型的税制体系中寻找可能让利的优惠空间。而于整体税制中分解减税目标,最具承受能力的就在于增值税和企业所得税,减税政策的重点也放在了这两个主体税种之上。

而针对“费”的向度,减轻企业负担同样存在两条路径——清理取消不合法的收费项目,或者对保留项目加以规范并降低征收额度。据不完全统计,企业缴费支出涉及30多项行政事业性收费、20多项政府性基金、10多项经营服务性收费,上述项目大部分还能够进入预算控制,脱离预算的乱收费则不胜枚举。因此,我国“降费”可以从上述两条路径同时入手:一方面,清理取缔设定程序违法、设定内容不当的收费项目,实行目录管理;另一方面,针对部分具有特定目的的收费项目,可在予以保留的前提下加以规范整合,并尽可能降低征收比例或额度。

从收益分配权调整的不同向度理解减税降费,“减税”作用于正税减收,直接降低增值税、企业所得税等主体税种的缴税额效用较大,主要通过优化税制和出台优惠政策予以落实。“降费”作用于非税收入降准,既要从种类入手清理违法收费,也可进一步从额度入手降低收费标准。

(二)以往减降与当下减降:收益分配权调整的深度

减税降费经历了“减降—大规模减降—更大规模减降”的发展阶段,2016~2020年减降总额逐渐增加,分别为6196亿元、1万亿元、1.3万亿元、2.36万亿元、2.6万亿元。2021年我国仍持续推进减税降费,保持政策的连续性,提高政策实施的实效性。笔者认为,减降政策之间体现出收益分配权调整的不同深度,即运用财税政策有方向地补强市场主体收益分配权,并对此拓宽掘深。

以深化增值税改革中税率降低的变化来看,2017年取消13%的税率,税率结构为17%、11%、6%;2018年将前两档分别调低1个百分点,税率结构为16%、10%、6%;2019年再次下调税率,仍然针对前两档且幅度更大,现行税率结构为13%、9%、6%。有学者主张,增值税改革还可以进一步简并税率为“一档标准税率加一档低税率”,以标准税率维持聚集财富的中性特征,以低税率对社会经济施加适当调控。①

减降深度的探索同样体现在小型微利企业所得税减税政策中。我国针对小微企业规定有“减半征收”的优惠政策,即年应纳税所得额符合一定标准的小微企业所得税减按50%计征,上限标准规定越高,可享受该优惠的企业数量就越多。2015年先后两次提高该标准,从10万元调整至20万元,再调整至30万元;2017年提升至50万元;

① 参见叶姗:《增值税法的设计:基于税收负担的公平分配》,载《环球法律评论》2017年第5期。

2018 年进一步提升至 100 万元;2019 年的政策将"低于 100 万元的部分"减按 25% 征收,"超过 100 万元但不超过 300 万元的部分"减按 50% 征收;2021 年进一步将"低于 100 万元的部分"减按 12.5% 征收。

需要注意的是,不同类别的税收减免对企业的影响可能不同。增值税等间接税更强调税收的相机决策机制,减税效果受制于企业议价能力、市场经济情况等客观条件。较之更强调税收自动稳定机制的直接税而言,间接税减免对经济增长的实际效用可能较弱。[①] 有研究指出,我国减税降费以增值税为主的导向实际上对企业投资激励的作用不足,[②]无法如所得税一样直观识别企业的创新能力、技术优势、经济规模等特征,通过税收优惠有效刺激企业投资和再生产的效果较弱。

"根本性的税制改革是围绕税收制度的 3 个主要特征的变化展开的:税基、可从税基中扣除的各项扣除以及税率。"[③]减税降费政策从课税要素减让入手,探索政企间利益分配向企业倾斜的可能,适时作出动态调整。从上述角度观察收益分配权调整的演进模式,可以认识到其不同深度的调控逻辑。

(三)结构性减降与普惠性减降:收益分配权调整的维度

回顾以往减降,笔者大致对比了 2015 年中央经济工作会议明确"减税降费"作为供给侧结构性改革举措后的政策。实际上 2008 年金融危机后,我国就一直推行以减税为中心的积极财政政策,较突出的是 2009 年中央经济工作会议提出且一直贯彻的"结构性减税"。

笔者认为,"结构性减税"和"减税降费"属于从不同维度调整收益分配权的机制,前者强调"有减有增、以减为主"的税制结构性减降,后者强调"全面减负、主动让利"的经济普惠性减降,侧重点有所不同,但并不互相排斥。结构性减降发源于税制结构本身的不合理,收益分配权调整的动因来自法律制度的内向维度;普惠性减降则出于进一步降低市场主体负担的政策需求,收益分配权调整的动因来自经济、政治考量的外在维度。

税制本身存在的问题是结构性减降的重要动因,考虑到税制改革不可能一蹴而就,结构性减降呈现"税种特定、范围有限、规模适当"的特点。[④] 税制结构调整,是指通过适当降低主体税种的税负、废除或归并某些不合理税种、同时辅以开征一些新税种

---

① 参见赵桂芝:《更好发挥税收政策逆周期调节作用的思考》,载《税务研究》2019 年第 11 期。

② 参见厦门大学 CQMM 课题组:《中国减税降费政策的效力研究》,载《东南学术》2020 年第 1 期。

③ [美]亨瑞·J. 艾伦、[美]威廉姆·G. 盖尔主编:《美国税制改革的经济影响》,郭庆旺、刘茜译,中国人民大学出版社 2001 年版,第 3 页。

④ 参见胡东兰、陈凡:《我国结构性减税问题研究述评》,载《经济纵横》2013 年第 3 期。

和调高部分辅助性税种的税负，有目的、有选择地削减税负水平，在实现总体减税的同时追求税制结构的转型优化。“有增有减”的政策特征源于2008年全球金融危机造成的外需大幅下降、内需刺激不足的状况，政府调控除要在短期内释放企业压力、化解金融危机冲击外，也要从长远出发鼓励更具潜力的产业发展，调整经济结构，增强经济运行的风险抵抗能力。① 为实现上述要求必须破除阻碍生产消费领域的不合理制度，尤其要改革对重点产业负面影响较大的税收因素。

具体来看，结构性减降蕴含于近年来税制改革的进程之中，两者是一体同源的深化路径。② 以增值税改革为例，2008年修订《增值税暂行条例》推行消费型增值税，这却形成了营业税与增值税的税制性重复征税。为解决这一问题，2012年开始在上海、北京等地开展“营业税改征增值税”试点，2013～2016年以行业试点为突破口推进增值税扩围，最终2016年正式取消营业税并实现增值税普遍征收，“两税并存”转型为“一税覆盖”。在“营改增”后为贯彻增值税中性特征也产生了前述增值税税率简化的历程。

在“减税”政策发力的同时，结构性减降也保持一定的“增税”，以适度拓展国家税源。例如，消费税领域2014～2016年新增电池、涂料、超豪华小汽车等税目，提高成品油、卷烟、化妆品等消费品税率；再如，财产行为税领域，统一房产税、车船税，开征环境保护税，探索房地产税改革，均是在主体税种减税的同时辅以相应增税制度，以形成多元立体、税负联动的复合税制。③

不同于结构性减降，普惠性减降侧重减税降费的功能导向，主要考虑如何寻找“积极让利”的空间，减降的范围并不局限于单个税种或某些范围，强调大规模的“全面减负”。近年来的减税降费从主要催化于经济增长放缓、全球减税浪潮和营商环境评估等外部因素，相应政策并不局限于与优化税制匹配，转变为探寻税制运行中可发掘的减税空间，呈现“多税种、宽范围、大规模”的调控逻辑。但不可忽视的是，即使普惠性减降成为当下工作的重心，我国在税制改革与供给侧结构性改革等宏观要求之下，不应也不可能偏废结构性减降，必须坚持“普惠性减税与结构性减税并举”的原则。

---

① 参见庞凤喜、张念明：《结构性减税政策的操作路径解析》，载《税务研究》2013年第2期。

② 以2013年《政府工作报告》的表述来看，结构性减降属于积极的财政政策，要发挥其在“稳增长、调结构、促改革、惠民生”中的作用，结合税制改革完善结构性减税政策。

③ 根据2003年10月《中共中央关于完善社会主义市场经济体制若干问题的决定》，“简税制、低税率”要求的改革出口退税制度、统一各类企业税收制度、实施消费型增值税、实施分类综合个人所得税制体现了结构性减降中的“减”。“宽税基、严征管”要求的扩大消费税税基、适时开征物业税则体现了结构性减降中的“增”。两相比较之下可以看出结构性减降“以减为主”的特征。

根据2019年国务院《关于减税降费工作情况的报告》,我国目前普惠性减降“重点聚焦减轻小微企业税负”,类似的普惠政策也出现在制造业、科技创新产业等领域的税收优惠之中。以小微企业普惠性减税来看,除前述企业所得税“减半征收”政策外,国家还对月销售额15万元以下的小规模纳税人免征增值税;授权省级政府在50%的幅度内对增值税小规模纳税人减征资源税、城市维护建设税等。

综上所述,观察“减税”与“降费”、“以往减降”与“当下减降”、“结构性减降”与“普惠性减降”3组关系,可以发现减税降费政策均是在补强市场主体收益分配权的比重,优化政企间的分配结构,以促进社会总财富的公平分配。而运用分配理论的框架解析减税降费政策,可以从不同向度、深度、维度探知其改变收益分配权的调控逻辑,厘定不同政策的本源属性和调整机制。

四、减税降费政策改进的三重视角

“一种好的税收政策必须有利于生产力的发展和社会进步,有利于税负公平、正义,有利于同政府财政和纳税人的承受能力相适应。”①如欲充分发挥减税降费所包含的政策红利,实现激发市场活力、促进经济增长的愿景,需要结合其调整收益分配权的向度、深度和维度,运用经济法加以规范、约束和拓补。

(一)法治视角:规范收益分配权调整的向度

减税降费必须依循法治化的轨道,通过经济法的立法来规范收益分配权调整的向度,尤其应重视法治在“正税清费”和“结构性减税”等环节中的重要作用。在可预期的经济周期内,减税降费很可能成为国家经常使用的财税工具,此类影响国计民生的政策应当受到法治的理性约束。“有序之改革与积极之法治之间,存在高度的思维兼容性”,②只有厉行法治才能筑实减税降费的制度根基,保证社会分配的稳定有序。

针对复杂烦琐的涉企收费项目,应继续坚持“正税清费”的原则,审查收费项目的设定权限、征收标准的合法性,坚决清理和取缔违法的收费项目,整合和规范需要保留的收费项目,并从性质上将应转变为税收的保留项目及时立法“以税改费”。同时,严格把控新设收费项目,加强目录管理和巡查监督,避免地方政府为缓解减税压力转而乱收费,杜绝“减税加费”的现象。

此外,减税降费的依据大量见于财税部门的“通知”“公告”等文件,故而饱受法定原则缺失的争议。但笔者认为,税收法定在单纯形式意义之外更关注的是税收政策应

---

① 刘隆亨、刘卫:《大规模减税降费中的几个重要问题的思考》,载《法学杂志》2019年第11期。

② 陈甦:《构建法治引领和规范改革的新常态》,载《法学研究》2014年第6期。

给予纳税人相对稳定的经济预期。笔者认为,针对税制优化范畴的减税,应当以修订法律的方式更改课税要素,坚持形式的法治要求;针对普惠调控范畴的减税,可以通过授权方式以国务院决定或部委规章的形式进行落实,但必须明确减降的适用范围、时间等条件。[①] 施加不同要求的原因在于,前者是永久性、制度性的减税,涉及税收制度的改进,必须经由税法修订来完成,加强“刚性法治”;而后者可能是临时性、调控性的减税,为给未来调控留出变动空间,则允许保持经济法的“相对柔性”,在确保纳税人合理预期的前提下,经由授权方式来明确。需要强调的是,我国目前对结构性减税的法治约束重视不足,如增值税税率简化和下调等带有税制优化性质的政策,规范依据仅来自国务院或财税部门的文件,架空了《增值税暂行条例》的法定税率条款,需要重视此类减税权行使的规范性。

(二)适度视角:约束收益分配权调整的深度

减税降费应当尊重适度调控的规律,尤其要重视大规模减税降费对财政可持续性的影响,防止财政风险的发生。换言之,减税降费应兼顾调控的需要与可能,考虑客观实际对收益分配权调整深度的约束,在经济平稳运行可能的范围内寻找减降的合理空间。

减税降费的推进会给国家财政造成压力,应妥善处理好两者之间的关系。根据财政分配的“三元悖论”理论,“减少税收、增加公共福利和控制政府债务及赤字水平三大目标,至多只能同时实现其中两项,而不可能全部实现”。[②] 减税降费以导致财政收入大幅减少为前提,如欲实现财政的相对均衡,不可避免地要在“削减公共支出”和“提升债务及赤字水平”之间作出抉择。我国选择了主要依靠提升财政赤字率的开源方式,辅以缩减行政公务费用的节流方式来促进财政平衡,而同时没有降低基本公共服务开支的额度。[③] 2015~2021 年我国安排的财政赤字率分别为2.4%、2.9%、2.9%、2.6%、2.8%、3.6%、3.2%,赤字规模逐步扩大。在我国经济承受新冠肺炎疫情冲击和国际经贸压力的背景下,政府财政可持续性的问题更应得到重视。减税降费在给企业减轻负担的同时,相应地极易造成国家财政收支矛盾,尤其地方财政将承受较大压力。相比中央政府,地方政府承担的支出责任较多,近年来预算改革和财政资金管理也限缩了地方筹措财政收入的能力,财政吃紧现象明显。

---

① 参见叶姗:《税收优惠政策制定权的法律保留》,载《税务研究》2014 年第 3 期。

② 贾康、苏京春:《财政分配“三元悖论”制约及其缓解路径分析》,载《财政研究》2012 年第 10 期。

③ 以国务院《2019 年政府工作报告》为例,报告提及“今年赤字率拟按 2.8% 安排,比去年预算高 0.2 个百分点”;“今年财政支出超过 23 万亿元,增长 6.5%”;“为支持企业减负,各级政府要过紧日子,中央财政要开源节流,一般性支出压减 5% 以上”。

减税降费的政策绩效"取决于动力机制(如何面对压力)和工具体系(减多少及如何减的标准)及其有机合成",[①]需要关注财政减收与刚性支出之间的矛盾,避免利益格局重组而潜藏的社会风险。为解决地方财政入不敷出的困境,国家先后尝试扩大地方专项债券发行规模、后移消费税征收环节并稳步下划地方等措施;也有学者提出加大转移支付力度、完善地方税体系、明确划分支出责任等对策。[②] 笔者认为,这些均属于化解潜在风险的有益尝试,不仅为完善减税降费提供了思路,也体现出平衡不同层级政府之间收益分配权的逻辑。[③] 但无论采取哪类措施,关键仍在于减税降费应结合财政的现实状况,立足于实际盈余或可控赤字的范围进行相应力度的动态调适。只有明晰了这一基本立场,才能保证在增收举措力图实现收支均衡的同时,减税降费不随之过度扩张,有效约束收益分配权的权重变动,实现调整深度适宜的目标。

(三)系统视角:拓补收益分配权调整的维度

减税降费还可以依托经济法的各子系统,开拓和补充收益分配权调整的多重维度,实现减降政策的调控"绩效"。收益分配权的调整如单纯停留于税收政策本身,则难以拓展政企间合理分配常态化的系统思路。因此,有必要分析税收政策之外的调控维度,整合与减税降费相关的经济法制度,形成收益分配权调整的联动机制。

一方面,落实减税降费的法治实施,需要财税法整体制度的配合,尤其应关注预算对减税降费的约束作用。其一,由于我国选择以扩大赤字来应对减税降费带来的财政压力,因而必须谨慎对待赤字规模并加以法律控制。笔者认为,与减降政策伴生的财政赤字应属于"结构性赤字"与"周期性赤字"的结合,既包括由于减税降费缩减收入,而整体财政收支制度未随之变革,进而导致"收小于支"的结构性赤字;又包括由于经济发展周期波动,政府为平抑经济下行压力而主动减收增支、刺激市场的周期性赤字。针对前者可通过改进法律体系、优化收支结构加以解决(后文论述);针对后者需要充分发挥预算审批的约束作用,通过控制赤字率来间接控制减降政策出台的总体规模,促进"以收定支",防止赤字膨胀引发财政危局。其二,减税降费从宏观决策到微观传导需要经由税收征管的环节,为保证减降政策达到预期执行效果,同样要求预算考虑可能的"优惠度丢失"因素。由于减降政策仅代表法定税负的下降,如果税收征管力度

---

① 郑方辉、费睿:《财政收入绩效评价:兑现减税降费政策目标的价值工具》,载《中国社会科学》2019年第3期。

② 参见闫坤、蒋震:《实施战略性减税降费的主要着力点及政策建议》,载《税务研究》2019年第7期。

③ "收益分配权配置—分配结构—分配问题"的逻辑同样存在于央地分配关系之中,再分配领域中央政府较之地方政府具有权威,其收益分配权比重更大,更能够控制财政资金的央地分配,主要体现在税收返还和转移支付、地方债务规模控制等方面。

出现较大变化以致纳税人实际缴纳的税额增加,反而可能抵销甚至超出原定的减税幅度,出现"名义减负、现实增负"的怪圈。究其根本,收入预算未能充分考虑减降影响,以及预算执行中下达强制指标的固有做法,是造成上述现象的重要原因。① 为充分连接减降政策与政府预算,笔者认为,应坚持 2014 年《预算法》对预算的预测性、计划性定位,摒弃下划指标的陈旧观念,调低、弱化直至取消征收任务;同时,尝试建立"税式支出预算报告制度",将减税降费视为消极的财政支出进行统计测算和分析评估,以便财政部门充分了解减降政策的数量、规模及其在不同区域的具体效果,②从而在未来预算编制时从收入端和支出端同时考虑减降对预算额度的影响。

另一方面,减税降费可以借助优化政府收支结构实现开源和节流的并进,为减降政策腾出财政资金空间,兼顾减税降费和财政体系优化的双重目标。笔者建议,从收入端可以进一步提高国有资本经营收益等公有制收入的上划比例。较之欧美国企利润上缴比例大多处于 30% ~60% ,③我国国有资本收益上缴公共财政的比例略显不足,可以考虑适度提高该比例,特别是用于补充社保基金或中央调剂金的全国统筹,辅助填补降低社保费率带来的资金缺口。④ 从支出端考虑,应继续坚持简政放权、适度精简行政机构规模,不仅可以压低政府开支,还能减轻市场主体"办事多跑路"的负担;同时,积极探索政府和社会资本合作(PPP)模式,赋予民间资本参与公共基础设施建设的机会,在满足多元化社会需求的同时,解决财政支出刚性增加带来的问题。

由此观之,结合收益分配权调整的向度、深度和维度,可以反思减降政策的法治化规范、适度性约束和系统性拓补,进而促使减税降费的宏观调控得以"合乎法度""有所适度""维持力度"。而这也说明分配理论由于紧密关联时代背景并遵循问题导向,理论本身也更具活力和价值。

五、结论

"知时务之要,轻徭薄赋,与民休息",中国自古就知晓轻减市场主体负担对于经济发展和社会稳定来说至关重要。当下推进的减税降费政策,着眼调整政企间收益分配权的比重,优化国家与国民的分配结构,切实为市场主体减负,以营造双方良性的"取予关系"。运用经济法分配理论解析减税降费政策,可以阐释上述调控逻辑的基本脉

---

① 参见陈治:《减税、减负与预算法变革》,载《中国法学》2019 年第 3 期。

② 参见叶姗:《税收优惠政策制定权的预算规制》,载《广东社会科学》2020 年第 1 期。

③ 参见张军、韦森等:《再谈减税》,载《复旦学报》(社会科学版)2019 年第 1 期。

④ 根据财政部统计,2018 年、2019 年国有资本收益上缴一般公共预算的比例分别约为 25% 和 28% ,距离《关于深化国有企业改革的指导意见》明确的 2020 年提高比例到 30% 的目标仍有一定空间。

络;同时依托收益分配权调整的不同向度、深度和维度,可以反思如何通过完善经济法的理论框架和制度基础,持续推动减税降费政策的深化和改进,实现政府与市场主体各得其所、协调发展的目标。

“所有税法的目的都是要为共同体聚集财富,但是一部具体税法的特征,却取决于对纳税人利益的考虑。”①减税降费的经济法思考,立足于减轻市场主体负担的基点,顾及政府与市场主体间负担适度、公平分配的发展需求,以增进国民福祉、构建和谐社会为最终目标。而如何确保政府施政惠及于民,运用法律尤其是经济法促进分配正义的持续和稳定,则是理论研究和制度建设常提常新的领域,值得不断地关注和讨论。

(责任编辑:王珂)

① [德]菲利普·黑克:《利益法学》,傅广宇译,商务印书馆 2016 年版,第 18 页。

【经济法实施】

经济公法视角下
行业处罚的类型构造*

谈　萧**

摘　要:从经济公法上分析,行业处罚是行业协会、职业协会等行业组织基于法律授权、行政委托或自治规范的公共权力,强制施加于违法或违规成员并减损其权利或利益的制裁措施。基于法律保留原则,行业组织可以设置除人身罚以外的申诫罚、财产罚、行为罚和资格罚4类处罚措施。这4类处罚措施在实践中有不同的表现形态和作用机制,有的处罚措施还可以进一步细分,在设置时需接受不同程度的法律保留原则之约束。尤为重要的是,在设置和实施不同类型的行业处罚措施时,必须依据"阶梯结构"或"规范密度"的法律保留原则予以层次化,且不得与竞争法、反垄断法等相抵触。

关键词:行业处罚;经济公法;处罚类型

在经济生活中,行业协会、职业协会、商人协会等行业组织运用处罚、处分或惩戒措施来维护行业秩序、职业纪律或团体利益较常见。所谓行业处罚,或称行业惩戒、行业处分,是指行业组织基于法律授权、行政委托或自治规范,强制施加于违法或违规成员并减损其权利或使其在行业中处于不利地位或状态的制裁措施。行业处罚不属于私行政,而是因国家向社会分权、国家与社会合作治理或社会自治产生的公共行政,因此其权力属性是公行政权。① 然而,现实中各种行业协会及其规章制度乃至相关法律

---

* 收稿日期:2020年9月24日。

本文是国家社科基金项目"商会调处商事纠纷法律问题研究"(13BFX100)、司法部国家法治与法学理论研究项目"劳动争议的行业处理机制研究"(14SFB20032)的成果之一。

** 法学博士,广东外语外贸大学法学院教授。

① 参见石佑启:《论协会处罚权的法律性质》,载《法商研究》2017年第2期。

规范却以各种不同的术语和条文表述这种制裁措施,其表现形式也纷繁复杂,如内部训诫、通报批评(内部通报)、赔礼道歉、公开检查、社会曝光、罚款(罚金)、赔偿、加入黑名单、取消会员资格(除名)等。表述混乱和形式繁杂的背后是行业处罚措施设置的随意和混乱,由此又引发处罚实施上损害会员合法权益或涉嫌不正当竞争或垄断等诸多问题。因此,有必要从学理上对行业处罚类型加以分析,厘定行业组织可以设置哪些处罚措施,并确立同一类型处罚措施的设定标准。通常而言,团体性较强的职业协会、行业协会等行业组织,会较多地运用处罚措施,因此本文主要分析职业协会和行业协会设置和实施的行业处罚措施。

一、行业处罚类型化的基础:经济公法

行业处罚多发生在经济性协会组织、管理、服务特定行业、职业的团体经济生活及其秩序的领域。作为一种法律现象,行业处罚属于社会公共权力的行使,具有经济行政的特征,应纳入经济公法中的经济行政法予以调整。"经济行政法由两个交叉的法律部门组成:经济法和行政法。其重点在'经济',即对经济进行管理。"①而对经济的管理,又必然涉及"行政"。因此,经济行政法被界定为"以干预、计划、监督、指导和支持基础设施和信息方面的经济现象为目的,对管理组织和行政机关的设立和活动进行调整,以及对经济生活的参与者与公共管理之间的法律关系进行调整的规范和措施的总和"。② 经济行政法所调整的经济行政,"在很大程度上还担负着一种使经济行政法得以完善的内部纪律处分之类的准司法责任"。③ 行业处罚无疑属于这种内部纪律处分的范畴。德国行政法将经济领域和自由职业领域的协会视为自我管理内部事务的同时承担国家任务的公法团体,它们可以执行间接国家行政事务。④ 在法国行政法上,"职业公会所作惩罚决定,被视为行政法院的判决",⑤日本行政法理论也认为,"经济性职能团体实施的独立行政,有时也称为自治行政即经济自治行政"。⑥ "从法律性质

① [德]罗尔夫·斯特博:《德国经济行政法》,苏颖霞、陈少康译,中国政法大学出版社1999年版,第10页。

② [德]罗尔夫·斯特博:《德国经济行政法》,苏颖霞、陈少康译,中国政法大学出版社1999年版,第12页。

③ [德]罗尔夫·斯特博:《德国经济行政法》,苏颖霞、陈少康译,中国政法大学出版社1999年版,第23页。

④ 参见[德]哈特穆特·毛雷尔:《行政法学总论》,高家伟译,法律出版社2000年版,第569~570页。

⑤ [法]让·里韦罗、[法]让·瓦利纳:《法国行政法》,鲁仁译,商务印书馆2008年版,第320页。

⑥ 杨建顺:《日本行政法通论》,中国法制出版社1998年版,第218页。

上看,协会处罚权完全具备公共行政权的所有特征,在权力属性上,其可以分解为来源于法律授权或行政委托的国家行政权,以及来源于协会自治规范的社会公行政权。”①我国《证券法》《律师法》《体育法》以及一些地方性法规(如《广东省行业协会条例》),就分别授予了证券业协会、律师协会、体育协会以及某些行业协会经济自治行政权;在法律实践中,一些协会或基于行政委托、或基于自治规范,而享有公共行政或公共治理意义上的处罚权。因此,无论是在法理上,还是在实证法上,行业处罚设置及其类型化的基础均是经济公法。

将行业处罚纳入经济公法的视野对其予以类型化分析,一个重要的前提性考量就是公法上的法律保留原则。如凯尔森所言,作为一种制裁手段,法律上处罚的根本内容是剥夺或限制权利。当制裁已在社会上组织起来,对破坏秩序所适用的灾祸就在于剥夺所有物(possession)——生命、健康、自由或财产。② 在一般行政法上,行政处罚会受到法律保留原则的限制,行业处罚作为特别行政法即经济行政法的调整范畴,自然不能在生命、健康、自由或财产等所有的权利领域予以设定和实施。行政法上的法律保留原则建立在某些基本权利不可让渡和自由处置的先验法理上,一个不证自明的法律观念是:像人身自由权这样的最基本权利,连自我都无权放弃,③更何谈契约让渡。故法律不仅要在人身自由的强制措施和处罚上进行立法保留,并且要求执法机关只有根据法律或通过法律才能对人身自由予以限制。德国经济公法理论就认为,作为公共行政主体,与其他行政机关一样,行业组织实施侵害基本权利的行为必须有特别的法律授权。④ 从行业自治的角度看,行业自治必须是法律规则下的一种治理方式,人类社会自有文明记录以来,还从未存在一个法律之外的自治空间。在现代社会,自治更是与法治一起共享以法治为基础的善治框架。因此,行业处罚在类型设定和构造上,必须接受法律保留原则以及所有其他公法原则的约束。

在一般行政法上,行政处罚除了人身罚外,还有申诫罚、财产罚、行为罚和资格罚 4 种基本类型。在经济公法或经济行政法上,行业处罚也可以纳入这 4 种基本类型的构造之中,但与行政处罚相比,每种行业处罚都可能有特别之处。同时,这 4 种类型的行业处罚依然会受到法律保留原则的约束,基本的约束可以按照德国行政法学理论概括为一个“阶梯结构”:“完全重要的事务需要议会法律独占调整;重要性小一些的事务也可以由法律规定的法令制定机关调整;一直到不重要的事务,不属于法律保留

---

① 石佑启:《论协会处罚权的法律性质》,载《法商研究》2017 年第 2 期。

② 参见[奥]凯尔森:《法与国家的一般理论》,沈宗灵译,中国大百科全书出版社 1995 年版,第 18 页。

③ 参见方洁:《社团处罚研究》,法律出版社 2009 年版,第 201 页。

④ 参见[德]乌茨·施利斯基:《经济公法》,喻文光译,法律出版社 2006 年版,第 142 ~ 143 页。

的范围”。①

二、行业处罚中的申诫罚

申诫罚又称精神罚、声誉罚,是指处罚者对违规者进行谴责和警戒,通过申明其有违规行为,并对其名誉、荣誉、信誉等施加影响,引起其精神上的痛苦,从而起到预防其再犯的作用。申诫罚建立在人类普遍的羞耻心之上,在古代刑罚实践中,曾经存在耻辱刑种类。因为人们总相信或希望规则是“良善的”,因此在社会心理上违规者被视为是“邪恶的”,而心理学将邪恶视为疾病且是百病之首,成年人若成了邪恶之病的受害者,必定无力逃遁。② “众口所毁,虽金石犹可消”,行业组织本身具有较强的封闭性,“普遍有羞耻感的族群将以有限的成本维持一个较高的合作水平并通过群体间选择得到扩张”,“羞耻于是成为一种节省成本的群内惩罚的方法”。③ 借助社会心理的评价机制,辅以行业组织便捷的内部传播途径,行业申诫罚具有国家行政申诫罚无法比拟的优势,能够迅速使违规者无力逃遁。这也是为什么绝大部分行业组织都会在其章程、行规等自治规范中规定警示提醒、批评教育、内部通报、公开曝光、公开谴责、信用降级等申诫罚的内容,并在实践中较多运用这一处罚形式。

申诫罚的心理威慑机制,对于自然人来说,是一种比较有效的处罚措施,因为羞耻心、荣誉感是自然人才拥有的心理,自然人对其名誉、荣誉往往比较重视。而在经济领域,行业组织的成员不局限于自然人,还包括企业或机构等作为经济组织的团体成员。

对施加于作为行业组织的团体成员的行业申诫罚,试举3例予以分析:

例1:广东JY律师事务所在与深圳市HSD投资控股有限公司存在法律服务关系期间,又指派本所其他律师出庭支持将深圳市HSD投资控股有限公司追加为被执行人的诉讼,存在利益冲突,构成违规。2015年7月20日,根据《深圳市律师协会会员违规行为处分细则》第10条第18项之规定,深圳市律师协会决定对广东JY律师事务所予以“通报批评”处分。经广东JY律师事务所申请,广东省律师协会复查后作出维持处分的决定。④

---

① [德]哈特穆特·毛雷尔:《行政法学总论》,高家伟译,法律出版社2000年版,第110页。

② 参见[美]史考特·派克:《邪恶心理学:真实面对谎言的本质》,游琬娟译,中国工人出版社2007年版,第119~124页。

③ [美]赫伯特·金迪斯、[美]萨缪·鲍尔斯等:《人类的趋社会性及其研究:一个超越经济学的经济分析》,浙江大学跨学科社会科学研究中心译,上海人民出版社2005年版,第63页。

④ 参见深圳市律师协会文件[深律纪字(2015)024号],载深圳律师协会网2016年1月18日,http://www.szlawyers.com/info/f0b11e93fc3b47efa335189ff7436012。

例2:2015年7月17日,代表超过1000个美国品牌的美国服装鞋类协会向阿里巴巴创始人、董事会主席马云发公开信,强烈谴责阿里巴巴的售假行为。公开信由该协会首席执行官朱厄妮塔·达根(Juanita Duggan)签署,她表示和阿里巴巴的多年讨论并未得到任何实质性结果,阿里巴巴旗下在线销售平台一如既往地售假严重。公开信指责阿里巴巴在接到品牌投诉时处理缓慢且不透明,这已是该协会过去3个月第二次公开对阿里巴巴售假问题进行指责。针对这些谴责,阿里巴巴保持一贯"官腔",称饱受售假抨击的公司"一直致力打假"。①

例3:2015年12月30日,中国种子协会公布了中国种子行业信用企业复查结果公告,因企业重组、经营许可到期未续办或未提供复查材料等原因,有11家企业的信用等级被取消。另经协会信用评价领导小组研究,10家涉及品种真实性不合格的信用企业,信用等级降低一个等级。其中有3家本已评级不高的企业被降级后,自愿放弃了信用等级。②

以上3例行业申诫罚中的违规者都是行业组织的团体成员,而不是个体成员。那么,前述建立在羞耻心利用的申诫罚还能奏效吗?虽然个体是唯一的意识单位,一切价值评估都以此为起点,但这并不能否认共同体对个体的影响,共同体的影响经过调整而进入个体,由个体潜在地,而不是外在地表达价值。③ 在法律上,团体人格和个体人格具有同构性,对团体人格进行申诫罚,依然是通过强制措施减损团体的人格。这种人格减损,在行业组织内部,能够通过声誉机制较好地将申诫罚的威慑和处罚目的实现。在市场领域,声誉信息是可以用来交换并能有效增进市场效率的。声誉信息在各个利益相关者之间交换、传播,提高了交易的透明度,降低了交易成本。④ 尽管市场组织(如企业等各种经营者组织)作为声誉的载体在声誉信息交换中起基础作用,但仍然需要一个第三方治理机制使声誉能更有效地形成。在市场组织与另一方尤其是其消费者进行博弈中,如果另一方处于弱势,那么无论是非合作博弈还是同等对待博弈,处于弱势的一方都会受到更大损失。这就需要一个第三方治理机制对非合

---

① 参见何丹琳:《美国服装鞋类协会给马云发公开信:阿里打假不力》,载搜狐网,http://news.sohu.com/20150720/n417100029.shtml。

② 参见中国种子协会文件《中国种子行业信用企业复查结果公告》[中种协字(2015)4号],载中国种子协会网2015年10月30日,http://www.cnsa.agri.gov.cn/sites/MainSite/Detail.aspx?StructID=4874。

③ 参见[澳]杰佛瑞·布伦南、[美]詹姆斯·M.布坎南:《宪政经济学》,冯克利、秋风等译,中国社会科学出版社2004年版,第25页。

④ See D. Kreps & J. Roberts, *Predation, Reputation, and Entry Deterrence*, Journal of Economic Theory, 1982, p. 280 - 312.

作方进行处罚,从而维持博弈均衡。[①] 行业申诫罚就是这样的一种能够有效维持博弈均衡的第三方治理机制。但是,行业申诫罚只能在交易秩序封闭的情况下才能有效,随着交易的不断扩展,这种处罚措施就会失效。这解释了为什么在例2中,美国服装鞋类协会的数次公开谴责阿里巴巴均予以无视。因为阿里巴巴作为全球仅次于谷歌的第二大互联网公司,其交易秩序透过互联网,已经是无边界的。在封闭世界(如例1)里非常奏效的申诫罚之声誉机制,已难以束缚住交易不断拓展的阿里巴巴。在例3中,有3家企业本身声誉信息价值不高,而以弱者的身份模仿例2中的强者阿里巴巴,无视申诫罚的声誉贬损威慑。当被处罚者因对声誉无所谓而自行退出声誉机制时,申诫罚的作用也会大打折扣。所以,还需要构造其他类型的行业处罚措施。

三、行业处罚中的财产罚

财产罚,是指使被处罚人的财产权利和利益受到损害的处罚,表现为要求违规者交纳一定数额的金钱或者一定数量的财产。行业财产罚规则通常使用的"罚款""罚金"概念,不能从私法上理解为违反契约的违约金,尤其是不能与私法上的惩罚性违约金和赔偿性违约金相混淆。私法上的惩罚性违约金和赔偿性违约金并不以损害发生为必要条件或者直接推定损害发生,[②]这与罚款和罚金有相似性,罚款和罚金是基于对存在违规行为的财产罚,而未必要求一定存在损害后果。但是,违约金是基于当事人对于违约所约定的一种私的制裁,故又称为违约罚,接受私法原则和规则的调整;罚款和罚金是基于当事人对于违反行业规范或职业准则所应承担的一种公的制裁,即使其违反的规范大多可能是自治规范,亦不能视为违约罚,而应接受公法原则和规则的调整。在实践中,有的行业组织在其自治规范中将"缴纳违约金"作为一种纪律处分类型,[③]或者将"罚款"与"赔偿"并用,[④]实际上就是混淆了违约金与罚金的概念。

行业处罚中的财产罚还必须与赔偿损失区分开来。赔偿损失依然是一个私法概念,是指因私法上的侵权行为或违约行为产生的侵权之债或违约之债。行业财产罚即使源于自治规范,也不具备债的属性,而是对不服从或不遵守自治规范的惩罚,同样只

---

① See P. R. Milgrom, D. North & B. R. Weingast, *The Role of Institutions in the Revival Trade: The law Merchant, Private Judges, and the Champagne Fairs*, Economics and Politics, 1990(2), p. 1 – 23.

② 参见韩世远:《合同法总论》,法律出版社2011年版,第659页。

③ 参见《中国证券投资基金业协会纪律处分实施办法(试行)》第5条、第6条。

④ 参见《苏州市豆制品行业行规公约》第21条。

能从经济公法角度加以理解。将行业财产罚理解为具有公法与私法相融合特征、介于行政处罚和民事违约罚之间的观点,[①]也是经不起推敲的。因为从理论的清晰度上分析,并不存在一个既是公法又是私法的模糊地带。

在经济公法上,行业组织能否自由设置财产罚,也是值得讨论的一个问题。从宪政经济学的角度考察,财产是自由的保证。[②] 古典自由主义思想家洛克也认为,未经本人同意,最高权力不能掠去任何人的财产的任何部分,因为保护财产是人们加入社会的目的。[③] 对于行业组织来说,申诫罚是可以自行创设的处罚类型,而财产罚由于涉及限制人的基本权利和自由,其设置则应受到"框架性"法律保留的限制,即必须由国家立法机关事先以法律的形式,对行业组织可以设置的处罚种类予以原则性规定,在满足授权明确性要求的前提下,由行业组织对处罚规则再予以具体化。[④]

对于行业处罚中的财产罚的设置原则,再试举3例予以分析:

例4:2015年11月1日中国足球协会甲级联赛第238场,武汉卓尔职业足球俱乐部以与青海海牛足球俱乐部黄海制药队的比赛在武汉新华路体育场进行。根据比赛监督报告、比赛录像、现场照片以及赛区情况说明等,比赛结束后,有球迷在看台上燃放冷烟火,造成不良影响。中国足球协会依据《关于禁止在足球赛场燃放冷烟火的通知》及《中国足球协会纪律准则》第83条之规定,作出如下处罚:对武汉赛区罚款人民币20,000元。[⑤]

例5:1999年6月中国农机协会农用车分会先后下发《关于实行全国农用车市场销售自律价的紧急通知》《全国三轮农用运输车市场销售自律价实施细则》《关于对违约经销单位进行处罚的紧急通知》,并要求会员企业于7月24日起严格执行。1999年8月中国农机协会农用车分会以违反协议、低于行业自律价销售为由,对山东高唐时风机械集团总公司等企业进行了处罚,其中时风集团被罚款80万元,并分摊农用车分会检查费用15.3万元。这一行业处罚事件在当时引发强烈的社会反应,后经国家计委介入调查,最终调查结论为:时风集团不存在《价格法》所禁止的低价倾销行为,中国农机协会农用车分会以企业不执行行业自律价为由,对企业实施强制性处罚的做法,不符合《价格法》和《行政处罚法》的规定,应立即予以纠正。中国农机协会农用车分会应立

---

① 参见方洁:《社团处罚研究》,法律出版社2009年版,第207页。

② 参见[美]查尔斯·K.罗利编:《财产权与民主的限度》,刘晓峰译,商务印书馆2007年版,第27页。

③ See J. Locke, *Two Treatises of Government*, Cambridge University Press, 1991, p. 360.

④ 参见谭九生:《职业协会惩戒权的公法规制论》,湘潭大学出版社2011年版,第136页。

⑤ 参见中国足球协会:《关于对武汉赛区(武汉卓尔主场)违规违纪的处罚决定》(足纪字2015132号)。

即停止对企业的处罚,退还已收取的罚款和分摊的检查费用。①

例6:娄某林为北京京深渔隆海鲜行的经营者,其加入了于2011年9月登记成立的北京市水产批发协会。该协会向其会员发放了《北京市水产批发行业协会手册》,其中“奖罚规定”第1条规定,“禁止会员不正当竞争,不按协会规定的销售价格折价销售扇贝的,经督查发现,一次罚款10,000元,奖励给举报者5000元”;第2条规定,“禁止会员向本协会会员所在的市场向非会员销售整件扇贝,发现串货的,一次罚款10,000元,奖励给举报者5000元”。娄某林认为上述“奖罚规定”侵害其合法权益,诉至法院,请求确认无效。一审、二审判决均认定上述“奖罚规定”是固定商品价格的规定,属于垄断协议,因违反《反垄断法》第13条第1项的强制性规定而无效。②

例4中的中国足球协会,在我国是较多使用财产罚的行业组织,通说认为,中国足球协会的财产罚设置权来自《体育法》第49条、第50条的规定。另根据《体育法》第31条第3款“全国单项体育竞赛由该项运动的全国性协会负责管理”之规定,中国足球协会作为事实上长期存在的中国足球运动行业及足球运动员职业管理机构,且有《体育法》上的处罚权授权依据,其制定并实施财产罚规则是符合法律保留原则的。但一般的行业协会,就应谨慎设置并运用财产罚。例5中的争议,就涉及这样的问题。

例5中,中国农机协会农用车分会通过制定自律价规则,并对违反该规则的会员企业予以处罚,其中核心问题有二。第一,《价格法》等法律并未授权行业协会可以对会员价格行为实施处罚,该例中的中国农机协会农用车分会也未受到行政委托行使行政处罚权,故其设置并实施财产罚的行为是违背法律保留原则的。第二,中国农机协会农用车分会处罚规则的制定并未经过会员民主决议,也未经过民主程序的充分协商。根据当时的新闻报道,1998年下半年,全国各行各业掀起一股实行“自律价”之风。特别是1998年9月10日国家经贸委下发《关于部分工业产品实行行业自律价的意见》之后,各种行业的价格自律宣言便应运而生,纷纷打出实行“自律价”的旗号。截至10月上旬,确定实行“自律价”的商品品种已有平板玻璃、轿车、农用车、新闻纸、烧碱、轮胎、棉细纱机等20多个。而中国农机协会农用车分会正是在这股“自律价”风潮中自行推出行业自律价的。③ 未经成员充分协商且民主表决的行业规则,显然不具备行业自治规范属性,更遑论接受法治原则的审查。

① 参见国家计委经济政策协调司:《行业自律价不等于最低限价——关于山东时风集团被罚80万元有关情况的调查》,载《价格理论与实践》1998年第11期。

② 北京市高级人民法院民事判决书,(2013)高民终字第4325号。

③ 参见李书田、董秋立等:《时风集团与“自律价”风波》,载《山东经济战略研究》1999年第1期。

例6中,北京市水产批发行业协会有关财产罚规范中的"条件假定"部分规定,不具有合法性。《北京市水产批发行业协会手册》第1条"禁止会员不正当竞争,不按协会规定的销售价格折价销售扇贝的"表述,属于固定商品价格;第2条"禁止会员向本协会会员所在的市场向非会员销售整件扇贝"表述,在本质上具有排除、限制竞争的效果。《反垄断法》禁止具有竞争关系的经营者达成固定或者变更商品价格的垄断协议。上述行业处罚因为违反了《反垄断法》的强制性规定,而被法院认定无效。可见,行业处罚中的财产罚设置除要符合法律保留原则外,还不得与竞争法相冲突。

四、行业处罚中的行为罚

行为罚又称能力罚,是指限制或剥夺违规者某些特定行为能力或资格,或强制要求违规者完成某种行为或接受某种行为的处罚。行业处罚中的行为罚形式很多,现列举一些行业组织的行为罚措施:(1)中国证券业协会——责令参加强制培训、责令整改、责令所在机构给予处理、暂停执业、注销执业证书等;[①](2)中国足球协会——罚令出场(红牌)、停赛、禁止进入运动员休息室和/或替补席、禁止进入体育场(馆)、禁止转会、禁止从事任何与足球有关的活动、禁止在某体育场(馆)比赛、退回奖项、进行无观众的比赛、在中立场地进行比赛、限制引进外籍运动员等;[②](3)中国证券投资基金业协会——要求限期整改、暂停受理或办理相关业务、要求其他会员暂停与其的业务、撤销管理人登记、要求参加强制培训等;[③](4)广东省食品行业协会——向政府行政执法部门建议停业整顿、吊销证照或移交政府司法部门处理等;[④](5)湖南省司法鉴定协会——责令作出书面检查、责令限期整改、向司法行政机关提出行政处罚建议、移送司法机关依法追究刑事责任等。[⑤] 通过以上列举,我们可以将行业组织的行为罚进一步分为4种类型,即强制行为罚、建议处理罚、市场禁入罚和集体抵制罚。

(一)强制行为罚与建议处理罚

强制行为罚,是指要求违规会员必须完成某项行为或强行限制某项行为以抵消或改善其违规行为所带来的不良后果的处罚,上述列举的责令书面检查、责令限期整改、责令参加强制培训、退回奖项、进行无观众的比赛、在中立场地进行比赛、限制引进外

---

① 参见《中国证券业协会自律管理措施和纪律处分实施办法》第9条至第10条、第13条至第16条、第20条至第21条。

② 参见《中国足球协会纪律准则》第12条至第14条。

③ 参见《中国证券投资基金业协会纪律处分实施办法(试行)》第5条至第6条。

④ 参见《广东省食品行业协会行业自律管理奖惩办法(试行)》第12条。

⑤ 参见《湖南省司法鉴定协会会员执业违规行为惩戒办法(试行)》第6条。

籍运动员等,即属于这种行为罚。建议处理罚,是指建议有权处理的机关或机构对违规行为予以处理的惩戒,上述列举的责令所在机构给予处理、向政府行政执法部门建议停业整顿、吊销证照等或移交政府司法部门处理、司法行政机关提出行政处罚建议、移送司法机关依法追究刑事责任等,即属于这种惩戒措施。如前所述,行业处罚的权力来源有3种:即法律授权、行政委托及自治规范。当协会无法律授权、行政委托或自治规范的处罚权来源依据时,对于违规者,其建议有权机构或机关予以处理,也不失为一种较具威慑性的惩戒。因为行业协会作为一种社会公共治理组织,在掌握社会公共治理信息上更便利,其对违规行为的处理建议一般会得到有权机构或机关的高度重视,这也从一个侧面在行业内部实现了惩戒违规者的目的。强制行为罚和建议处理罚不涉及法律保留问题,因此不需要展开讨论。需要深入讨论的是市场禁入罚和集体抵制罚。

(二)市场禁入罚

市场禁入罚又称从业禁止罚,是指行业组织临时或永久禁止违规者在特定市场领域、职业领域从业或在特定区域或场所活动的处罚。以上列举的暂停执业、注销执业证书、罚令出场(红牌)、停赛、禁止进入运动员休息室和/或替补席、禁止进入体育场(馆)、禁止转会、禁止从事任何与足球有关的活动、禁止在某体育场(馆)比赛、暂停受理或办理相关业务、撤销管理人登记等,即属于这种类型的行为罚。市场禁入罚直接限制了违规者的市场自由和工作自由,能否由协会行使争论颇大。一些自由主义者看来,市场禁入严重限制了违规者的职业自由,因而应当主要由公共机构行使,如果由协会行使,也应该受到更大程度的监管。① 在刑法理论上,有前科者的从业禁止只能采取刑罚和保安处分两种形式。② 从实践中看,市场禁入罚多为一些垄断性行业组织所采用,其适用情形必须是违规者之违规事项对整个行业造成了极大的损失,以致不禁入不足以息众怒。③ 根据法律保留原则,市场禁入属于对人的基本自由有一定影响的处罚措施,实施此种处罚的协会需有法律上的授权并有严格的规则限制。德国经济行政法理论就认为,由于经济行政法范围内国家权力的转让,除非根据德国《基本法》的相关规定,立法者可以把选择职业和从事职业的规定的解释权让与工商业联合会,议会保留权仍然有效,因为立法者即使在本身就允许自治的情况下,也不允许完全放弃自

---

① See Robert Heidt, *Industry Self-regulation and Useless Concept "Group Boycott"*, 39 Vand, L. Rev. 1507 (Ⅲ). 转引自鲁篱:《行业协会经济自治权研究》,法律出版社2003年版,第204页。

② 参见叶良芳:《禁止令的法律性质及其司法适用——最高人民法院第14号指导案例评析》,载《浙江学刊》2014年第4期。

③ 参见鲁篱:《行业协会经济自治权研究》,法律出版社2003年版,第205页。

己的立法权限,立法者必须决定,个人的自由权对共同利益是否以及在多大程度上必须作出退让。①

关于行业组织的市场禁入罚,试举一例予以分析:

例7:2015年1月30日,中国证券投资基金业协会宣布拟对上银基金等7家公司从2015年2月16日起采取暂停备案3个月的纪律处分,并下达了事先告知书。在申请复核的截止期限内,除瑞元资本外,上银基金等6家公司均向该会提出复核申请。该会自律监察委员会依规组成复核小组进行了案件复核。经自律监察委员会复核并报会长办公会通过,该会决定对上银基金等4家公司采取暂停备案3个月的纪律处分,依规减轻对九泰基金、兴业全球的纪律处分,对九泰基金采取暂停备案两个月的纪律处分,对兴业全球采取暂停1个月备案的纪律处分。首誉光控的有关问题需要进一步核实。有关纪律处分决定全文在该会网站上公布。②

在例7中,中国证券投资基金业协会是法律授权的行业自律机构并被授予纪律处分权,③因而其行使市场禁入罚是符合法律保留原则的。即使如此,该会实施市场禁入罚还是设置了较充分的程序性保障,包括事先告知、内部复议以及事后公开等处罚程序。

(三)集体抵制罚

集体抵制罚,是指行业组织要求其所有会员共同拒绝与违规会员进行交易或业务往来的处罚。这种处罚措施在行业组织的公共治理活动中运用得较普遍。前文列举的中国证券投资基金协会的"要求其他会员暂停与其的业务"措施,以及一些地方立法和地方政府规章层面的行业协会法规上规定的"同业制裁""经济制裁"等惩戒措施,即属于集体抵制罚的范畴。集体抵制作为一个法律用语,与国际法上的经济制裁概念较相似。在联合国的实践中,经济制裁,是指根据联合国宪章联合成员方采用断绝外交关系以外的非武力强制措施对某成员方实行经济交往上的歧视性限制,包括经济交往的完全禁止,其基本特征是通过物质剥夺给目标行为体造成一定经济痛苦,从而达到一定的政策目标。④ 行业组织的集体抵制罚的基本特征也是对违规成员营业自由或交换自由进行限制从而使其遭受经济痛苦,与市场禁入罚是从积极层面限制违规者的行

---

① 参见[德]罗尔夫·斯特博:《德国经济行政法》,中国政法大学出版社1999年版,第72~73页。

② 参见赵学毅:《中基协对上银九泰兴全等6公司执行纪律处分》,载新浪网,http://finance.sina.com.cn/money/fund/20150217/071521569611.shtml。

③ 参见《证券投资基金法》第108条、第111条。

④ 参见邵亚楼:《国际经济制裁:历史演进与理论探析》,上海社会科学院2008年博士学位论文,第10~11页。

为不同,它是从消极层面限制违规者的行为。在美国,集体抵制早期被认为是违法的,但20世纪80年代以后,人们逐渐发现集体抵制具有效率上的经济合理性和自治上的现实必要性,司法判例于是开始主张用合理原则(rule of reason)来判断集体抵制措施的合法性。[①]

集体抵制罚必须与限制竞争划清界限,否则会偏离罚的功能而引发争议。试举一例予以分析:

例8:2005年年初,广州市一家名为“眼镜直通车”的眼镜店在报纸上连日刊登与同行通行价对比的“价格公示”,并只以同行眼镜店价格的1/2至1/5销售相同档次的产品。2005年2月1日,广州市眼镜商会发出《致全体零售商与批发商的一封信》,呼吁会员撤下与“眼镜直通车”所销售产品相同的品牌并共同进行抵制。“眼镜直通车”认为眼镜商会发信行为构成不正当竞争,由于商会并不属于《反不正当竞争法》适用的两类主体:政府及其所属部门;从事商品经营或者营利性服务的法人、其他经济组织和个人,“眼镜直通车”经营者遂以自然人名义起诉广州市眼镜商会名誉侵权。广州市越秀区人民法院经审理后认为,眼镜商会之所以发出《致全体零售商和批发商的一封信》,是因为对原告在报纸上刊登眼镜价格的行为不满,从而通过发信来表述自己对此问题的看法。虽然商会发出信件的形式以及在信中呼吁共同抵制原告经营的做法有违市场公平竞争原则,但由于其在信中只是表述了对原告经营方式不满的观点,以及仅在内部向会员提出抵制的呼吁,而并没有故意捏造事实或存在对原告进行人格上侮辱的表述,所以该信件的实质内容并没有构成对原告名誉权的损害。据此,法院驳回了原告的诉讼请求。[②]

在该案中,广州市眼镜商会的集体抵制行为显然超出了行业处罚的界限,尽管原告的名誉侵权诉求未得到法院的支持,但法院也明确指出该商会的共同抵制有违市场公平竞争的原则。按照此案发生3年后实施的《反垄断法》的规定:行业协会不得组织本行业的经营者从事反垄断法禁止的排除、限制竞争的协议、决定或者其他协同行为,[③]广州市眼镜商会的集体抵制就构成限制竞争的垄断行为。因此,协会在设置和实施集体抵制罚这一类型的行为罚时,必须是针对违规者的真实违规行为,而不能有损自由竞争。

---

① 参见鲁篱:《行业协会经济自治权研究》,法律出版社2003年版,第202页。

② 参见刘显仁、王俊、林晓丽:《“眼镜直通车”被判败诉》,载搜狐新闻网,http://news.sohu.com/20050414/n225188821.shtml。

③ 参见《反垄断法》第16条。

五、行业处罚中的资格罚

资格罚,是指限制或剥夺违规者在协会活动中某项权利或特定资格的处罚。典型的行业组织资格罚措施有:(1)中国足球协会的取消比赛资格、取消注册资格、取消比赛结果、比分作废、扣分、降级、减少转会名额等;①(2)中国证券业协会的暂停或者取消协会授予的业务资格、暂停部分会员权利、取消会员资格等;②(3)中国证券投资基金协会的暂停部分会员权利、暂停会员资格、取消会员资格、认为不适当人选、暂停基金从业资格、取消基金从业资格等。③

资格罚的本质是使违规者丧失某项权利或资格的全部或部分,因此其在经济行政法上的法律基础是失权制度。在经济行政法上,行政失权的主要表现形式就是资格罚。国内首次系统研究行政失权的华燕博士对失权概念进行了系统梳理,她认为,失权包括"权利失效"意义上的失权和"人格减等"意义上的失权。前者是权利本身的丧失,即失权人虽仍有资格提出某利益主张,但该权利因不再受法律保障而难以具有实效;后者是权利能力的丧失,其最终效果表现为失权人法律地位的降低,实质上是一种法律上负身份的产生。"人格减等"意义上的失权制度的设立,其意不仅在于惩戒行为人本人,而更在于对某种公共利益或客观秩序(如市场交易安全)的维系与保障。当"失权"所失为"权利"时,其强调的是对现实利益的剥夺,是"把已做成的事情取消掉";而当所失为"权利能力"时,则使受罚者在未做某事之前就面向将来的不能做它,其直接剥夺了相关一切行为的可能性。④ 按照这样的类型化处理,行业组织的资格罚也可以分为"权利失效"意义上的资格罚和"人格减等"意义上的资格罚。上述列举中的取消比赛结果、比分作废、扣分、降级、减少转会名额等,属于"权利失效"意义上的资格罚;而取消比赛资格、取消注册资格、暂停或者取消协会授予的业务资格、暂停部分会员权利、取消会员资格、认为不适当人选、暂停基金从业资格、取消基金从业资格等,则属于"人格减等"意义上的资格罚。

从处罚力度上看,"权利失效"意义上的资格罚对当事人权益的减损较轻,一般适用于法律保留原则约束结构中的"不重要的事务",因而不属于法律保留的范围,行业组织基于法律下的自治即可设置和实施该类资格罚。而"人格减等"意义的资格罚,处罚力度相对较重,且在一定程度上剥夺了一切相关行为的可能性,对当事人的影响更

① 参见《中国足球协会纪律准则》第12条至第14条。

② 参见《中国证券业协会自律管理措施和纪律处分实施办法》第17条。

③ 参见《中国证券投资基金业协会纪律处分实施办法(试行)》第5条至第6条。

④ 参见华燕:《行政失权问题研究》,苏州大学2014年博士学位论文,第19~22页。

具有破坏性和杀伤力,故其设置和实施须接受法律保留原则的检验。

行业处罚领域的“人格减等”意义上的资格罚,又可以细分为对执业自由资格的限制和对结社自由资格的限制。执业自由包括职业选择自由和职业执行自由。职业选择自由显然属于宪法保留的事项,是基本的公民权利,行业组织资格罚无权限制或剥夺。大量的行业组织资格罚都会涉及对职业执行自由资格的处理。行业组织资格罚能够作用于职业执行自由是有社会学理据的。涂尔干认为,职业伦理不是所有社会成员共用的伦理,因为理论上,每个社会成员只有一个天职,医生对病人说谎有时是必须的,但换作另外一个职业,说谎就是绝对不道德的。因此,必须要有各种专业群体来将同一职业的个体和群体结合起来,包含并保证职业伦理得到遵守,职业伦理的每个分支都是职业群体的产物。职业群体统摄其成员的权威越大,个体之间的联系就越紧密,观念和情感交流就越多。① 但是,职业执行自由毕竟与职业选择自由紧密相连,没有执行自由,选择自由徒有其表,公民的基本生存权也会受到威胁。因此,行业组织资格罚作用于职业执行自由时,必须受到法律保留原则的规制。基于“规范密度”或“阶梯结构”的法律保留原则,行业组织资格罚在职业执行自由资格领域设置时,应遵循如下的阶层思维予以构造:第一阶层,对于职业执行自由的限制,基于公益的合理考量,具有合目的性者,即具有正当性;第二阶层,对于职业选择自由的主观许可限制,须为保护特别重要的社会利益,始具正当性;第三阶层,对于职业选择自由的客观许可限制,仅防止特别重要的社会利益受到可资证明或极可能发生的严重危害,始得为之。②

结社自由是个人仅次于行动自由且是基于人之本性的自由,因为个人唯有通过结社,才能克服个体的不足与无助。在一般情况下,结社自由唯有宪法才得以限制。行业组织资格罚在结社自由领域设置时,必须接受最严格的法律限制。例如,暂停会员资格、取消会员资格或除名等资格处罚,必须是会员严重违规并足以破坏整个行业的生存秩序时,才得以实施。因为,从终极意义上讲,行业组织存在之目的,就在于通过社会连带关系协助会员克服其个体局限性。一旦被暂停会员资格或取消会员资格,势必将会员重新置于个体无助的境地,这种处罚就其严厉性和残酷性而言,是无以复加的。按照“规范密度”和“阶梯结构”的法律保留原则,行业组织资格罚在结社自由限制领域设置时,必须遵循如下阶层思维予以构造:第一阶层,个人加入或退出行业组织的

---

① 参见[法]爱弥尔·涂尔干:《职业伦理与公民道德》,渠敬东、付德根译,上海人民出版社 2001 年版,第 6 ~ 10 页。

② 参见李建良:《经济管制的平等思维——兼评大法官有关职业暨营业自由之宪法解释》,载《政大法学评论》2008 年第 102 期。

自由资格,不得设置资格罚措施,必须交由法律设定;第二阶层,国家法律法规授权在全国范围或某一特定区域独占性或垄断性设置的行业组织,不得以行业处罚规则设置暂停会员资格或取消会员资格的处罚措施,因为鉴于这类行业组织的独占性和垄断性,实施此类资格罚等于完全剥夺了相对人的结社自由,如果必须设置此类资格罚措施,至少应在行政法规层面设置;第三阶层,非独占性或垄断性的行业组织,可以设置暂停会员资格或取消会员资格的处罚措施,但对于取消会员资格的措施,必须严格依照法治原则中的程序正义要求来设置。

六、结语

现实经济生活中,各种行业协会、职业协会等行业组织屡屡运用处罚或惩戒措施,其名目繁多,形态各异。目前的经济法理论和行政法理论均未对纷繁复杂的行业处罚措施予以类型化分析,在制定法层面更是缺乏清晰的法律规范,这既导致在实践中协会随意设置处罚措施,侵害会员合法权益,同时也使受处罚的会员难以寻求法律救济。站在经济公法的立场,可以明确行业处罚属于经济领域的公共行政行为,其不仅应受到公法上的法律保留原则限制,更应接受行政处罚类型化规则的检验和调整。同时,基于经济自由、职业自由等基本的经济公法或经济法原则,行业组织在某些类型处罚措施的设置上,亦不能任意为之。竞争法、反垄断法等法律制度,也为行业处罚措施设置提供了必要的限制条件。因此,行业处罚措施在类型构造上,首先不得超出法律保留的基本权利限制范畴,只能在申诫罚、财产罚、行为罚、资格罚 4 种处罚类型范围内设置,其次不得因损害法律上的经济自由、职业自由原则而构成限制竞争行为或垄断行为。

(责任编辑:游紫薇)

经济法司法审判中公共政策的引入与创制

陶鹏远 *

摘　要:“世界星辉案”两审均适用《反不正当竞争法》的一般条款,却作出了截然不同的裁判,其根源在于裁判背后不同的公共政策导向,即竞争自由、经济创新的公共政策与产业发展、长远经济效率的公共政策的较量。司法中考量公共政策会带来不确定性,但经济法天然具有政策性,与公共政策具有共同的价值理念,传统司法理论也与经济法司法审判不合时宜,这就决定了在处理经济法纠纷时考量公共政策的正当性。经济法司法审判中引入公共政策,需要超越法律文本,通过后果论证和利益衡量选择适当的公共政策,又不能与法律文本脱节,将公共政策作为一种变量和检验方法,用镜面模型将该公共政策内化于法律解释之中。法院在应对社会公共利益问题时,引入公共政策作出裁判的本质就是在创制公共政策,法院创制新的公共政策是经济法司法审判的必然产物。法院还会通过司法审查、发布司法解释相关文件等其他次要方式创制新的公共政策,规制经济和治理社会。

关键词:“世界星辉案”;公共政策;经济法司法理论;司法规制;后果主义;利益衡量

一、前言

2018 年 1 月北京市朝阳区人民法院作出了“深圳市腾讯计算机系统有限公司(以下简称腾讯公司)与北京世界星辉科技有限责任公司(以下简称世界星辉)不正当竞争纠纷案”(以下简称“世界星辉案”)的一审裁判,认定互联网屏蔽广告不构成不正当竞争行为,打破了以往互联网广告屏蔽案件均被认定为不正当竞争行为的惯例,响应了学界反不正当竞争法应立足制止不正当竞争行为、促进竞争自由的呼声。但在 2018 年 12 月的二审中,北京市知识产权法院作出改判,遵照互联网广告屏蔽案的先例,认定世

---

* 北京大学法学院法理学专业硕士研究生。

界星辉构成不正当竞争行为。“世界星辉案”改判的背后,更多的是考量相关公共政策因素,从案件后果与市场影响出发作出裁判。

公共政策考量是经济法司法裁判中的一种重要思维方式,这种价值与道德判断要求法院发挥能动性。法外因素与社会科学往往发挥独特的功效,这一点被众多法理学者所提出,社科法学视角下强调后果导向的司法裁判,在与法教义学的论辩之中,相关研究不断深入,成为法学方法论研究的新路径。这一司法裁判的本质就是诸如公共政策的法外因素等会对裁判产生影响,但这一问题还尚未引起部门法学者的高度重视。在与公共政策联系最密切的经济法研究中,由于经济法的主要实施模式为行政实施。因此,长期以来经济法的司法实施模式研究是一个短板,较少学者对公共政策如何影响经济法司法审判、审判中如何与公共政策相衔接等问题展开研究。

此外,有些经济案件裁判本身也是公共政策创制的结果,能发挥案例群的导向作用。法院会改正某项与当下价值追求相悖的政策,制定出社会空缺的公共政策。这种现象也被学界观察到,从早期的司法能动研究,到提出公共政策法院的概念,[①]本质上都是在讨论法院创制公共政策这一问题,但对于法院创制公共政策的正当性(尤其在经济法司法审判中)以及如何创制缺乏系统性的反思。

法院引入与创制公共政策,已经成为国家干预与规制经济的一种重要手段,丰富了经济法实施方式的内涵。本文从“世界星辉案”的两个审判结果谈起,从个案中提炼经济法司法案件中公共政策考量理论,探究公共政策对司法的法治建构及法院创制公共政策的功能。

二、“世界星辉案”改判背后的公共政策导向

20 世纪 50 年代公共政策作为一门独立科学形态出现,[②]学者从不同角度提出了各自不同的定义。本文所说的公共政策,是指国家机关通过对社会公共利益的衡量与分配,为实现社会正义与经济效率作出的决策与行为准则,其中的国家机关主要是政府部门,但司法机关也可以引入或创制公共政策,发挥分配正义的规制职能。

“世界星辉案”中,腾讯公司认为,世界星辉使用屏蔽广告软件侵犯了自己的经营收益权,以《反不正当竞争法》第 2 条违反诚实信用原则及公认的商业道德之规定提起

---

① 比如,国内学者的研究成果中,将司法机关裁判与公共政策联系紧密的是侯猛的《中国最高人民法院研究:以司法的影响力切入》,论述最高人民法院的规制经济功能以及对市场产生的影响;张友连的《最高人民法院公共政策创制功能研究》,论述最高人民法院创制公共政策的正当性以及分析对弱者保护的影响等。

② 1951 年,美国学者拉斯维尔和丹尼尔·勒纳合并发表了《政策科学:范围与方法之最近发展》一书,该书标志着现代政策科学系统理论的诞生。

诉讼。一审抗辩中,世界星辉认为“免费+广告”的经营模式不属于法律保护的利益,广告拦截不必然导致视频网站商业利益减损,即使利益受损,也属于正常商业竞争的结果。屏蔽广告技术针对的并非只是腾讯公司。一审法院通过认定,“世界星辉公司运营的浏览器页面上没有任何的过滤广告的显示、提示,不能直接、简单获取‘广告屏蔽’的选项,同时需要用户进行选择”,判定不造成直接针对性的损害,认定行为正当,提出“这是科技进步带来的成果、实惠,网络用户有权利享受它。促进商业模式的改变和技术创新,实现网络用户福利最大化,以此实现公众利益,这恰恰是市场机制的正常运行原理和趋势”。①

二审法院通过常识性判定扭转了一审的局面,认为“被诉行为显然属于一种主动采取措施直接干涉、插手他人经营的不正当竞争行为,侵犯商业道德,同时导致合法有序的市场竞争秩序无法形成”,②强调社会公共利益中经营者利益以及消费者长期福利的损害。

两审法院同样适用《反不正当竞争法》第2条,却作出截然不同的判决,实质上是超越法律文本,通过价值衡量与后果判断,考量公共政策所形成的裁判。《反不正当竞争法》第2条作为一般条款,其开放性与抽象性赋予了法院自由裁量的权力,在互联网领域新型复杂的社会关系中被频繁适用。

(一)一审背后的公共政策

“世界星辉案”一审判决背后是竞争自由与经济创新的公共政策导向。一审法院强调,世界星辉行为的不正当性必须要在市场竞争的语境下去评定,从市场竞争具有天然的损人利己性出发,扭转了以往法院在互联网广告屏蔽案件中固守侵权认定范式的局面,③作出了反不正当竞争法的行为主义判定。

一审法院认为,市场竞争是一个优胜劣汰的过程,世界星辉的广告屏蔽技术带来的竞争性损害是中性的。《反不正当竞争法》一般条款具有开放性,法院在对经营模式是否给予保护时要谨慎,保障市场竞争的充分性。世界星辉的广告屏蔽软件是市场自发秩序中技术进步的产物,虽然视频网站的广告浏览次数减少,但视频网站的“免费+广告”模式并非唯一发展模式,世界星辉的屏蔽行为并不会对市场造成根本性干扰,并不会影响视频网站经营者的根本生存,“任何经营者均不负有尊重他人的商业模式、维

---

① 参见北京市朝阳区人民法院民事判决书,(2017)京0105民初70786号。

② 参见北京知识产权法院:(2018)京73民终558号。

③ 我国相关裁判通常都是先分析“免费+广告”商业模式的可保护性,被告的主观状态(故意或恶意)以及被告行为对原告利益的损害性,据此认定构成不正当竞争行为,显然是一种权利保护式或者一般侵权式的判断思维,并未恰当体现与此类竞争相适应的价值和特性。

护其他经营者的利益的义务”。

一审法院重点保护了世界星辉这一技术创新者的利益，追求实现自由竞争政策中经济和社会均衡的自然规律，“任何人不应当有足以压倒别人自由那么大的权力，或者以假自由为借口限制真自由。来自竞争的繁荣是实现全民繁荣目标的途径。”①一审法院认为，世界星辉的广告屏蔽软件能够带来技术进步，促使视频产业中商业模式改变，利于实现互联网产业发展中的福利最大化。熊彼特（Joseph Alois Schumpeter）所描述的市场竞争“是一场革命的历史”，经济发展的核心就是“创造性破坏”。② 一审法院以促进技术创新的公共政策为导向，提出损害中性，认定世界星辉不存在主观恶意的不正当行为。这种广告过滤功能不会造成直接针对性的特定损害，以腾讯公司为代表的视频网站经营者，应顺应技术带来的创造性破坏，调整“免费+广告”的商业模式，在动态失衡的发展中创新发展。

一审中的另一公共政策导向是对消费者群体利益的维护，互联网产业中的社会公共利益主要是网络用户的利益。在一般意义上的市场规制中，给予消费者倾斜保护是一项公认的公共政策。③ 互联网广告屏蔽案中出现了三方主体：视频网站的经营者、开发屏蔽软件的经营者与消费者。与消费者权益保护法中的个别消费者概念不同，竞争法中的消费者更多是一般意义上的消费者，可以用消费者剩余来指称。④ 在互联网不正当竞争行为中，流量竞争决定了消费者地位的重要性。消费者对广告屏蔽功能的软件具有现实需求，通过减少支付观看费用，降低了经济成本。

综合上述因素考量，一审法院在形式法治框架下，对《反不正当竞争法》第2条的商业道德以及诚实信用原则作出了说明，作出了世界星辉行为正当性的判定。

（二）二审背后的公共政策

“世界星辉案”改判是二审中出于对产业发展与长远经济效率的考量。司法机关规制经济活动，延伸了政府制定的产业政策，起到宏观调控的作用。⑤ 二审法院从后果

---

① ［西德］路德维希·艾哈德：《来自竞争的繁荣》，祝世康、穆家骥译，商务印书馆1983年版，第13页。

② 参见［美］约瑟夫·熊彼特：《资本主义、社会主义与民主》，吴克峰、王方舟、高晓宇译，江苏人民出版社2017年版，第101页。

③ 参见张友连：《论指导性案例中的公共政策因素——以弱者保护为例》，载《法学论坛》2018年第5期。

④ 参见刘继峰：《竞争法中的消费者标准》，载《政法论坛》2009年第5期。

⑤ 产业政策一般是指一国政府为了促进本国经济发展，根据产业发展规律的客观要求，综合运用经济、法律以及行政手段以调整产业关系，维护产业运行，促进产业发展，达到对社会资源的最优配置，调整产业经济活动的一种政策导向。

主义考量,视频网站“免费 + 广告”经营模式在目前是一种固定模式,倘若判世界星辉方胜诉,会冲击整个互联网企业的发展,为了维护产业结构的市场适应性与自身协调性,二审法院认定世界星辉广告屏蔽行为不正当,“仅仅依据常识”判定这种直接干涉行为违反了“最为基本且无须论证的商业道德”,这一认定过程背后是法官在不确定状况下的决策,在无法预测裁判对产业发展的后果时,选择保护固有发展模式,维护产业发展的稳定性。

二审法院通过对社会总福利的分析,对经济秩序进行解释,暗含了提升长远经济效率的公共政策因素。腾讯公司及世界星辉公司提交相关经济学分析报告,对公共利益重新进行鉴定,除一审中提到的网络用户的利益外,还应该包括消费者的利益和经济活动中其他参与者的利益(见表 1)。

表 1　互联网广告屏蔽案件中利益主体的衡量

利益主体	影响
视频平台经营者	不能达到盈亏平衡
消费者	长期来看消费者福利下降
浏览器经营者	获利建立在损害网络视频行业的基础上,未创造社会总福利
实体产业	广告竞争更激烈,实体产业交易机会减少,最终成本转嫁到消费者

二审法院纠正了一审对社会公共利益的认定,强调经营者利益受损会使整个互联网视频行业福利下降,不利于互联网经济效率的长远提升。如表 1 所示,对视频平台经营者的打击是最直接的,视频平台经营者不能达到盈亏平衡。从短期来看,互联网广告屏蔽可能会对消费者有利,但从长期来看,视频网站经营者最终会将成本转嫁到消费者,由于视频网站行业局面难以维系,用户利益最终也会受到损害。对浏览器经营者来说,其获利建立在损害网络视频行业的基础上,未创造社会总福利。由于广告竞争更激烈,实体产业交易机会减少,最终成本转嫁到消费者,不利于实体产业的整体发展。

在社会转型与市场经济发展面前,具体的法律规则可能难以调整技术发展带来的创造性毁灭,理性构建主义在竞争规则的制定上显得力不从心,法院选择抽象性规则作为一种工具,解释公共政策,“维护一种不断展开的行动秩序”。[①]

---

① 参见[英]弗里德里希·冯·哈耶克:《自由主义原理》,邓正来译,三联书店 1997 年版,第 76 页;[英]弗里德利希·冯·哈耶克:《法律、立法与自由》第 1 卷,邓正来等译,中国大百科全书出版社 2000 年版,第 158 ~ 161 页。

（三）改判引发的问题反思

“世界星辉案”两审均适用一般条款作出相反认定的根源，在于裁判背后不同公共政策的导向，即一审裁判中竞争自由政策、经济创新与技术促进政策、消费者利益维护政策，与二审裁判中产业发展政策、长远经济效率提升政策的较量。这也正折射出了经济法司法纠纷中受相关法外因素影响而存在的问题（见表2）。

表2 “世界星辉案”两审中不同的公共政策导向

一审	二审
竞争自由政策	产业发展政策
经济创新与技术促进政策	长远经济效率提升政策
消费者利益维护政策	—

“经济法纠纷”一词最早由漆多俊在《接近司法——经济法的诉讼问题》一文中提出，之前普遍使用“经济纠纷”一词。[①] “经济纠纷”概念产生于“大经济法”时期，随着“大经济法”学说被否定，相关的“经济纠纷”“经济立法”“经济司法”“经济责任”等概念应该被替换，避免“经济”一词因其广泛含义而产生歧义。“经济法纠纷”包括调制主体与被调制受体之间、调制受体之间、调制主体之间的三大类纠纷，本文从“世界星辉案”切入，关注的是反不正当竞争诉讼中调制受体之间的“经济法纠纷”的司法解决。

经济法主要分为市场监管法与宏观调控法，横向主体与纵向主体之间的纠纷大多通过行政监督方式解决，宏观调控法主要的实施方式是行政执法，对政府的市场监管与宏观调控能否进行司法审查仍有争议。[②] 市场监管法规定了横向市场主体之间的权利义务，纠纷产生时可以通过司法实施进行调整，法院在规制中发挥重要功能。在市场监管法中，消费者权益保护法更多是对民法的补充，强调对消费者弱势群体的个人保护，也是公共政策的应有之义。但公共政策在司法中的考量与竞争法的联系更密切。

经济法是传统法调整对象的异化，在传统民法案件中，判决结果一般只影响当事人，经济法案件中，除双方当事人外，还需考量作为不特定第三人的社会公共利益群体，判决的影响会溢出司法过程，对一方当事人背后的利益群体、产业发展、市场经济

① 参见王新红：《经济法纠纷司法解决机制研究》，中国法制出版社2006年版，第5页。

② 调制受体在横向博弈过程中形成的“纠纷”当然可以通过司法途径解决，调制受体与调制主体在纵向博弈过程中形成的“争议”尚存争议。通常对市场规制行为的司法审查的争议较小，而对宏观调控行为的司法审查，则涉及制度和观念层面的问题，直接影响司法理论的发展。

产生重大影响。[①] 在经济法纠纷的后果主义式裁判思路中,对公共政策的考量是一种必然。在社会转型中,法官不能正确预测判决后果,面对新模式、新业态、新产业领域,更没有经验可供摸索。法官的个案判决将对整个司法制度产生影响,相当于创制公共政策。"世界星辉案"的二审判决,遵循现今大多数互联网广告屏蔽案的认定范式,判定广告屏蔽软件经营者行为的不正当性,这在将来一段时期内仍会是一种判例导向。

商业道德是内嵌于经济生活的一种"软制度",时常在典律化的法条不复使用时,提供能动的规范基础。[②] 公共政策因素居于商业道德标准之下,在法官裁判时得以显现,有时也呈现主观色彩过于浓厚的问题。那么,在经济法纠纷的裁判中,是否需要考量公共政策?当考量公共政策之后,又应该在司法裁判中如何选取何种公共政策,如何在形式法治框架下对公共政策进行解释,以追求裁判结果的正当化?法院在裁判中引入公共政策其实是创制公共政策?法院还有其他创制公共政策的方式吗?这些问题都亟待解决。

三、公共政策考量的正当性

司法介入政策可以分成 3 个层次:最低层次是法官澄清政策;中间层次是法官发现政策;最高层次是法官创制政策。"澄清政策"是司法机关对法律进行解释;"发现政策"是司法机关阐述某项实施中的政策;"创制政策"是司法机关作为政策创制主体,改正某项与当下价值追求相悖的政策,制定出社会空缺的公共政策。[③] 我国法院面对公共政策,既有自上而下的"贯彻",也有针对过去的"反思",还有面向未来的"创制"。[④] "贯彻"、"反思"和"创制"是法院介入公共政策的三大机制。虽然公共政策引入司法会带来不确定性,与形式法治相背离,但是经济法天然具有政策性,与公共政策具有共同的价值理念,这决定了在处理经济法纠纷时考量公共政策的正当性。

(一)竞争法与公共政策共同的价值理念

向玉琼区分了公共政策的形式公共性与实质公共性。[⑤] 对公共政策的公权力制定主体以及解决公共问题的探讨,停留在形式公共性层面,深层次的问题是对公共政策

---

① 参见侯猛:《不确定状况下的法官决策——从"3Q 案"切入》,载《法学》2015 年第 12 期。

② 参见[德]柯武刚、[德]史漫飞:《制度经济学》,韩朝华译,商务印书馆 2000 年版,第 129 页。

③ 参见李超:《指导性案例:公共政策的一种表达方式》,载《法律适用》2014 年第 6 期。

④ 参见孟融:《我国法院执行公共政策的机制分析——以法院为"一带一路"建设提供保障的文件为分析对象》,载《政治与法律》2017 年第 3 期。

⑤ 参见向玉琼:《论公共政策的"公共性"》,载《浙江社会科学》2016 年第 2 期。

实质公共性背后揭示的性质内容。① 制定公共政策的本质是为了实现分配正义,相较传统司法个案裁判的矫正正义功能,公共政策旨在对全社会进行价值分配,从抽象的宏观社会细化至社会各阶级主体的利益衡量,实现实质正义与提升经济效率。社会公共政策追求社会公正、社会秩序的价值,经济公共政策追求经济效率的价值。重返波兰尼(Polányi Károly)的"市场经济与社会保护之间的双重运动",社会的运转只不过是市场制的附属品而已,需要将社会关系嵌含于经济体制中,②应当将经济政策与社会政策融合,关注并运用发展型社会政策。③ 自由市场的神话对人类的生存造成了巨大影响,危害社会的公共利益,波兰尼所说的社会保护在根本上是来自社会内部的各个团体与阶级不自觉地联合起来对抗这种危机的一种纯粹基于自求生存的人类天性的本能反应,这也止是为什么很多时候连"最纯正的自由主义者"也会支持一个"反自由放任的社会立法"的原因。④ 公共政策是社会自我保护的一个体现,将经济目的与社会目的相统合,更利于实现社会的福利最大化。公共政策的本质是对社会利益的协调与分配,首先服从于政府行为的整体目标,政府通过制定政策,化解利益矛盾。

经济法产生于19世纪末期,在概念法学"忽视社会问题,完全拘泥于法律条文"的缺陷中应运而生,在形式主义与个人主义的列阵中,强调国家干预,实现实质正义与社会公共利益,与公共政策的利益分配、矫正正义的公共属性不谋而合。

反不正当竞争法脱胎于民事侵权法,从最初维护经营者利益,到保护消费者利益,因不断向公共利益渗透而日益凸显社会法性质。《反不正当竞争法》第2条将"扰乱市场竞争秩序"放在保护权益之前,凸显了对竞争秩序和社会公共利益的维护。理性主义建构的公共政策往往是社会效益的最大化,通过成本收益分析追求帕累托最优,公共政策至少对一个人有益而又不伤害任何人,但在制定与执行过程中发现,满足帕累托最优原则的公共政策较少,所以判定公共政策是否具有意义与效果转而采用替代性福利标准——卡尔多-希克斯效率(Kaldor-Hicks Principle),即受益者获得的效益足够

---

① 关于公共政策的概念,哈罗德·拉斯韦尔、亚伯拉罕·卡普兰提出,公共政策是一项含有目标、价值与策略的大型计划;戴维·伊斯顿提出,公共政策是对全社会的价值作有权威的分配;弗兰克·费希尔提出,公共政策是对一项行动的政治上的决议,目的在于解决或缓和那些政治日程上的问题如经济、社会、环境等问题。

② 参见[英]卡尔·波兰尼:《巨变:当代政治与经济的起源》,黄树民译,社会科学文献出版社2017年版,第200页。

③ 参见陈治:《福利供给变迁中的经济法功能研究》,法律出版社2008年版,第22页。

④ 参见吕鹏:《社会大于市场的政治经济学——重访卡尔·博兰尼〈巨变:当代政治、经济的起源〉》,载《社会学研究》2005年第4期。

补偿受损者的损失,且他们自己还有剩余。[①] "世界星辉案"二审中所要追求与证明的是社会总福利,涉及《反不正当竞争法》3 种受损的利益,如何均衡需要公共政策导向的实质性判定,市场竞争秩序的公共利益、经营者以及消费者的合法权益的协调能在公共政策"对最大可能净效益的依赖性"中得到验证,实现竞争法追求的整体效益价值。

竞争法自由与公平的基本价值,以及经济效率与创新的延展价值,是公共政策理念的应有之义。富勒(Lon Luvois Fuller)将道德区分为愿望的道德与义务的道德,法律必须体现为最低限度的道德。[②] 2004 年德国《反不正当竞争法》用不正当性替换了旧法中的善良风俗来判定竞争行为,去除道德判断是出于竞争功能考虑,[③]以应对多元主体复杂的竞争形式。[④] 自由是竞争法的首要价值,竞争法诞生于自由,是维护自由市场的大宪章,其发挥作用的前提应当是契约自由、竞争自由、财产权保护等市场经济运行的基本条件。[⑤] 经济效率就是自由竞争的题中之义。反不正当竞争法不是维护一般意义上的诚实信用与商业道德,更倾向维护竞争自由和经济效率,但公平作为最低限度的道德也不能忽视。反不正当竞争法中的商业道德与竞争行为有关,以市场效率为基础和目标,是为了实现自由与公平相统一的竞争秩序。

在公共政策制定中,关于公平与效率的取舍可能出现 3 种情形:效率与公平兼顾、有公平的无效率、有效率的不公平。从总体上看,有公平的无效率是最令人厌恶的,其无法激起人们创造财富的欲望,将效率作为公共政策的优先价值,能够满足人们对物质的需求、社会的进步与发展。[⑥] 竞争法对自由与经济效率、技术创新的追求恰恰是竞争政策的体现。在经济公共政策体系中,随着公平竞争审查制度的建立,竞争政策逐渐确立基础性地位。关于竞争政策与产业政策的协调问题,可以用欧肯(Walter Eucken)的相关表述进行解释,两者在某些方面是可以互补的。欧肯提出,自由放任政策的错误在于把经济秩序问题交给私人处理,集中管理政策则不仅由国家规定经济秩

---

① 参见[美]盖依·彼得斯:《美国的公共政策——承诺与执行》,顾丽梅、姚建华译,复旦大学出版社 2008 年版,第 572 页。

② 参见[美]富勒:《法律的道德性》,郑戈译,商务印书馆 2005 年版,第 6 页。

③ 参见[德]弗诺克·亨宁·博德维希主编:《全球反不正当竞争法指引》,黄武双、刘维、陈雅秋译,法律出版社 2015 年版,第 11 页。

④ 参见谢兰芳、黄细江:《互联网不正当竞争行为的认定理念》,载《知识产权》2018 年第 5 期。

⑤ 参见叶卫平:《反垄断法价值问题研究》,北京大学出版社 2012 年版,第 61 页。

⑥ 参见[美]戴维·L. 韦默、[加]艾丹·R. 瓦伊宁:《公共政策分析理论与实践》(第 4 版),刘伟译,中国人民大学出版社 2013 年版,第 132 页。

序,而且国家还错误地干预了经济过程,国家应实行秩序政策,国家不干预经济过程本身,只以法律手段保障竞争秩序的实现。秩序政策可以看作两者的中和,可以用来评判产业政策的合理性。《反不正当竞争法》一般条款是经济公共政策的法律化,自由与公平价值之争的背后,是对竞争政策与产业政策的衡量。

公平是衡量竞争是否正当的一个标准,诚实信用原则、善良风俗、商业道德是公平标准的细化,用以界分竞争行为的合法性。竞争自由以公平为基础,竞争法追求最低限度的社会公平。① 功利主义的公共政策要为社会创造最大的净收益,功利主义将所有的注意力集中在经济价值上。公共政策的制定与执行也需要考量公平因素,“如果没有道德伦理的内容作为评估政策的基础,那么世界上所有的数学和经济能力以及政策领域的所有知识都是徒劳的”。② 但是,公正被公民认为是政府最需要重视的价值观念,公民要求政府尽可能平等地保护并加强所有人的公民权利和政治权利,纠正市场运作所产生的物品和服务分配上的不公正,确保公民在政治体系、经济制度和社会制度中的公正。“世界星辉案”二审认定世界星辉的行为违反了《互联网广告管理暂行办法》的规定,依据常识也能判断其不合商业道德,并提及其行为对市场竞争秩序的破坏。由于公平原则的模糊性,实践中主要通过判例归纳进行认定,如搭便车、禁止不正当投机取巧和巧取豪夺、维护商业伦理等,公共政策的变化与导向决定了商业道德的情形与标准。

依渐进主义理论审视,政策是过去政策的补充和修正。在对社会目标或价值没有达成共识的情况下,处于多元化社会中的政府更容易延续现行政策。③ 公共政策背后的价值追求与竞争法的公共利益相契合,法律作为公共政策的工具,是公共政策的固有形式,使公共政策更易得以执行并贯彻其意旨。

(二)经济法司法理论:引入公共政策

对公共政策的引入与解释,是介入司法的一种方式。作为非正式法律渊源的公共政策,在一定程度上能指导司法裁决。“世界星辉案”的两审背后有政策因素的影响。在我国现行法律实践中,司法机关在难以引用法律文本作为裁判依据时,会引入公共政策的相关规范与精神。

---

① 这符合罗尔斯关于正义的论述:一是参与实践或受其影响的每个人都拥有享受彼此相容的最大限度自由的平等权利;二是差别原则,社会和经济的不平等应当尽可能地有利于从中得益最少,处于社会最不利者的人;权力和地位在机会均等基础上对每个人开放。

② 参见[美]戴维·L. 韦默、[加]艾丹·R. 瓦伊宁:《公共政策分析理论与实践》(第4版),刘伟译,中国人民大学出版社2013年版,第67页。

③ 参见[美]托马斯·R. 戴伊:《理解公共政策》,彭勃等译,华夏出版社2004年版,第17页。

在日益繁多的新型经济案件面前,传统司法理论失灵,为适应社会发展,需在实践中推进专门的经济法司法理论。① 公共政策与经济法价值追求具有一致性,公共政策是经济法天然的组成部分,这些都使司法机关在裁判时会"发现政策"并"澄清政策"。经济审判的影响不仅局限于当事人双方,除解决个体纠纷外,还要从社会公共利益出发,考虑审判结果对市场经济以及不特定主体利益的影响。这种"双重功效"要求经济法司法裁判必须考量公共政策因素,与传统司法区别开来。

第一,公共政策与经济法有公共利益的共同追求。经济法是现代性法律,兼顾公平与效率、协调私人利益与社会利益,区别于传统私法在自由主义经济、国家自由放任政策下的契约自由、私权保护精神。传统法律追求体系完备性,是韦伯(Maximilian Karl Emil Weber)描绘的形式理性之法,②现代性法律更强调实质理性,不拘泥于形式主义,关注法律与公共政策背后的社会价值追求。③ 公共政策的本质是协调分配社会利益。政府通过制定与执行政策,维护社会公共利益,化解利益矛盾,将经济目的与社会目的相统合,实现社会福利最大化。经济法以社会公共利益与实质正义为本位,必须维持社会发展的动态均衡,其规范性相对较弱,需要不断吸收价值判断、政策精神等予以修正完善。正是由于经济法的开放性,其结构和体系也显得较松散,缺乏形式逻辑的严密性,需要嫁接公共政策理念,采用更灵活的标准性规则。④

第二,司法中引入公共政策有其自在的政治逻辑,"法律的存在与运作始终体现着的政治逻辑主线,即政治作为法律的存在根基、现实目的、实践背景和发展动因。一方面反映出法律对于政治在事实上和逻辑上的依赖性,另一方面也反映出政治对于法律在事实上和逻辑上的控制与决定性",⑤公共政策虽然是行使行政权的一种形式,但会通过各种方式,对立法与司法产生重要影响。司法机关执行公共政策是对国家意志的表达与执行,协助公共政策的实施是一种政治性功能,达玛什卡(Mirjan R. Damaska)将这一过程称为"能动主义程序""与司法的政策实施目标相关的形式""政策实施型

---

① 参见张守文:《经济法司法理论之拓扑》,载《法学论坛》2017 年第 5 期。

② 韦伯的"形式的理性的"法律类型的论说与后世诺内特(Philippe Nonet)、塞尔兹尼克(Philip Selznick)关于"自治型法"的描述产生一定意义上暗合。诺内特与塞尔兹尼克这样描述"自治型法":它的首要关注是保持机构的完整性,为了这个目的,法律自我隔离,狭窄地界定自己的责任,并接受作为完整性的代价的一种盲目的现实主义。

③ 参见季卫东:《法治秩序的建构中国》,中国政法大学出版社 1999 年版,第 5 页。

④ 参见单锋:《论经济法诉讼的独立性——一种实质理性与回应型的诉讼观》,载《法学论坛》2009 年第 5 期。

⑤ 参见姚建宗:《法律的政治逻辑阐释》,载《政治学研究》2010 年第 2 期。

程序”。①

第三,经济法制度的产生与公共政策联系十分密切。法律因自身的滞后性,难以与能灵活应对社会问题的公共政策相比拟。经济法具体制度的形成,在很大程度上是政策的法律化,政策的法律化是对政策规制社会的法治要求。许多政策科学的学者认为,法律属于公共政策,广义的经济立法不仅只是法律。适用具体经济法制度进行裁判的过程本身就是在执行公共政策。公共政策作为规则与事实之间的中间纽带,能弥补法律的滞后与空白缺漏,在经济法司法裁判中引入公共政策十分普遍。司法机关在解决经济法纠纷时,需系统地结合当代的公共政策以及各类价值,而非只是机械形式地适用法律。“世界星辉案”仅仅是适用《反不正当竞争法》一般条款作出裁判的代表性案件,此类案件都对判决产生的后果影响与社会公共利益加以考量,符合社会公共政策的精神追求。

第四,经济法司法裁判的后果主义导向要求司法考量公共政策。公共政策追求社会效果,是政府部门为实现社会公共利益主动制定、评估、执行的。经济法司法裁判与传统司法的不同之处在于,经济法司法裁判在实用主义导向下,考量判决对市场经济与社会群体的影响。司法机关在遵照现行法律文本之外,结合社会变化中的法律精神,使案件裁判符合形式正义与实质正义。“后果主义的基本观点是:一个行为的伦理地位取决于其后果的价值。行为的后果这一概念是这一理论最重要的部分。”②后果主义是由功利主义法学派引入法学领域的,其追求法律的效果与目标,以实现社会最大多数人的幸福。在传统司法领域,司法机关虽然也会对法律文本进行目的解释作出裁决,马丁·克里勒(Martin Kriele)提出,“取得裁判的最重要要素是:预期将发生的后果,并且以‘更根本的利益’为准,对涉及的利益作‘无所偏倚的衡量’”。拉伦茨(Karl Larenz)指出,司法机关可以考虑经济社会上的后果对法律进行超越续造,解决狭义法律解释难以得出合理裁判的缺漏。③ 传统司法对后果以及目标的衡量是在法教义学中填充法律规则的漏洞,但是,“世界星辉案”是一种社科法学视角下的后果主义导向的裁判。经济法作为诺内特所述的回应型法,法律推理需要包含社会效果的影响。④ 司

---

① 参见[美]米尔伊安·R.达玛什卡:《司法和国家权力的多种面孔:比较视野中的法律程序》,郑戈译,中国政法大学出版社2015年版,第191页。

② [美]戴维·索萨:《后果主义的后果》,解本远译,载徐向东编:《后果主义与义务论》,浙江大学出版社2011年版,第48页。

③ 参见[德]卡尔·拉伦茨:《法学方法论》,陈爱娥译,商务印书馆2005年版,第237页。

④ 参见[美]P.诺内特、[美]P.塞尔兹尼克:《转变中的法律与社会:迈向回应型法》,张志铭译,中国政法大学出版社2004年版,第81页。

法机关从案件裁判对社会经济影响后果出发解释法律,使判决正当化,这与公共政策发挥功效的理念相一致。

(三)司法规制理论:创制公共政策

经济法与传统部门法的一个重要区别在于经济法的调制性,经济法的主要实施方式是政府执法,司法环节相对来说较弱化。经济法实施中的司法运行与传统司法不同,除解决个体之间的纠纷问题外,还会超越被动性,主动推进经济和社会的稳定发展,发挥国家的调控与规制职能。原本弱化的司法因素日渐在司法实践中显示出重要作用。① 卡佩莱蒂(M. Cappelletti)提出了法官造法的几种必要情形,其中之一就是现代福利社会带来的法律和政府角色的转变,②司法机关开始发挥创制公共政策的规制功能。卡多佐(Benjamin Nathan Cardozo)将普通法更多地同社会的公共政策相结合,法院从各种社会因素中寻求光明,③司法过程的本质就是法官造法,这在大陆法系也存在实践价值,在大陆法系,所有受法典化影响的法秩序中,法院裁判的互补性立法已不可或缺。

从广义上说,立法是在创制公共政策,法官造法也是一种创制公共政策的过程,司法机关超越法律文本进行解释,分享了立法权。这种造法与公共政策创制的内涵更接近,立法的出发点在于普适性,保证法律的预测功能与稳定功能,法官造法是从个案出发,通过利益衡量,考量个案后果。司法规制经济的本质在于联结政策与法律,将不清晰的政策纳入具体案例,明确相关政策和制度目标,形成具体案例的特定裁判,提供社会行为规范和今后裁判的思路。

在经济法领域,法官造法的趋势更明显,经济法具体制度的开放性与原则性要求司法机关在发挥个人"纠纷解决型司法功能"之外,更应落实社会"政策实施型司法功能"。在"世界星辉案"中,二审判决为了维护此阶段视频网站产业的发展,不全面放开"技术的归技术,市场的归市场",虽然一审判决利于激发市场竞争自由与互联网技术创新,但法官在不能准确预测与评估技术带来的真正的促进作用时,从产业发展的稳定性角度出发谨慎地作出裁判。能动主义的司法机关,能弥补行政执法的短板,发挥日益重要的市场监管与宏观调控职能,司法规制就是在创制公共政策。

---

① 例如,通过食品安全、商品房买卖、网络购物和信息保护等方面的案件审理,来有效保护消费者权益,通过垄断、不正当竞争等方面案件的审理,来解决市场规制的问题,都能体现法院系统的规制经济的职能。

② 参见吴英姿:《司法的限度:在司法能动与司法克制之间》,载《法学研究》2009 年第 5 期。

③ 参见[美]本杰明·卡多佐:《司法过程的本质》,苏力译,商务印书馆 2000 年版,第 17 页。

四、公共政策如何引入

苏力主张，法律人不能沉湎于纯粹由概念和规则所编织出来的天国，应当在实践中慎重考虑社会后果，善于运用各种社会、政治的知识与经验，最终作出恰当地判断和行为。[①] 兰代尔(Christopher Langdell)开创的法律形式主义，在纷繁的新型社会问题面前早已失灵，考虑社会影响及其他因素显得尤为必要。更何况传统的民法裁判注重在法律文本解释上进行审判，也会引入相关原则与价值进行衡量。在经济影响力大、社会影响辐射广的经济法司法审判面前，法律形式主义黯然失色，社科法学异军突起，案件中需要呈现公共政策的后果追求与利益衡量。形式合理性限制了法官根据个案情况灵活解决纠纷的可能性，法外因素能够填补法学领域中的审判与现实的审判之间的沟壑。借用赫尔曼·坎托罗维奇(Hermann Kantorouicz)的话说就是，"没有社会学的教义学是空洞的，没有教义学的社会学是盲目的"。[②]

经济法司法审判中引入公共政策，既要超越法律文本，又不能与法律文本脱节，变成纯属事实领域、主观臆断的问题。引入公共政策，需要通过后果论证和利益衡量选择适当的公共政策，对公共政策精神合理性、个案契合性作出论证，然后再用镜面模型将公共政策内化于法律解释之中。

(一)超越法律：公共政策引入的后果导向

经济法司法裁判中如何选择公共政策，需要考量引入后果。美国法学家威尔逊·胡恩(Wilson Huorn)指出，基于政策的法律论证模式与其他文本论证、目的论证等的区别在于，基于政策的论证是一种后果主义论证，通过后果主义导向逆推，选择法律作出裁判，并予以正当性说明。[③] 在传统司法中，大多数案件有时也在规则推理的掩饰下，考量裁判的后果影响。在经济法司法裁判中更为凸显，因为此类案件的裁判后果不仅及于个案当事人，且将对市场经济、产业发展等社会利益造成影响。孔祥俊提出："当前之所以强调法律适用的社会效果，一个很重要的原因的是当今社会经济关系的高度复杂化和极强的变动性。社会对法治的需求空前强烈，但整个社会的法治觉悟和法治供给还与法治需求不相适应。"[④]他认为，司法可以通过公共利益和社会利益考量，实现

---

① 参见苏力：《法律人思维?》，载《北大法律评论》第2辑，北京大学出版社2013年版，第429页。

② 参见[德]托马斯·莱赛尔：《法社会学基本问题》，王亚飞译，法律出版社2014年版，第98页。

③ 参见孙海波：《通过裁判后果论证裁判——法律推理新论》，载《法律科学(西北政法大学学报)》2015年第3期。

④ 孔祥俊：《论法律效果与社会效果的统一——一项基本司法政策的法理分析》，载《法律适用》2005年第1期。

个案的特别化,法律效果作为常规手段,社会效果作为政策考量,将二者通过法律解释加以统合。但在经济法司法裁判中,后果考量也不能只是宏大虚幻的,需要通过精细化论证公共政策的价值追求。

第一,看重普遍事实后果而非个案法律后果,这是在解决是否引入公共政策的问题。传统司法更关注个案正义,忽视公共政策的社会利益追求。经济法的特殊性在于,法院在公共政策的影响下作出裁判,政策的公共性与个案的外溢影响力要求引入中必须采取普遍事实的后果导向。尼尔·麦考密克(Neil Maccormick)区分了"法内后果"与"法外后果",法内后果是法律文本呈现的后果,即传统法教义学推导的后果,法外后果是判决产生的其他社会经济影响的较长期后果。[①] 经济法司法裁判需要结合公共政策目标,作出普遍事实后果判断。"世界星辉案"的直接后果是腾讯公司与世界星辉利益的较量,但需要考量案件判决对腾讯公司代表的视频网站产业、世界星辉的技术发展是否造成影响,考量后果是否符合当下公共政策的价值追求。

第二,需要将普遍事实后果作为一种公共政策的潜在后果,精细化分析可预测的后果,而不能空谈抽象后果。在分析普遍事实后果之后,需要进一步衡量引入该公共政策的后果,公共政策与法律的不同之处在于更具多变性与灵活性。因此,选取符合当下社会经济发展态势的公共政策,需要检验普遍事实后果的可行性,论证选择的客观性,宏大叙述会导致膨胀法官的自由裁量权。孔祥俊强调,"社会效果的判断必须具有客观性",否则"社会效果就会成为司法者玩弄法律游戏的工具"。[②] 波斯纳(Richard Allen Posner)提出,要避免短视的正义,"即只关注某具体案件中的'公平'"。[③] 在公共政策对各种价值追求的权衡中需要折中考虑,不能只关注到个案公平,也不能追求遥不可及的、不符合当下社会发展理念的"长远公平",需要考量短期内符合政策宗旨、促进该阶段社会利益的可预测政策后果。此外,需要从听众的视角,观察根据后果作成的判决是否具有可接受性。[④] "世界星辉案"二审的改判思路具有一定的合理性。针对互联网竞争行为是否需要保护、保护会否限制技术创新等问题,很多学者提出,如果判定广告屏蔽技术方行为不正当,可能会扰乱市场竞争的自由秩序。竞争自由是市场经

---

① 参见[英]麦考密克、[奥地利]魏因贝格尔:《制度法论》,中国政法大学出版社1994年版,第274页。

② 参见孔祥俊:《论法律效果与社会效果的统一——一项基本司法政策的法理分析》,载《法律适用》2005年第1期。

③ 参见[美]理查德·波斯纳:《波斯纳法官司法反思录》,苏力译,北京大学出版社2014年版,第7页。

④ See Jerzy Wróblewski, Justification Through Principles and Justification through Consequences, C. Farrali and E. Pattaro eds., Reason in Law. Milano: Giuffre, 1984. 转引自孙海波:《通过裁判后果论证裁判——法律推理新论》,载《法律科学(西北政法大学学报)》2015年第3期。

济追求的完美目标,但必须在现实语境中加以考量,德国白名单判决认定广告屏蔽行为正当合法,这缘于德国市场竞争自由秩序的土壤。观之我国现阶段的产业发展,认定技术方行为正当,势必影响视频网站行业的发展。正是为了维护该产业发展的稳定性,二审作出了遵循先例的判定思路。

第三,法官在分析后果时,应向立法者靠拢,公开提出对个体、集体和整个社会产生的可预见的现实后果,对某项公共政策价值追求是否符合当下社会发展态势的现实合理性作出说明与论证。后果必须满足"可行性"的要求,即该后果必须是能够通过经验加以证明的事实上的可能后果。① 经济法由于与公共政策的高度统一性,已经嵌入市场经济秩序之中,在分析案件后果与公共政策的相符性时,可以引入经济学观点。"世界星辉案"二审中,法官选择保护视频网站产业发展的政策,在说理过程中引用了经济学的分析报告,通过图表数据对消费者福利、社会福利等进行分析。在司法中运用社会科学分析,论证该政策导向下判决的合理性。

(二)超越法律:公共政策引入的利益衡量

经济法司法裁判中进行多方利益衡量,是选择引入何种公共政策的另一途径。"除了极个别纯粹技术性规则外,法律制度均体现着一定法律秩序对当事人利益衡量后的不同取舍。此不同取舍即为法律政策的选择。"②公共政策由于与经济法的天然契合,常扮演判决作出背后的法外因素。法官从事立法者的活动似乎是负担而不是乐趣。③ 经济法司法裁判除需要考虑最终引入的某项公共政策的后果导向外,还需考量该政策中的利益协调问题,因而比传统司法任务更加繁重。

第一,在利益衡量的过程中,要结合具体的立法目的展开。王利明提出,"确定利益位阶实际上就是在探究立法的目的",④在面临两种或多种利益冲突时,法官需要衡量哪种利益是受法律保护的、哪种利益是更需要被保护的,据以作出符合该法意旨的裁判。这种结合立法目的以协调公共政策利益的考量,在经济法司法裁判中更明显,从宏观上来看,此类法律普遍存在对社会公共利益的追求,这在立法目的中也有所体现。立法目的下展开的,除特定主体外,还存在不特定第三人的利益以及社会整体利益。反不正当竞争法中的经营者利益是该法语境下特定化的产物,"它只与公平竞争相关,只与不正当竞争行为相对"。⑤ "世界星辉案"一审与二审中的利益衡量,均置于

---

① 参见王彬:《司法裁决中的"顺推法"与"逆推法"》,载《法制与社会发展》2014 年第 1 期。

② 姜战军:《损害赔偿范围确定中的法律政策》,载《法学研究》2009 年第 6 期。

③ 参见[奥]恩斯特·A. 克莱默:《法律方法论》,周万里译,法律出版社 2019 年版,第 213 页。

④ 王利明:《民法上的利益位阶及其考量》,载《法学家》2014 年第 1 期。

⑤ 参见王磊:《法律未列举的竞争行为的正当性如何评定》,载《法学论坛》2018 年第 5 期。

反不正当竞争法的立法意旨下考量,权衡双方当事人背后代表的群体利益。"疑案判决是形式正义与实质正义取舍的结果,是交易成本与误差损失成本之差的利益最大化体现。"①比如,金融司法决策需结合监管政策中的利益分配,立足于金融市场整体风险,维护市场机制的高效运转与社会公众对金融市场的信赖。经济法司法裁判中对利益的权衡过程,是公共政策因素介入司法的过程,利益衡量应是考量公共政策合理性的应有之义。

第二,在利益衡量的过程中,要树立利益最大化原则,利益衡量最重要的是实现利益的最大化,在利益之间进行衡平,②并非采取冲突论思想,对利益进行简单排序而作出应该维护何种利益的判断,梁上上曾对"姘居妻案"作了精细的利益衡量分析。③ 传统司法中分析利益的最大化,需要依托福利分析,权衡叠加双方当事人的利益,可能有时显得过于经济学化而远离案件现实。在经济法司法裁判中,由于追求社会公共利益,更需要假借公共政策的利益协调思想进行评判和论证。社会公共利益是高阶利益,其他当事人主体利益是低阶利益。在低阶利益的调和过程中,法院首先要在利益衡量中作出促进社会利益最大化的判决,在"3Q案"中,法院轻判360,并没有绝对认可腾讯的利益,也没有大力打击360的利益,而是以一种不确定的姿态让市场发声,维护市场的秩序与发展。低阶利益不能与高阶利益发生冲突,当维护低阶利益利于高阶利益的实现时,则应优先考虑该低阶利益。"世界星辉案"二审,对各方利益进行了详尽论述与衡量,体现了经济法司法裁判考量公共利益的独特性,确立从视频平台经营者、浏览器经营者双方当事人利益,到消费者利益,再到双方代表的产业发展的利益衡量位序。

第三,区分可视利益与概括利益,避免对公共政策利益衡量的主观判断。④ 法官在选择何种公共政策时,需要客观化论证利益协调,不能陷入过度自由裁量的泥沼。参考阿列克西(Robert Alexy)的总体权衡判决对总体价值增益程度的衡量公式,⑤需要着重考量的是可视利益,即符合该阶段政策追求的安定性利益,而非宏远的概括利益。

---

① 刘晓源:《疑案判决背后的经济学思考——基于"于欢案"等案例剖析》,载《法学论坛》2017年第5期。

② 参见张利春:《星野英一与平井宜雄的民法解释论之争》,载梁慧星:《民商法论丛》第40卷,法律出版社2008年版,第405~406页。

③ 参见梁上上:《利益的层次结构与利益衡量的展开——兼评加藤一郎的利益衡量论》,载《法学研究》2002年第1期。

④ 拉伦茨也认为,因为缺乏一个由所有法益及法价值构成的确定阶层秩序,所以在个案中的法益衡量也就无从控制,法官也可以堂而皇之地依自己的主观见解来裁判。

⑤ See Robert Alexy, Julian Rivers, *A Theory of Constitutional Rights*, Oxford University Press, 2002, p. 268. 转引自蔡琳:《论"利益"的解析与"衡量"的展开》,载《法制与社会发展》2015年第1期。

以“世界星辉案”二审为代表,大多数互联网广告屏蔽案件的判决固化保护当前网站视频产业发展模式,暂时放弃市场绝对自由的竞争政策。经济法司法裁判中的社会公共利益不确定性过大,需要小心求证,即使“世界星辉案”一审判决可能会促进技术创新与长期的经济效率提升,仍需服从可视利益优先原则,维护法律政策的稳定性。

(三)需要法律的秩序:公共政策引入的镜面模型

与苏力相对,孙笑侠反驳道,法律人在进行社会后果考量时,不能夸大超越法律的功能和意义,不能以英美法系的特有方法,遮蔽和否定成文法系的法教义学方法中原本已然存在的超越法律的功能,更不应否定法教义学上法律人特有的思维方法。① 法治的最基本形式就是形式法治,法律形式主义“追求一种具有普遍性、自治性、公共性和实在性的法律”。②《瑞典民法典》规定,法官应当按照本人是立法者来制定规则以填补漏洞,而不是按照(历史或现实的)真正的立法者假设或希望制定的规则来填补漏洞。这并不意味着允许法官在没有规范的空间中肆意、凭兴趣、看心情作出裁判。法官作为造法者,与真正的立法者一样,应受到整个法秩序的约束。把法官法限制在整个体系之中,一方面使法治国家立法的一般形式的基本原则得以遵守,另一方面使法官法尽可能以客观性观点为导向。

尽管有学者倡导,这种后果逆推的裁判思路以法律文本的解释掩盖了实质性的价值判断,法官应该将法外因素直接公开论证。但是,在全力支持法官法应当向外部,尤其是向社会科学论证因素开放的时候,还应当警惕某种幻想,主要是警惕由实然直接推导出应然结论这一不可靠的幼稚幻想,即不能由法外因素直接推导出评价。

经济法司法裁判中,法官在经过后果导向与利益衡量选择了某种公共政策之后,需在形式法治范围内作出裁判。公共政策在裁判中的引入可以采取镜面模型的模式,解决逻辑有效性问题。司法裁判中的镜面模型理论是知识产权法学者胡波提出的,③ 他基于我国知识产权法实践案件的研究,提出了新的法律论证模式。镜面模型是对传统三段论论证的打破,由于法律规范这一大前提时常难以被抉择出来,所以需要引入变量 C 这一法外因素,将 C 作为依据形成的审判结论构成一个镜面,成为识别在法律体系和法教义学体系之内推理形成的多种可能审判结果,何者为最优解的标准。

镜面模型在经济法司法审判中同样能发挥用武之地。首先,对公共政策的权衡进行严格论证。接着,司法机关在选择公共政策之后作出判决时,需要遵循法律文本主

① 参见孙笑侠:《法律人思维的二元论》,载《中外法学》2013 年第 6 期。

② 参见[美]昂格尔:《现代社会中的法律》,吴玉章、周汉华译,译林出版社 2011 年版,第 196 页。

③ 参见胡波:《知识产权法哲学新论》,法律出版社 2017 年版,第 170 页。

义作出裁判,对公共政策选择的分析作为目的解释、社会学解释,内化于裁判之中。公共政策只是一种变量,一个镜面,不是裁判的最终依据与现成答案,只是知识方法和路径。因此它们绝不是思考的替代品,而是思考的激励物。只有去揭示所追求的法律规则的社会和经济意义时,实质理性的条件才会与形式理性相符合而最终具备。

一般的司法三段论是:

因为 $T \rightarrow R, S=T$,所以 $S \rightarrow R$(T 是指法律规范,S 是指案件事实,R 是指判决后果)。

经济法的公共性与开放性导致较多案件存在多种法律规范可适用,或一种法律规范存在多种法律解释的情况,而有些案件本身就是原则规范标准的适用,所以往往会出现:

$T_1 \rightarrow S \rightarrow R_1, T_2 \rightarrow S \rightarrow R_2, T_? \rightarrow S \rightarrow R_?$

$T+E_1 \rightarrow S \rightarrow R_1, T+E_2 \rightarrow S \rightarrow R_2, T+E_? \rightarrow S \rightarrow R_?$(E 是指法律解释①)

$T_{原} \rightarrow S \rightarrow R$?($T_{原}$是指法律原则)

……

因此,需要充分论证选取某项公共政策的原因,在司法裁判中引入公共政策这一变量 C,公共政策相当于萨维尼(Friedrich Carl Von Savigny)所说的政治因素,②搭建法律与社会之间的桥梁,缓解法律与社会的关系。公共政策变量是对三段论的检验与补充:

第一,公共政策这一变量会对传统三段论中的 R_1、R_2、R_3 等进行检验,得出适当的 R,再去挑出 T:

$T_1 \rightarrow S \rightarrow R_1 \quad C, T_2 \rightarrow S \rightarrow R_2 \quad C, T_n \rightarrow S \rightarrow R_n \quad C$

第二,公共政策充当法律解释中的目的解释或者社会学解释,使判决得以证立,弥补案件事实与法律规范之间的裂缝:

$T+E_1 \rightarrow S \rightarrow R_1, T+E_2 \rightarrow S \rightarrow R_2, T+C(E) \rightarrow S \rightarrow R$

第三,经济法司法裁判中还会形成公共政策主导下的裁判,三段论只是形式法治的要求,由 C 直接决定了 T 是什么,当 T 是一项开放性原则时,由 C 来丰富其个案内涵:

$T_{原}+C \rightarrow S \rightarrow R$

第四,作为变量 C 的公共政策,如果与立法目的或者法律原则直接契合或予以明

---

① 这里的法律解释更多的是指因文义的不确定性带来的对开放性语词结构的解释。

② 参见[德]弗里德里希·卡尔·冯·萨维尼:《论立法与法学的当代使命》,中国法制出版社2001年版,第10页。

文规定，那么此项公共政策可以作为法律渊源，直接补充立法条款或原则条款的证明力：

T(C)→S→R

作为变量C的公共政策的选择，是经过上述后果导向与利益衡量的充分论证后得出的，这个过程就如利益法学一样，"绝对不是减弱对法律之忠实"，[①]但需在三段论的法律技术因素下，匹配个案行为与后果。C的适用前提即存在法律漏洞。将公共政策的价值精神，以社会学解释以及目的解释内化于裁判之中，使法律规范与判决之间的论证关系符合逻辑学上的相干性，过于空泛地解释公共政策，违反了赖以依托的法治主义的"领域依赖性"[②]和司法职业的传统法教义学思维属性。[③]

在"世界星辉案"的两审中，法院所依据的法律规范T均为《反不正当竞争法》的一般条款，该条款具有原则性与开放性，利益衡量后筛选的公共政策如果与立法目的直接相契合，则可将该公共政策作为拓展的法律依据，加强直接引用目的条款和原则条款的说服力，或者将公共政策内化于三段论解释之中。若立法具有多重目的，则需将公共政策作为一个镜面，先得出R，再根据法律文本，结合公共政策解释R的合理性。

一审的变量C是竞争自由政策与技术创新政策，法官从市场竞争自由与损害中性方面，扩大了对诚实信用原则的解释；同时，描述互联网技术发展的态势用以说明世界星辉行为的正当性，体现了对促进技术创新的政策追求。二审的变量C是产业发展政策，但是，维护产业稳定发展、保护经营者的稳定的经营模式的政策，并不是反不正当竞争法追求的首要目标。因此，二审法院通过认定世界星辉侵犯商业道德构成不正当竞争行为，保护了腾讯公司为代表的经营者的商业模式。二审中运用了经济学分析对社会总福利进行推演，使产业保护政策思想更具说服力。

两审均依据《反不正当竞争法》一般条款作出不同解释，适用了不同的公共政策。运用镜面模型，可以重构审判的现实合理性与逻辑有效性。首先，需要作出严格的论证，选择当下合适的政策精神，运用经济学、社会学等定性定量的说理分析。对不同政策进行对比分析，如在二审中，可以适当说明政策间的权衡，增强说服力。其次，按照竞争行为不正当性的认定模式，遵循竞争关系的认定、行为的认定、权益的受损等步骤，运用三段论作出裁判，将对公共政策精神的说明内化于目的解释、社会学解释等其中。

---

① 吴从周：《概念法学、利益法学与价值法学：探索一部民法方法论的演变史》，中国法制出版社2011年版，第267页。

② 参见武宏志、周建武、唐坚：《非形式逻辑导论》，人民出版社2009年版，第173页。

③ 参见杨知文：《基于后果评价的法律适用方法》，载《现代法学》2014年第4期。

对开放性语词结构作单纯的文义解释,更易陷入不确定性,丧失预测可能性;将公共政策思维作为新的解释工具,反而能精确界定概念的意义内涵,利于同案同判,提高法安定性与可预测性。

五、公共政策从引入到创制

受传统的国家机关权力配置影响,一般认为公共政策实施与政府紧密相关,公共政策的制定与实施是政府部门的一项行政职权,行政机关由于具有事先预防与主动管理的特性,利用自身的专业水平协调市场经济社会的运转,这也决定了行政实施是经济法的主要实施方式。

但在社会转型中,利益主体纷争不断繁杂,更为中立公正的司法机关在行政力量不足时脱颖而出,法院日益在异质化社会扮演重要角色。现代法院在发挥裁判解决纠纷功能时,也充当了政策实施的角色,这不仅仅体现在司法裁判过程中引入公共政策作出符合政策精神的裁判后果;同时,法院在应对社会公共利益问题时,法院为规制经济和治理社会,创制公共政策是审判案件的必然产物。① 法院在个案中引入公共政策作出裁判,本质就是在创制公共政策。司法机关在个案纠纷的解决中创制经济公共政策,对市场经济有所导向,这种政治性职能的现象普遍,埃尔曼(Elman)认为,“法官的司法审查行为是对政策制定权的一种分享,这一点昭然若揭,以至于在行使这种权威时,他已经很难托称只是在适用法律了”。② 司法机关作为广义上政府的重要组成部分,也是公共政策制定的主体之一。

(一)公共政策创制的形式化途径

法院对公共政策的创制功能主要有 3 种可能的方式:

第一,司法裁判或发布指导性案例、发布典型案例与案件的年度报告等。③ 个案中创制公共政策是主要方式。在个案裁判中创制公共政策,可以检验法律文本,突破法律文本,作出新的解释;对引入的公共政策进行检验,形成新的政策导向。经济法纠纷的个案裁判,能达到规制性与灵活性的平衡,解决经济法纠纷的社会影响与公共利益的协调问题。这也符合费肯杰(Fikentscher)的个案规范理论,即不是绝大多数法律的抽象规范,而是个案规范构成了客观法,该规范成为评价其他相同或类似案件的基本

---

① 参见[英]詹宁斯:《法与宪法》,龚祥瑞等译,三联书店 1997 年版,第 166 页。

② 黄韬:《中国式的公共政策法院——以我国法院对金融案件的处理为例》,载《社会科学研究》2011 年第 6 期。

③ 关于如何通过其他方式完善法院的公共政策创制功能的问题,可以参见丁以升、孙丽娟:《论我国法院公共政策创制功能的建构》,载《法学评论》2005 年第 5 期。

原则，贯彻法律平等原则的同案同判。通过个案裁判，发挥经济法司法裁判的公共政策创制功能，[①]符合当下“现代法院的公共政策制定者角色或者功能，实际上就是现代法院为了妥当地解决那些涉及社会公共利益的诉讼案件，在其裁判结果中所表现出来的某种公共政策倾向”的定位。[②]

第二，发布司法解释与批复、相关通知、会议纪要等其他具有司法解释性质的文件。司法解释及相关文件是对立法权的分享，弥补法律漏洞，落实公共政策，这在经济领域更加明显，[③]但相较行政机关，司法机关欠缺专业性，不存在统一的制定主体，制定过程可能会受到利益集团影响，出现寻租现象。对经济法相关制度作出的解释文件，也可能会造成干预过度的失灵现象，约束市场的发展，固定的文本立法无法跟进市场经济的更新。[④]

第三，司法审查制度。通过对一项公共政策的否定创制新的公共政策，但由于我国宪法解释权属于全国人大常委会，司法机关无法行使审查权，司法机关可以对行政机关进行合法性审查。

（二）公共政策创制的实质性要求

在经济法司法裁判中创制公共政策，需要注意以下几个方面：

第一，整体上遵从法律的安定性原则。克里斯托弗·沃尔夫（Christopher Wolf）提出，发挥司法能动主义时，可以根据法律决定个案结果，法官不和能立法者一样为社会制定一般规则。[⑤] 倘若某一具体法条的适用会造成社会利益的失衡，可以采取原则性条款的适用解释，以维持该法实现的融贯性和内容正确性。

第二，由于经济法纠纷案件的社会影响大，司法主动创制政策必须加以严格的目的论证，权衡目的实现的可能性，评估结果的异化可能性。法院通过司法程序积极行

---

① 参见袁定波：《发挥审判职能强化能动司法》，载新浪网，http://news.sina.com.cn/o/2009-06-20/104415822034s.shtml；郭士辉等：《探求能动司法的规律、规则和规范——“人民法院能动司法论坛”综述》，载中国法院网，https://www.chinacourt.org/article/detail/2010/05/id/408276.shtml。

② 参见丰旭泽：《论通过司法程序制定公共政策——兼论最高人民法院司法解释模式的转型》，载《政治与法律》2015年第1期。

③ 比如，最高人民法院发布了《关于依法妥善审理民间借贷案件的通知》《全国法院破产审判工作会议纪要》《关于依法审理和执行民事商事案件保障民间投资健康发展的通知》等许多相关文件，本质上起到了规制经济的公共政策职能。

④ 2005年1月实施的关于民事执行的司法解释，导致提供房贷的银行业反弹，要求中国人民银行出面施压，最后导致同年年底出台新的司法解释。

⑤ 参见[美]克里斯托弗·沃尔夫：《司法能动主义——自由的保障还是安全的威胁?》，黄金荣译，中国政法大学出版社2004年版，第22页。

使国家机构职权,充当公共政策制定者的同时,[①]要遵从管制的谦抑性,服从“市场的归市场”这一核心理念。

第三,在经济法司法裁判中,公益诉讼与传统诉讼程序存在分野,需要法官进行创制政策,规制社会网络行为关系,在这一新型程序的职权面前,需要加强司法机关人员的专业性。相比经济法的行政执法实施环节,司法机关虽也逐渐开始行使规制经济的职能,但仍处于过渡阶段,需要提升司法机关的整体专业水平。

第四,发挥指导性案例、典型案例的作用。依据《反不正当竞争法》一般条款作出的互联网广告屏蔽案等新型案件,可以形成一个政策导向的类型化案例群,发挥对市场的指引与规制效用,沟通司法与社会、法律与现实。在案例裁判上,需要注意法院的审级,指导性案例由最高人民法院发布,这一类具有典型市场规制意义的案例,在由低层级法院作出后,应加强与上级法院的汇报与讨论。法院这种创制政策的裁判,需要定期更新,紧跟市场动态。在“世界星辉案”中,当下可能更需要维护网络视频产业发展的利益,但随着市场竞争自由秩序的不断完善与改进,需要通过其他经济学等社会科学论证,进行成本收益分析,选择新的最有利的符合阶段发展的替代政策,作出新的个案裁判,引领新的政策导向。

六、结语

经济法司法裁判中引入公共政策是一种必然,只是在司法实践中呈现千姿百态,是否直接论证、如何论证公共政策并未达成统一认识,本文也只是提出粗浅的思考,通过后果论证与利益衡量,选择合适的公共政策,运用镜面模型将公共政策内化于司法三段论之中,具体的实践方法还需要进一步得到研究与检验。对于何种状态下选择何种公共政策也需要通过个案等方法再作深入研究。

法院在个案中引入公共政策其实本身也是创制公共政策的过程。现代法院日益扮演起公共政策制定者的角色,除司法审查、发布司法解释等相关文件外,更重要的是,法院直接在个案纠纷的解决中创制公共政策,这一个案裁判将发挥先例的引导效应,指引社会行为规范与之后的司法裁判。这在经济法司法裁判中更明显,法院常立足于社会公共利益,规制经济和治理社会。但是司法如何规制经济,也需要理论和实践研究的进一步推进。

(责任编辑:游紫薇)

---

① 参见王超:《刑事上诉制度的功能与构造》,中国人民公安大学出版社2008年版,第231页。

【相关研究】

破产重整框架下的大规模侵权损害赔偿基金*

谢肇煌**

摘　要：现代市场经济条件下大规模侵权事件成为需要法律回应的重要问题，其核心在于未来侵权债权人利益的保护。基于未来侵权债权人的特点，大规模侵权事件的传统对策不能充分实现对未来侵权债权人的保护。大规模侵权事件往往伴随债务人企业的财务危机，在此背景下，破产重整制度对于保护未来侵权债权人具有特殊优势。解决未来侵权债权人问题的新思路是在破产重整框架下设立以侵权债权人为受益人的信托基金。我国应当通过立法明确破产重整框架下信托基金的法律性质、赔偿范围、资金来源、重整中的债务人与信托基金的关系、信托基金的监督机制等内容，将信托基金融入破产重整制度以解决未来侵权债权人保护问题。

关键词：破产重整；大规模侵权；未来侵权债权人；公益信托；重整计划

随着现代市场经济下社会化大生产的发展，经济的辐射力日渐增强，人类逐渐进入"风险社会"。现代社会中的风险是完全脱离人类感知能力的放射现象，其具有全局性、系统性，造成的损害往往是不可见和不可逆转的。① 当生产重要商品的大型工业企业造成大规模侵权事件，众多的当前侵权债权人和未来侵权债权人的保护成为重要问题。例如，美国的"Manville公司石棉侵权案"以及我国的"三鹿奶粉侵权案"，其标志

---

* 收稿日期:2020年12月18日。

基金项目：本文是国家留学基金管理委员会"2020年国家建设高水平大学公派研究生项目"（基金号：202006360108）的阶段性研究成果。

** 中国人民大学法学院博士研究生，美国密歇根大学法学院格劳秀斯研究学者。

① 参见［德］乌尔里希·贝克：《风险社会：新的现代性之路》，张文杰、何博闻译，译林出版社2018年版，第7~8页。

性特征包括数量巨大的受害者、复杂的举证问题以及艰难的维权程序。解决该类问题的传统对策的局限已经充分显现,为更有效地应对大规模侵权事件,必须在现有制度基础上探索新的解决对策。大规模侵权事件往往伴随债务人企业的财务危机,在此背景下,通过破产重整程序解决问题,将信托基金融入破产重整制度框架以实现对未来侵权债权人的保护是可取的应对之道。

一、大规模侵权案件的传统对策之局限

大规模侵权案件中最需要保护的是众多的侵权债权人的利益,尤其是未来侵权债权人的利益。大规模侵权案件中,侵权行为的发生与损害后果的出现之间往往有较长的时间间隔。因此,大规模侵权案件的受害者不仅包括已经遭受损害的侵权债权人,还包括更多潜在的侵权债权人,即未来侵权债权人。侵权债权人作为非自愿债权人,其谈判地位本身处于弱势,而未来侵权债权人利益状况的不确定性为其带来更高的风险,更加剧了其地位的弱势。法律必须提供合理的制度设计以充分保护大规模侵权案件中受害者的利益。大规模侵权案件的传统对策包括司法赔偿、政府救济、社会捐赠、责任保险、社会保障等,[①]然而这些传统对策本身存在难以克服的局限,有的与我国当前的经济社会发展水平不相适应,因而无法有效地保护大规模侵权案件中受害者的利益。

司法赔偿在各类大规模侵权损害的填补手段中具有基础地位。然而,无论是单独诉讼、集团诉讼还是破产清算,作为一种损害填补手段,都存在难以克服的局限。就单独诉讼而言,首先,不同法院在法律的适用、证据的采纳等方面可能不一致,相同或近似情况的受害者在不同法院起诉,判决结果可能有天壤之别。其次,大规模侵权诉讼中,因果关系甚至侵权人均难以证明,举证问题成为债权人获得赔偿的一大障碍。最后,单独诉讼容易造成受害者之间的诉讼竞争,先提起诉讼的受害者获得全额甚至超额赔偿,后提起诉讼的受害者可能得不到任何赔偿,最终的结果会像是随机抽奖,与债权平等原则相违背。因此,对于受害者众多、涉案金额巨大、司法程序漫长且复杂的大规模侵权案件,单独诉讼作为一种损害填补手段既无公平也无效率。[②]

集团诉讼制度在应对大规模侵权案件时也存在弊端。首先,各个侵权债权人遭受损害的时间、方式和程度都不同,在集团诉讼模式下难以充分实现各个债权人多样化

---

① 参见刘炫麟:《大规模侵权研究》,中国政法大学出版社2018年版,第162~171页。

② See Frank J. Macciarola, *The Manville Personal Injury Settlement Trust: Lessons for the Future*, 17 Cardozo Law Review 583, 595-596 (1995).

的诉求。其次,集团诉讼必须具有阻止个别债权人单独起诉的法律效力,以保证债务人对未来侵权债权人整体的清偿能力。但是,受理集团诉讼的法院往往无权要求其他法院终止正在进行的诉讼或者移送管辖,对不合作的原告也没有对人管辖权。①

当大规模侵权案件导致债务人企业资不抵债或丧失清偿能力时,债务人企业可能进入破产清算程序。虽然破产法可以规定侵权债权人的优先受偿地位,从而保证侵权债权人比普通债权人获得更多的清偿,②但破产清算程序在应对大规模侵权案件时依然存在局限。首先,由于债务人主体会因破产清算而消灭,只有当前债权人才能在破产清算程序中得到清偿,未来债权人将得不到任何清偿。其次,破产清算程序具有较强的外部性,企业破产清算将给各方利害关系人带来成本损失。再次,企业作为财产、交易关系和利益的有机组合体,其本身的营运价值大于各项资产清算价值的总和,因此,破产清算程序可能导致债务人企业营运价值的浪费。最后,当债务人企业已经资不抵债或丧失清偿能力时,破产财产的价值已经非常有限,此时规定再多的优先受偿地位也并无实益。③

司法赔偿以外的其他传统对策则带有更明显的局限性。依靠政府救济填补大规模侵权损害,会加重政府财政负担,影响政府职能发挥,并导致纳税人间接承担责任的不公平结果。社会捐赠的自愿性决定了其能提供的资助是极为有限且不稳定的。当前大规模侵权责任保险在我国面临风险分散能力不足、相关法律体系不完善、市场有效需求不足、经营技术落后等问题。④ 我国的社会保障水平依然处于较低层次,尚不足以应对大规模侵权案件中的损害赔偿问题。⑤

鉴于各类传统对策的上述局限,解决大规模侵权案件中未来债权人利益保护问题必须开拓新思路,求诸新的制度选择。相较各类传统对策,破产重整是更有效的解决大规模侵权案件的方法。对陷入财务困境的侵权企业进行重整,在破产重整框架下设立以大规模侵权损害赔偿为目的的信托基金,将重整中拍卖或收购的收益以及重整企业或者收购方所获营运利润的一部分作为信托基金赔偿的基础,能有效解决对未来侵

---

① See Deborah R. Hensler & Mark A. Peterson, *Understanding Mass Personal Injury Litigation: A Socio-Legal Analysis*, 59 Brooklyn Law Review 961, 1054 (1993).

② 参见韩长印、韩永强:《债权受偿顺位省思——基于破产法的考量》,载《中国社会科学》2010 年第 4 期。

③ 参见许德凤:《论破产债权的顺序》,载《当代法学》2013 年第 2 期。

④ 参见史黎:《我国大规模侵权责任保险制度构建论》,中国政法大学出版社 2018 年版,第 131 ~ 137 页。

⑤ 参见刘炫麟:《大规模侵权研究》,中国政法大学出版社 2018 年版,第 174 ~ 182 页。

权债权人的损害赔偿问题。

二、作为大规模侵权案件之对策的破产重整制度

(一)破产重整制度的优势

破产重整作为破产法律制度的一种,就实现公平清偿的目的而言,相较单独诉讼和集团诉讼具有明显优势。破产法律制度旨在实现对全体债权人的公平清偿,既包括当前债权人,也包括未来债权人。程序上,受理破产申请的法院对所有债权人拥有对人管辖权,在破产申请得到受理后,正在进行的指向债务人的一切诉讼都必须中止,由此实现程序上的统一。在破产法的制度框架下,债权人作为企业的所有权人,通过集体决策的方式决定破产财产的处置与分配。实体上,破产程序受到绝对优先权规则与债权平等原则的约束,前者要求在高级请求权人得到完全清偿之前低级请求权人不能得到任何清偿,后者要求同一级别的请求权人得到公平对待,无论其请求权何时确立。① 另外,在破产程序中,法院也能更好地控制律师费用,以使受害者得到更多的赔偿。②

同时,相较破产清算程序,破产重整程序更有利于保护未来侵权债权人的利益。因为破产重整能保存企业的营运价值,可供赔偿未来侵权债权人的财产的价值也能随之增加。破产重整制度旨在通过鼓励利害关系人之间的自主谈判协商,同时实现债权人的公平受偿与企业的复兴,因此能有效地对受到破产影响的社会各方面利益进行协调,并维护社会秩序的稳定。③ 当债务人企业有明显丧失清偿能力的可能之时,即可适用破产重整程序,而不必等到债务人企业已经资不抵债或丧失清偿能力。当大规模侵权案件导致债务人企业陷入财务危机,首先应当适用破产重整程序,重整没有成功的希望时才能适用破产清算程序。在破产重整框架下,各方利害关系人运用破产法提供的制度设计,通过谈判协商达成统一赔偿方案。支持该赔偿方案实现的就是破产重整框架下的信托基金。

按照信托法原理,赔偿基金在信托法律关系中作为受托人,为救济受益人(当前和未来的侵权债权人),以自己的名义对信托财产进行管理和处分。赔偿基金作为受托人,对信托财产享有名义上的所有权,信托财产不再属于破产财产。在受托事由(侵权

---

① See Thomas H. Jackson, *Bankruptcy, Non-Bankruptcy Entitlements and the Creditor' s Bargain*, 91 Yale Law Journal 857(1982).

② See John C. Coffee, Jr., *Class Wars: The Dilemma of the Mass Tort Class Action*, 95 Columbia Law Review 1343, 1457 - 1461(1995).

③ 参见张钦昱:《大规模侵权纠纷之破产重整解决路径》,载《法学杂志》2016年第8期。

事件)发生后,受托人有义务向受益人转移财产所有权。对侵权债权人作出赔偿的义务由信托基金而非债务人企业负担,因而债务人能够专心经营,也能吸引投资者继续向企业投资,从而实现资产价值最大化,增进利害关系人整体利益。另外,信托基金旨在对债权人进行公平清偿,通过设立统一的赔偿标准,能避免个别赔偿的不确定性给法院和当事人带来的高额诉讼成本。

(二)大规模侵权损害赔偿基金的实例

最早的破产重整框架下的信托基金是在1982年美国"Manville公司重整案"中成立的。Manville公司是美国最大的石棉公司,石棉本身并无危害,然而如果不加防护而长期接触石棉,吸入的石棉纤维会沉积在肺部中造成肺部疾病。该案中的受害者包括长期接触石棉的工人及其家属,以及在石棉工厂的垃圾堆附近玩耍的儿童。20世纪20年代至50年代,由于吸入石棉纤维而患病的受害者以及死者家属对Manville公司提起的诉讼开始出现并越来越多。到1982年,Manville公司面临35,000~50,000笔石棉人身损害赔偿诉讼请求,总额超过10亿美元。由于当时Manville公司的总价值超过20亿美元,尚有挽救余地,经债务人申请,法院批准其进入破产重整程序。由于石棉侵权案件的特殊性与复杂性,法官从消极的裁决者转变为积极的纠纷解决者,创造出一种不寻常的、富有想象力的解决方式,即设立信托基金。重整计划设立了两个信托基金,一个是人身损害处理信托,用于赔偿由于吸入石棉造成的人身损害;另一个是财产损害处理信托,用以赔偿清除石棉造成的财产损失。① 人身损害处理信托拥有Manville公司80%的普通股,成为重整后债务人的最大股东,且有权提名Manville公司的两名董事。投入人身损害处理信托的财产包括约1.5亿美元的现金及利息、6.95亿美元的保险理赔收益、Manville公司的2400万股普通股和720万股可转换优先股(1992年12月转换为7200万股普通股)、5000万等额分期付款的有息应付票据、票面价值为18亿美元的无担保且不可流通的无息债券以及从1992年起Manville公司经营利润的20%。该信托基金于1988年5月开始加入谈判,并与进入重整程序前已经起诉的15,500位债权人达成了和解方案。②

1994年作为对Manville人身损害处理信托的立法游说活动的回应,美国国会在《美国破产法典》第524条中增加了第(g)节。该节规定承担石棉侵权责任的公司可以寻求第11章重整制度的保护,并设立旨在清偿石棉债权的信托基金。信托基金的资

① In re Johns-Manville Corporation. ,68 B. R. 618 ,632 – 38(Bankr. S. D. N. Y. 1986).

② See Frank J. Macciarola, *The Manville Personal Injury Settlement Trust: Lessons for the Future*, 17 Cardozo Law Review 583 ,599 – 602(1995).

金来源是一个或多个债务人的证券或者债务人未来作出支付的义务,且信托基金应当享有每个债务人、每个债务人的母公司或子公司(子公司同样也是债务人)的多数投票权。公司本身承担的石棉侵权债务将得到豁免,法院可以发布永久禁令禁止未来侵权债权人对公司提起诉讼。若第三方与债务人或债务人的关联方存在特定的关联关系,第三方也可以得到与重整计划有关的禁令的保护。①

我国的三鹿奶粉事件最终以破产清算结案,在2009年11月20日石家庄市中级人民法院裁定终结三鹿集团破产程序时,裁定显示普通债权清偿率为零。三鹿集团已无力承担对潜在受害者的任何赔偿。2008年三鹿奶粉事件发生后,中国乳协协调有关责任企业出资筹集了总额达11.1亿元的婴幼儿奶粉事件赔偿金(三鹿集团出资9.02亿元,其余由其他21家责任企业共同分担)。其中,2亿元作为医疗赔偿基金用于报销患儿急性治疗终结后、年满18岁之前可能出现相关疾病导致的医疗费用。另外9.1亿元用于发放患儿一次性赔偿金以及支付患儿急性治疗期的医疗费、随诊费。按照规定,2013年2月底之前,患儿家长随时可在当地领取赔偿金,逾期仍不领取的,剩余赔偿金将用于医疗赔偿基金。中国乳协将2亿元医疗赔偿基金委托给中国人寿代为管理。②

三、信托基金的基本制度构造

(一)信托基金的法律性质

从信托目的上看,破产重整程序中成立的上述信托基金旨在赔偿当前与未来的侵权债权人遭受的人身和财产损失,其信托目的具有公益性,并且其受益人是不特定的,因此该种信托基金应属于公益信托。例如,在"Manville公司重整案"中,受害者不仅包括工人及其家属,还包括有机会接触石棉的其他一切人。由于Manville公司是美国最大的石棉厂商,受害者分布的范围较广。1992年有2100万名以上的美国人面临石棉所导致的人身损害风险,且有25万~50万人的死亡与石棉有关。③ 因此为保护这些受害者的利益设立的信托是公益信托。相应地,破产重整框架下的信托基金在设立上要经过许可批准,受托人应符合特定资质要求,受到更严格的监管,且由于国家鼓励发展公益信托,能享受税收优惠待遇。④

大陆法系民法根据法人设立基础的不同对法人作出社团法人和财团法人的划分。

① See 11 U. S. C. § 524(g).

② 参见周发:《毒奶粉事件赔偿基金运作情况公布》,载《人民法院报》2011年6月13日,第6版。

③ See In re Joint E. & S. Dist. Asbestos Litig. ,129 B. R. 710,736(E. & S. D. N. Y. 1991),vacated on other grounds,982 F. 2d 721(2d Cir. 1992),modified sub nom. In re Findley,993 F. 2d 7(2d Cir. 1993).

④ 参见[日]中野正俊、张军建:《信托法》,中国方正出版社2004年版,第206~209页。

财团法人和公益信托都是运用民间资金实现公益目的的制度,二者社会功能基本相同,但为实现其目的所使用的法律技术不同。首先,公益信托相比财团法人,其设立更加简便。财团法人必须依法人方式成立,必须设有管理机构及固定的办公场所,且捐助金额有最低要求,而公益信托依信托方式成立。其次,财团法人具备独立法人人格,公益信托则不具备。① 最后,当发生设立时无法预见的特别情形,财团法人原则上不能变更设立时规定的捐赠行为,然而公益信托的整个信托条款都可以变更。相比财团法人,公益信托具有设立简便、营运费用低、运作灵活等优势,更适合相对小型、短期且简单的公益项目,而财团法人更适合大型、长期且复杂的公益项目。根据重整计划设立的旨在赔偿大规模侵权案件受害者的信托,不是具有独立权利能力的财团法人,而只是一种灵活的法律工具和管理方式;不是服务于长期的公益项目如资助贫困儿童等,而是在受害者都得到应得的赔偿后就会终止。

破产重整程序的核心是各方围绕重整计划的谈判,用于赔偿大规模侵权损害的信托基金的设立,是重整计划中的重要内容。重整计划实质上是一个由许多子契约组成的庞大契约,②在重整计划中约定设立信托基金,也就是以契约方式设立一个信托。信托契约和重整计划是合一的,前者就是后者的有机组成部分。除设立方式外,在捐赠数额、运作机制、存续期限等方面,灵活的公益信托模式与破产重整框架下的大规模侵权损害赔偿基金也更为契合。信托的资金来源、赔偿范围、存续期限等都可以在重整计划中约定。

(二)信托基金的赔偿范围

有权通过信托基金得到赔偿的受害者包括当前债权人和未来债权人,受害者是信托基金的受益人,享有信托受益权。信托受益权的性质在信托法理论上存在争论,在英美法系表现为"信托受益权对人权说"、"对物权说"和"折中说"之争,在大陆法系表现为"信托受益权债权说"、"物权说"和各种形式的"折中说"之争。然而英美法系并无"对人权法"或"对物权法",大陆法系却有债权法和物权法之分,所以何种学术观点为司法机关所接受,在英美法系国家不会影响法律的适用,而在大陆法系国家却能决定法官是适用物权法还是债权法抑或是同时适用二者。③ 以我国学者的代表性学术观点为例,有学者认为,信托受益权是相对于信托财产的债权,然而又带有物权性质效力的附随权利。④ 有学者认为,信托受益权是一种派生于委托人所有权,满足特定条件方

① 参见张国平:《论我国公益组织与财团法人制度的契合》,载《江苏社会科学》2012年第1期。

② 参见王佐发:《公司重整制度的契约分析》,中国政法大学出版社2013年版,第100页。

③ 参见张淳:《信托法哲学初论》,法律出版社2014年版,第285~289页。

④ 参见张军建:《信托法基础理论研究》,中国财政经济出版社2009年版,第159~162页。

能发生物权效力的他物权。[①]

无论采用何种解释,当前债权人可以作为信托受益人殆无疑问。当前债权人对于信托基金的请求权既可以解释为债权人对信托财产主张的带有物权性附随权利的债权,也可以解释为派生于委托人(重整中的公司)的财产权,满足特定条件(如在受托人拒绝支付时)才发生物权效力的特殊物权。然而未来债权人的法律地位在大陆法系的背景下很难定义。从传统侵权法的理论上看,未来债权不具有完整的债权构成要素,因为损害后果尚未出现,尽管损害后果在未来极有可能出现。即使未来债权被视为一种期待权,这种期待权属于物权还是债权,进而能否作为信托受益权的基础,都难以在理论上得以证成。

英美法系没有物债两分的基本架构,虽然存在对信托受益权性质的对人权或对物权之争,但这一理论争论不会影响法律的适用。在"Manville 重整案"中法官将未来债权人界定为《美国破产法典》第 1109 条下的"利害关系人"(parties in interests),[②]还准许接触过石棉但尚未出现症状的人参与重整程序,但是却回避了未来债权是否符合《美国破产法典》中的"债权"(claim)概念这一问题。[③] 到了后来的"Robins 案",法官明确指出未来债权拥有和当前债权相同的待遇。未来债权和当前债权一样遵守自动中止规则以及施加于所有债权的转移禁令,同样根据重整计划得到豁免,同样有权得到破产法下有关程序的保护。[④] 我国可以借鉴《美国破产法典》的立法精神,即通过为重要法律概念提供扩张解释的空间,随时将需要保护的利害关系人群体纳入破产法的保护范围,并鼓励各方利害关系人自主谈判协商,从而在为各方利害关系人提供救济的同时解决企业债务危机、实现企业复兴。这也许可以作为将未来债权纳入信托基金赔偿范围的充分理由。

---

① 参见徐卫:《信托受益权的法律性质新探》,载《上海财经大学学报》2006 年第 4 期。

② 《美国破产法典》第 1109 条中的"利害关系人"包括但不限于:债务人、管理人、债权人委员会、股东委员会、债权人、股东、契据受托人。See 11 U. S. C. § 1109(b).

③ 《美国破产法典》第 101 条第(5)节中的"债权"(claim)定义本身就比一般意义上的"债权"更为宽泛,为将未来债权纳入"债权"的范围提供了规范解释空间。第 101 条第(5)(A)节对"债权"的定义是:"请求清偿的权利,不论该权利是否经判决确定、是否经过决算、或然或是实然、是否到期、有无异议、普通法上的还是衡平法上的、有无担保。"另外,依据第 101 条第(5)(B)节,若衡平救济权能满足债务人违反义务将"产生请求清偿的权利"的条件,也可被认定为债权。See 11 U. S. C. § 101(5).

④ See In re A. H. Robins Co. ,86 F. 3d. 364 ,378(4th Cir. 1996). 该案是另一个通过破产重整框架下的信托基金解决大规模侵权案件的实例。Robins 是一家生产子宫内置避孕装置的公司,其产品对大量用户造成人身损害。1985 年 8 月,Robins 申请破产重整,1988 年达成重整计划。依据该重整计划,Robins 被 American Home Product 公司(AHP)的一家子公司收购,由 AHP 出资成立信托基金用于对受害者的赔偿。

（三）信托基金的资金来源

信托基金的资金主要来自企业破产重整所保存和增加的营运价值。信托基金的基础是重整中拍卖或收购对价中的一部分，未来赔偿的基础主要是重整中的债务人或收购方的未来利润以及信托基金本身运作产生的收益。重整中的债务人或收购方向信托投入现金、应收票据、保险利益等，还可以让信托持有其股份从而有权分享其收益。与破产清算程序中一样，这里也涉及破产程序中债权受偿顺位的问题，即重整中的债务人应当按照怎样的顺位将其营运价值投入信托基金。我国破产法没有将人身侵权债权纳入优先债权范围，基于人身重于财产的人本主义理念，有学者提出应当规定人身侵权债权优先于普通债权和职工债权、社会保险费用和税收债权等一般优先债权受偿。① 还有学者主张，将固定比例的担保债权额对应的担保财产优先用于人身侵权债权的清偿。② 依照破产法上法院批准重整计划必须遵循的清算价值保障规则，债权人在重整计划中得到的清偿不得低于其在破产清算程序中能够得到的清偿。③ 也就是说，如果在破产清算程序中人身侵权债权人拥有"超级优先权"，在重整程序中人身侵权债权人也应当拥有相对于其他债权人以及股东的优先地位。因此，重整计划中也应当约定，重整产生的营运价值应当首先依照重整计划约定的数额和方式向信托基金支付。

然而，债务清偿和企业拯救两项制度目标并非在任何时候都能并行不悖，因为用于清偿债权人的仍然是重整中债务人的财产。大量的潜在侵权债权一旦涌现，对于重整中的债务人来说仍然是沉重的负担，因为新增的资产马上会被新的债权人掠夺而去，最终可能导致重整失败，转向破产清算。在"Manville 重整案"中，信托基金仍然深受资金短缺的困扰，因为实际的受害者总数要大于预计的人数，且重整中的债务人的盈利能力被估计过高。为解决这一问题，除在重整计划中约定合适的方案（如约定债务人只有在满足特定财务标准时才能向信托基金作出支付，以及信托基金有权采用延期清偿的方式④）以保存债务人营运价值外，避免其走向破产清算，可能仍然需要政府

① 参见王欣新、乔博娟：《食品企业市场退出机制法律问题研究》，载《经济法学评论》2015 年第 1 期。

② 参见韩长印、韩永强：《债权受偿顺位省思——基于破产法的考量》，载《中国社会科学》2010 年第 4 期。

③ 参见《企业破产法》第 87 条的规定，"……（三）按照重整计划草案，普通债权所获得的清偿比例，不低于其在重整计划草案被提请批准时依照破产清算程序所能获得的清偿比例，或者该表决组已经通过重整计划草案……"。

④ 在"Manville 重整案"中，人身损害处理信托于 1990 年 3 月改变了运作方式，不再提供当即的完全清偿，转而采用延期清偿的方式以保存资产。与信托达成和解的债权人可以在 90 天内获得 40% 的赔偿，并在 5 年内获得其余 60% 的赔偿。See Frank J. Macciarola, *The Manville Personal Injury Settlement Trust: Lessons for the Future*, 17 Cardozo Law Review 583, 604 (1995).

救济和社会捐赠的支持。但是动用公共资源必须是最后手段,因为以信托基金的方式解决债务问题本身就是为了实现侵权企业自负其责,避免社会公众和纳税人为侵权企业买单,促使侵权企业吸取教训,防止事故再次发生。①

四、信托基金的治理体系

(一)重整中的债务人与信托基金的关系

首先,就法律关系上而言,重整中的债务人(或者出售式重整中的收购方)和信托基金之间是委托人和受托人的关系。信托基金作为受托人,有权从委托人处取得财产,以该财产名义上所有人的身份,按照信托契约即重整计划规定的目的,为受益人即当前和未来的侵权债权人的利益管理和处分信托财产。然而,破产重整框架下的信托与一般的信托在法律结构上存在不同。重整计划较之典型的信托契约,具有更多的司法强制因素,这是因为破产重整框架下的信托基金直接关系重整中各方利害关系人的利益以及社会公共利益。重整计划一经法院批准即具有强制执行力。如果需要变更重整计划中有关信托基金的内容,必须遵守法律程序,例如,由管理人审查后向法院申请,法院受理申请后则由受到影响的利害关系人重新表决,再由法院重新批准重整计划。② 另外,作为公益信托,信托基金的信托目的、信托管理方法的变更以及受托人的更换等事项本身也需要公益事业管理机构的批准。③

我国《信托法》赋予委托人的权利非常广泛,除受益权外,和受益人享有的权利相同。④ 在重整程序中,委托人享有的权利必须受到重整程序的限制。首先,委托人可以独立行使对非法强制执行信托财产的异议申诉权,对信托财产的管理运用、处分以及收支情况的调查权及说明请求权,信托账目以及信托事务处理的其他文件的查阅、抄录或复制权,信托财产的恢复原状请求权,损失补偿请求权以及撤销请求权。其次,对于信托财产的管理方法的变更权、受托人的解任权以及解任请求权、受托人辞任同意权、新受托人选任权、受益人变更权以及信托解除权,这些权利的行使实际上等同于变更重整计划,应当依据上述的重整计划变更的法律程序而为之,委托人不能独立行使。同理,受托人的辞任权以及委托他人代为处理的权利也应当依重整计划变更的法律程

① 参见张新宝、岳业鹏:《大规模侵权损害赔偿基金:基本原理与制度构建》,载《法律科学(西北政法大学学报)》2012年第1期。

② 参见王欣新:《试论重整制度之立法完善》,载《昆明理工大学学报》(社会科学版)2010年第5期。

③ 参见[日]能见善久:《现代信托法》,赵廉慧译,姜雪莲、高庆凯校,中国法制出版社2011年版,第293~294页。

④ 参见《信托法》第49条。

序而行使。但是,相比一般情况下的重整计划变更程序,变更重整计划信托内容部分的程序应具有更高的灵活性。因为向信托基金提出主张的债权是不确定的,所以信托基金本身需要一定的灵活性使之能够及时调整运作方式以达至信托目的。①

其次,就经济关系上而言,信托基金应当对重整中的公司拥有按照一定比例配置的债权和股权。通过债权和股权比例的配置,资本结构的设计,在不同的债权人中间分配资产和风险。债权人通过信托基金可以获得现金清偿,从而得到低风险的支付保障;也可以获得股权清偿,从而对重整中的公司行使控制权,进一步保证对公司资产的控制。由于不同债权人面对的风险以及各自的风险承受能力存在差异,不同债权人之间的利益分配应有差等。第一,作为非自愿债权人的侵权债权人,相较作为自愿债权人的合同债权人来说,风险承受能力则更低。因此,应当尽量把风险更低的债权和优先股分配给侵权债权人,而把风险更高的普通股分配给合同债权人。第二,未来侵权债权人承受的风险比当前侵权债权人更大,而且未来侵权债权人本身风险承受能力较低。因此,不仅应当将风险更低的资产分配给未来侵权债权人,还应当基于未来侵权债权人面对的风险及其本身的风险承受能力,为未来侵权债权人提供相应程度的风险补偿。②

(二)信托基金的监督机制

破产重整程序是一种司法程序,法院是破产重整程序中主要的监督者和裁决者。重整中的债务人有义务转移其财产权于受托人以完成信托,这一义务由管理人或在管理人监督之下的债务人董事或管理层履行,由法院负责监督。正如管理人或债务人董事、管理层是其他债权人的受信人,对其他债权人负有信托义务,信托基金是侵权债权人的受信人,对侵权债权人负有信托义务。因此,法院对管理人或债务人董事、管理层的监督权力同样可以施之于信托基金。另外,由于该种信托基金属于公益信托,其设立应当经公益事业管理机构批准,且公益事业管理机构有权依据《信托法》第六章的规定对信托基金作出监督。③ 应当建立健全法院与公益事业管理机构之间的联动机制,以便二者在信托基金设立、运行直至终止的过程中相互配合。

在受理重整申请的同时,法院应当指定未来债权人的法律代表,因为未来债权人身份尚未确定,法律代表只能由法院指定,并受法院监督。法院有权依受益人的请求或依职权更换法律代表。未来债权人法律代表在重整程序中代表未来债权人与债务

---

① See Marianna S. Smith, *Resolving Asbestos Claims: The Manville Personal Injury Settlement Trust*, 53 Law and Contemporary Problems 27, 36 (1990).

② See Yair Listokin and Kenneth Ayotte, *Protecting Future Claimants in Mass Tort Bankruptcies*, 98 Northwestern University Law Review 1435, 1503 (2004).

③ 参见《信托法》第 62 条、第 64 条、第 66 条、第 67 条、第 68 条、第 69 条、第 70 条、第 71 条、第 72 条。

人、当前债权人及其他利害关系人就信托基金的各方面事项展开谈判。未来债权人法律代表可以雇用专业人士为其谈判工作提供服务。未来债权人法律代表相当于债权人委员会的角色,但其特殊性在于其所代表的债权人身份尚未确定。未来债权人法律代表通常由社会中介机构或组织担任,但管理人不能兼任未来债权人法律代表,因为管理人处于中立地位,代表的是利害关系人整体利益,而不能成为任何一类利害关系人的代表。

为加强对受托人的监督,保护受益人的利益,公益信托必须设有信托监察人。当受托人违背忠实义务,违反信托目的管理和处分信托财产,使受益人权益受到侵害时,信托监察人有权提起诉讼或者实施其他法律行为。① 信托监察人实际上能以自己的名义,行使信托法赋予受益人的全部权利。② 信托基金成立后,未来债权人法律代表将转化为信托监察人负责监督,无须再设置其他信托监察人。为使未来债权人法律代表(信托监察人)拥有充分的维护未来债权人利益的激励,可以在重整计划中约定未来债权人法律代表(信托监察人)从未来债权人得到的支付中得到一定比例的支付。③ 就支付顺位而言,未来债权人法律代表(信托监察人)及其聘用的专业人士履行职责产生的费用应当被认定为共益债务。④

五、结语

本文针对大规模侵权案件中各类传统对策的不足,提出运用破产重整和公益信托两种法律制度,通过重整计划设立以侵权债权人为受益人的信托基金,以兼顾公平与效率,实现债务清偿与企业复兴的双重目标。公益信托旨在运用民间资本实现公益事业目标,而破产重整的核心精神在于各方利害关系人的自主谈判协商,二者都需要成熟的市场机制和完备的法治环境作为充分实施的前提条件。另外,大规模侵权事件中各类传统对策虽然存在不足,却也并非全无用武之地。破产重整框架下的大规模侵权损害赔偿基金必须与各类传统对策协同配合,形成完整的体系,以应对各类不同情形。若侵权企业尚未陷入财务危机,受害者依然可以提起民事诉讼请求赔偿。若侵权企业已经失去挽救希望,则应当适用破产清算程序,由政府救助和社会捐赠协助填补损失。破产重整框架下的大规模侵权损害赔偿基金有时也需要来自政府救助和社会捐赠的

① 参见《信托法》第 65 条。

② 参见张军建:《信托法基础理论研究》,中国财政经济出版社 2009 年版,第 268 页。

③ See Yair Listokin and Kenneth Ayotte, *Protecting Future Claimants in Mass Tort Bankruptcies*, 98 Northwestern University Law Review 1435,1502(2004).

④ See Georgene Vairo, *Mass Torts Bankruptcies: The Who, The Why and The How*, 78 American Bankruptcy Law Journal 93,152(2004).

补充资金。大规模侵权责任保险和社会保障的发展,将有助于预防和纾解侵权企业的财务危机,使之无须进入破产程序。理论上,破产重整框架下的大规模侵权损害赔偿基金可以有效协调各类主体的利益需求,实现受害者的公平受偿并维护社会公共利益,但其实际效用的充分发挥还需要有利的外部环境以及各方面配套制度的完善。

(责任编辑:莫晓尧)

从社会共识到法治价值共识的破产联动*

范志勇**

摘　要:在重大突发公共卫生事件下,我国民众自发形成的整合一切资源以“共克时艰”的社会共识反映在破产法治实践中,形成破产程序中各方主体积极性与能动性被全面调动的破产联动现象,有力地发挥出破产能动司法的社会治理功效。重大突发公共卫生事件为正当的社会共识的形成提供了纯粹性的正义程序,整合了社会成员的行为目标。社会共识作为破产联动探索的朴素的动力源泉具有阶段性的时代局限,为把握我国破产法治变革的历史契机,有必要及时将社会共识转化为破产法治价值共识,以法治化的方式完善我国破产法的基本原则与相关规范,建构我国的破产联动长效机制。

关键词:破产联动;社会共识;破产法治价值共识

在近年来的重大突发公共卫生事件中,我国的破产司法实践浮现出从破产府院单向联动到双向互动的破产府院联动,再到破产法律关系主体积极性与能动性被全面调动的破产联动现象,有效发挥出破产法在社会治理层面的独特功能。然而,破产联动实践的社会共识基础极大依赖事件的处理进程,具有阶段性的历史局限。为构建我国破产联动的长效机制,使其成为改善破产质效的“永动机”,须将其纳入破产法的基本原则与规范之中,将破产联动的社会共识转化为破产法治价值共识。

一、我国的破产联动司法实践

破产事件本质上是公平处置债务人对外债权债务关系的特别司法程序,由法院主

---

* 收稿日期:2020年10月27日。

** 北京交通大学法学院讲师,中国人民大学破产法研究中心兼职研究员。

导并监督,破产管理人具体管理破产事务,债权人通过债权人会议集中表达债权人意志、统一债权人行动。[①] 以破产程序为中心展开的破产法治具有公平保障债权人利益、弥补传统民事救济手段之不足、给予债务人事业重生的机会、切断债务膨胀危机、保障经济秩序良好运行等价值。[②] 破产法的实施具有强烈的外部性,若得到充分、有效的运用,则可转化为重要的资源。[③] 在我国破产法的市场化、法治化的实施过程中,诸多难题浮现,譬如,破产相关配套法律制度不健全,行政权在解决破产衍生社会问题方面缺位;破产程序启动不畅,行政权不当干预的问题;破产债权人非理性行使债权人会议表决权,过分追求不当利益而恶意钳制的问题;破产程序中法院为满足社会效果的要求,滥用重整计划强制批准制度,破坏破产程序中债权人的意思自治原则,侵犯债权人的合法权益,不公正分配破产财产的问题等。各种类型的破产法适用问题中,很大一部分为我国的破产法治不健全所带来的问题,根源在于我国破产法治的建构时间之不长与破产法文化之不彰,我国社会民众尚未就破产法治价值形成必要的共识。与此相对,在应对重大突发公共卫生事件中我国破产法治实践却迸发出前所未有的光华,整合全社会资源以"共克时艰"的时代精神也成为凝聚破产法治利益共同体的社会共识,推动了破产法治的社会功能得以"超常发挥"。这一破产法治的独特现象超越了破产府院联动机制的范围,充分、全面调动了破产程序中各方主体的积极性,破产法院、破产管理人、破产债权人与债务人,以及重整投资人等利害关系人纷纷在各自领域为应对重大突发公共卫生事件的社会治理工作提供大力支持,笔者将此实践探索统称为破产联动。

二、社会共识:我国的破产联动探索的动力之源

受重大突发性社会公共事件的影响,常态化的社会治理机制被迫中断,社会中难免出现恐慌情绪,但从抽象的社会共识角度辩证来看,社会民众却出现了格外团结的局面,个体目标与社会整体目的达成了空前的一致,当政府在其中凸显出强有力的引导作用时,社会共识的思想力量将转化为强大的社会生产力。在论及破产法治之际,观察者的目光往往局限于学理或司法实践中的具体问题的研讨,而忽略了作为问题存在的意识基础的社会共识。民众在自发形成的社会共识中屏蔽了个体追求过度私人利益的偶然因素的干扰。重大突发公共卫生事件下的社会共识因其纯粹性的发生程

① 参见韩长印主编:《破产法学》,中国政法大学出版社 2016 年版,第 215 页。

② 参见李永军、王欣新、邹海林、徐阳光:《破产法》,中国政法大学出版社 2017 年版,第 4 ~5 页。

③ 参见许德凤:《破产法论:解释与功能比较的视角》,北京大学出版社 2015 年版,第 33 页。

序,而具备了充分的正当性,直接促生了破产联动的法治实践。

(一)重大突发公共卫生事件催生破产联动的社会共识

在重大社会治理危机中,一方面,民众对以政府为主的公权力机关提出了强烈的服务诉求,要求其必须尽快改善治理不力的局面,以积极有为的姿态应对治理危机;另一方面,也在全社会范围内为公权力机关介入危机治理、施行全社会动员等举措提供了主流民意的强大支持,民众中形成了一种积极、正面、公平、开放、包容的公共心态。[①]在现代社会突发公共事件中,政府成为主导的应对力量,越是大规模、紧急、意外的突发公共事件,越需要政府发挥反常态的组织、动员作用,而市场的自发调控力度相应递减。事件致使公民社会与政治国家的二元体制出现临时性失衡,对其紧急回应的社会治理需求成为社会主要矛盾,而唯有公权力运行的高效、权威的特征才能满足民众的应急性管理要求,行政权在应对危机中的主导地位,在全社会场域中推动形成作为集体行动思想基础的社会共识,即所涉各方主体应努力推动实现社会治理中的公共利益目标,而摒弃过度的私人利益追求。

社会共识是社会成员对待某社会事实的意思表示的一致性。社会共识有助于凝聚社会成员的共同利益,提供社会成员判断和行为共通的基础,增加社会合作的数量,维护良好的社会秩序。[②] 中国作为后发的现代化国家,要在短暂的时期内完成发达国家几百年的发展任务,沉重的负担加剧了社会转型期本就多元的利益冲突与价值矛盾。重大突发公共事件中,我国社会主义体制所发挥出的“集中力量办大事”的卓绝的组织、动员民众的优势,成为解决现代多元社会价值矛盾的有效因素。因此,重大突发公共卫生事件中正向的社会共识对于处在社会主义初级发展阶段的我国来说,意义尤为重大,不仅成为社会治理工作取得胜利的关键点,推动了我国民众个体价值观的整合,增强了全社会的凝聚力与向心力,而且在特定社会领域形成的社会共识对于突破固有制度的改进障碍有特别的价值,为该领域中的相关共同体达成一致的价值共识提供了难得契机。在破产领域中因此达成的社会共识主要表现为法院、政府、破产管理人、债权人、债务人以及其他利害关系人等各方主体积极性的充分调动,在破产程序中以法治的方式寻求实现社会公共利益目标的空间,并消除个体对破产程序的阻碍与钳制,能够快速地通过富有效率的意思自治、沟通协调的方式填补法律漏洞。

(二)重大突发公共卫生事件下社会共识的正当性

重大突发公共卫生事件中达成的社会共识虽然形式上貌似具有“被迫性”,但并不

---

① 参见冯辉:《金融危机、国家治理与法治精神》,载《政法论坛》2017年第6期。

② 参见周光辉:《推进国家治理现代化需要寻求和凝聚社会共识》,载《法制与社会发展》2014年第5期。

能泯灭其实质合理性。“无知之幕”(veil of ignorance)的正义程序与交往行为理论可以为重大突发公共卫生事件下社会共识的正当性提供注解。

1.“无知之幕”下社会共识的正义性

由于无法承受巨大的成本与失败的代价,社会科学难以开展自然科学意义的实验,但社会科学研究者仍然可以结合社会科学的特点提出证成结论的社会背景模式。对于正义的追求,是社会科学所有学科的共同目标和最高理想,学界对于正义的内涵争论不休,而关于达致正义的程序更可谓见仁见智。其中,约翰·罗尔斯(John Bordley Rawls)提出的“无知之幕”原理,因其排除一切有违正义因素干扰的假定程序而成为相对合理的理论。罗尔斯在该论中秉持原初状态的理念,旨在建立一种公平的纯粹程序,假定各方处于一种“无知之幕”的背后,驱逐使人们陷入争议的社会地位、经济状况、文化水平、理智力量、心理特征等各种偶然因素与特殊事项,各方仅可能知晓他们所处的社会受到正义环境的制约及其所具有的任何含义的唯一特殊事实,从而在“无知之幕”的程序中排除各方讨价还价的基础,没有人能够修改原则以适合自身的利益,进而,这一假想的社会环境使一种对某一代表真正的利益和谐的正义观的全体一致的选择成为可能。[①] 近年来的公共卫生事件为我国营造了最接近“无知之幕”的正义原初状态的社会环境,破产程序中各方主体在最大程度上放弃了常态社会背景中的利益博弈的偶然因素,在其中所自然达成的社会共识也成为一种最临近正义的合意状态。

2. 交往行为理论的证成

尤尔根·哈贝马斯(Jürgen Habermas)创设的交往行为理论,为社会共识的达成与使用提供了有力的解读依据。他认为,在适格的交往行为中,所有参与者通过他们的言语行为所追求的都仅仅是以言行事的目的,而非以言取效,交往行为要与直接干预行为语境的工具行为、算计和左右对方抉择的策略行为进行严格区分,交往行为参与者所形成的共识具有相互信服的、合理的基础,一方接受了另一方在言语行为中所提供的内容,并对可以批判检验的有效性要求采取肯定或否定的立场,共识与实际中偶然的意见一致不同。[②] 交往行为中凸显出的交往理性以主体间性取代主体性的概念,终结了主客体二元对立的传统哲学认识论架构,以承认和尊重异质性为前提,强调平等主体之间通过直接或间接的语言互动,在交往主体间达成相互理解和共识,实现合

---

① 参见[美]约翰·罗尔斯:《正义论》,何怀宏、何包钢、廖申白译,中国社会科学出版社1988年版,第136~141页。

② 参见[德]尤尔根·哈贝马斯:《交往行为理论——第一卷 行为合理性与社会合理化》,曹卫东译,上海人民出版社2018年版,第362~371页。

理社会的可能。[①] 交往行为达成共识的前提是参与者之间拥有共同的生活世界,其成为交往行为所依赖的共同语境。[②] 重大突发公共卫生事件为我国破产程序中的所有参与主体提供了一致的外在世界体系,各方主体的博弈、内耗的冲动被更正当、急迫的社会治理目标所取代,直接促成了合理的、非混乱的社会共识的产生。

(三)破产法治变革应抓住社会共识提供的历史契机

在法治发展与变革的进程中,充满了不同利益群体的角逐,社会变革的“帕累托改进”(Pareto Improvement)的目标在法治建设层面往往仅为一种理想,既得利益集团往往成为法治变革的重大阻力,在常态社会运行状况下,顾虑到社会稳定的大局,社会利益的重新分配很难“破局”。价值多元的社会是由社会成员多元冲突的利益诉求造成的,这在破产程序中表现得尤为明显,破产法治的完善也因此成为法治建设中的难点。在重大突发公共事件中的社会共识形成后,因社会主要矛盾的一时变化而使国家从政府到民间的行动目标空前一致,借助时势的“东风”,调整社会在破产层面利益格局的问题成为可能,因为固守现状,阻碍与违背社会共识的做法会造成“满盘皆输”的结局,接受社会共识的“改造”对任何利益群体来说可视为最优的理性选择,先进的社会共识为破产法治变革提供了合理性与可行性。如果社会治理的权力主体未及时回应社会共识的变革呼声,错过了重大公共事件后破产制度变革的最佳期,一旦社会经济恢复正轨,破产法治中的核心分歧将重现。

三、以破产法治价值共识建构破产联动长效机制

重大突发公共卫生事件下的社会共识向破产法治价值共识的转化,可以推动破产联动由临时性的自发举措向法治长效机制的转变。破产联动本质上是个体破产价值观的协调,联动的精髓在于各相关主体就破产法治涉及事项取得了价值共识,建构破产联动长效机制为破产法治价值共识注入了全新内涵。

(一)破产法治价值共识的出场

无论重大突发公共事件给社会经济带来的危机如何严重,国民经济与社会发展终究要在危机过后恢复常态。对于突发事件的法治化治理路径是追求一种内生性、整体性的治理机制,而非简单的危机事故紧急处理。[③] 其中,达成的社会共识,是中国现实社会关系的反映,也必将随着社会关系的发展而变化,突发公共事件中的社会治理机

① 参见吴育林、陈水勇:《交往理性视阈中的价值共识》,载《学术研究》2011 年第 1 期。

② 参见[德]尤尔根·哈贝马斯:《交往行为理论——第一卷 行为合理性与社会合理化》,曹卫东译,上海人民出版社 2018 年版,第 352 ~ 353 页。

③ 参见冯辉:《金融危机、国家治理与法治精神》,载《政法论坛》2017 年第 6 期。

制属于临时性、非常态的“战时”措施，其本质上不具有可持续性，由此带来其上形成的社会共识的不稳定性决定了其发生转变的必然性。申言之，民众对此社会共识的遵从来自个体基本生存权价值的至上性，当事件对生命的威胁消逝，民众“共克时艰”的社会共识也将不断弱化，被事件“俘获”的个体差异价值观将摆脱被“奴役”的状态。对于不幸事件衍生出的先进社会共识，主导国家治理的权力机关有责任在相应领域中将其转化为具有持久性的法治价值共识，从而得以反作用于社会关系，以推动社会生产力的进步，形成良性循环。

相较而言，社会共识是一种事实层面的共同判断，而价值共识是一种主观深层且具有社会规范约束力的认同。价值共识为在平衡私人利益的基础上探索社会公共利益的实现空间提供了可能，价值共识在根本上是由社会成员参与集体生活的公共需求决定的，作为个体参与社会生活的前提，个体价值观需要面向社会基本价值观进行社会化改造。社会学家尼古拉斯·卢曼(Niklas Luhmann)否认了社会共识的普遍存在性，他认为，现实性的共识所赖以生存的同时性的、同意义性的体验基础是罕见的，实际上，民众甚至不可能对意义的具体丰富性有足够的体验，难以实现的完全的事实上的共识会降低对其他主题的关注力，并会很快使之耗尽，就人们的现实体验而言，“一般社会共识”只需要在某些方面、某些时期得到满足。制度的作用更多地在于对共识的节制运用，使人们之间快速、明确的选择沟通得以成立，即便情境和参与者发生变化，相互理解的情境的基础仍然存在，而不必重建基础，行为期望可以在最低限度上达成一致。① 简言之，“制度化的功能在于对行为压力和风险的有效分配，由此使得习惯性的社会化简方式有可能得到维持，并在短期内赋予某些规范投射相对更多的机会”。② 法治价值共识符合卢曼所称的在社会共识的价值被消解之后的制度化努力，其以法律规范的相对稳定化方式，为社会交往行为提供了有效、公正的模板。

破产法治价值共识最大限度地凝聚了破产程序中正当的社会共识，此社会共识向破产法治价值共识的转化具有历史必要性，我国于重大突发公共卫生事件后破产法治的利好局面能否持续下去取决于共识转换的效率，破产法治价值共识在破产领域可以实现社会共识的固定化、规范化、制度化，以使破产联动的长效机制得以构建，其将为破产法治发展提供不竭动力。

---

① 参见[德]尼古拉斯·卢曼:《法社会学》，宾凯、赵春燕译，上海人民出版社2013年版，第103～104页。

② [德]尼古拉斯·卢曼:《法社会学》，宾凯、赵春燕译，上海人民出版社2013年版，第105页。

(二)价值共识是个体价值相互同化与包容的结果

价值共识是相互交往的社会主体在某种价值观念上形成的协调状态,包括价值认同与价值认异两种基本形式,前者意味着价值共同体内成员为同一价值观彻底同化;后者则承认了社会成员内心价值观差异的客观现实,但不同的社会成员却能包容、体谅、尊重同一价值观的约束,从而形成价值共同体。① 源于社会关系、生活方式、利益诉求、价值观念多样化的社会客观现实,多元化已经成为当代中国社会的常态。② 在多元化社会背景中,实质意义上的价值共识难以达成,而经过法治的规范与引导,社会成员达成形式意义上的价值共识是具有一定可能性的,这种价值理解与认同的态度也将对价值共同体成员自身存异的价值观产生潜移默化的调整影响,推动实质价值共识的形成。“价值共识既承认文化多样性的现实,为人们持有个人价值观念留下了适宜的空间,又达成了价值的一致,为人们参与公共事务提供了价值引导。”③理性的社会价值共识源于社会共识,而社会共识产生于个体价值观相互认同、整合的过程中,是以一种优胜劣汰的、自然而然的竞争机制形成的“自在之物”。某群体自发孕育出的集体价值观,在被其他群体或个体融合中可能被不断抛弃而丧失成为社会价值共识的机会;也可能被更多的个体所认同,从而其价值共同体不断扩大,当被社会民众所普遍认同时,其得以成为社会价值共识。

“每个社会秩序都面临着分配权利、限定权利范围、使一些权利与其他(可能相抵触的)权利相协调的任务。”④法治作为现代社会维护社会秩序的最核心方式,以统一社会个体权利为基本任务,而自由作为权利的实质性内涵,破产法治价值共识的建立是否会影响法治框架下个体所享有的自由?答案是否定的。价值共识以差异性共在为存在论基础,“差异性的主体自我意识同时实现了饱满化与相对化,在认同中承认,也在承认中认同,有可能自觉地意识到与他者共在的事实或至少经验到一种与他者的共在感”。⑤ 实质上以统一的价值观彻底取代个体多元的价值观是虚妄的幻想,无差异无共识,“由个体认同差异所带来的人们关于社会价值观念的不同态度,形成了社会价

---

① 参见汪信砚:《价值共识与和谐世界》,载《武汉大学学报》(哲学社会科学版)2017年第5期。

② 参见周光辉:《推进国家治理现代化需要寻求和凝聚社会共识》,载《法制与社会发展》2014年第5期。

③ 周谨平:《权威性社会价值的共识进路》,载《湖北大学学报(哲学社会科学版)》2018年第3期。

④ [美]E.博登海默:《法理学:法律哲学与法律方法》,邓正来译,中国政法大学出版社2014年版,第325页。

⑤ 沈湘平:《反思价值共识的前提》,载《学术研究》2011年第3期。

值观念共识的丰富资源”,①个体差异的丰富性也保证了正当价值共识的可能性。

就法治而言,康德(Immanuel Kant)强调,法律通过强制实现的形式客观性的特征,法律不可能也无必要保留实质伦理,法律即为关于强制的形式化伦理原则,是根据个人自律的理念所形成的命令,在法律之下众生自由,所有人自负其责。② 申言之,法律是对克制自由的自我决断,而非对意志自由的强迫。黑格尔(Georg Wilhelm Friedrich Hegel)也将对自由的规制纳入其宏大的哲学体系中,其认为,自由需要具体化地纳入民众生活机制中,以实现自由的理性化和现实化,自由的进步并非根据主体的主观愿望的理想化的、线性的进程。③ 法治本身仅对侵入他人自由疆域的不当自由进行必要规范,并对合理的自由予以充分保障。在诸种法治手段中,法治价值共识是必然选择。“经济生活只能通过两条道路进行法律规制,而这两条道路都来自平等原则:通过平权个人的私法自治,以及通过经过了民主合法化的国家权力。”④因此,国家权力对社会经济生活的介入要绝对谨慎,直接干预社会个体的交往行为自由在现代法治社会往往是被摒弃的,而以国家权力引导的民主立法方式建立法治价值共识,是一种富有想象力的、间接的、有效的调节社会主体行为方向的方式,是在尊重私法自治原则的优先地位基础上作出的制度抉择。

四、破产法治价值共识下的破产联动

就我国宏观层面的社会价值共识而言,在党的领导与中央、地方政府的政策指引下,通过媒体、教育、奖惩等多种形式进行宣导,可对宣传受众产生潜移默化的深刻影响。但就不同微观领域中的社会价值共识的建构而言,在全社会道德宣教的基础上,应当再结合各自的特点采取多样、灵活、有针对性、有效的推动举措。立法本身就是社会共识的重要类型,可以进一步提升社会价值共识的统合程度。破产法治价值共识是在破产法实施领域中最基本的价值共识,是以立法的方式明确化、强制化的社会共识。破产联动的破产法治价值共识的形成,必须以法治的方式来建构,即将重大突发公共

---

① 陈新汉:《认同、共识及其相互转化——关于社会价值观念与国民结合的哲学思考》,载《江西社会科学》2014 年第 7 期。

② 参见[瑞士]马塞尔·森:《法哲学与社会哲学——关于欧洲、北美、印度和中国的法哲学与社会哲学史研究》,刘毅、高媛译,中国政法大学出版社 2016 年版,第 60~62 页。

③ [瑞士]马塞尔·森:《法哲学与社会哲学——关于欧洲、北美、印度和中国的法哲学与社会哲学史研究》,刘毅、高媛译,中国政法大学出版社 2016 年版,第 69 页。

④ [德]弗里茨·里特纳、[德]迈因哈德·德雷埃尔:《欧洲与德国经济法》,张学哲译,法律出版社 2016 年版,第 128~129 页。

卫生事件下社会共识所展现出来的破产联动的实践经验,以我国破产法基本原则与相关规范内容的形式固化下来。经笔者总结,相关社会共识至少可以分解、转化为破产法律规范完善的以下四个方面的问题。

(一)普遍建构有序的破产价值共识

破产程序是充满当事人权利竞争与利益博弈的过程,不唯债权人与债务人之间的权益冲突,债权人群体内部也就有限的破产财产存在激烈的此消彼长的"零和博弈"(zero-sum game)。作为市场经济社会环境下理性的自我最佳利益的追求者,当事人在破产程序中的配合行为主要受制于强制性法律规范的约束与私人自治领域中自我利益预期的满足。因此,为实现以扩大当事人的"一致行动"的范围来提升破产程序在质效的目标,可在完善破产强制性法律规范体系与在破产意思自治领域寻求基本价值共识的指导两个方面着重用力,且二者能够通过破产法基本原则相结合。申言之,破产法价值理念具有不可避免的矛盾性,平衡破产法的价值目标经常是"不可能完成的任务",由此带来破产法价值理念进行排序的必要性。保障债权人公平、有序受偿作为破产法的传统目标,在现代社会仍然应具有基础性的核心价值地位,其是破产法之为破产法的关键要素与精神特质;作为破产重整、破产和解程序的立基之本的债务人事业挽救价值相应处于次位,在债务人丧失债务清偿能力之后,在不侵害债务人基本权利的前提下,较之债务人权益而言,破产债权人的权益将产生一种实质上的优先效力,为保证债务人企业的延续而牺牲债权人依法应获得的利益是不足取的,亦为破产法规范所不允许;而增进社会公共利益的目标,在作为实现当事人私人利益的破产程序中应享有劣后的价值顺位,即便在破产个案中所欲实现的社会公共利益表现出紧迫性与必要性的特点,以经济分析方法观之,错过该目标将产生巨大的经济浪费,其也无权优先于相冲突的破产债权人利益最大化与公平受偿,以及债务人事业拯救的目标。破产价值共识序列宜融入破产法基本原则规范体系中,以之获得法律效力,并以之作为破产事件中的基本价值共识,引导破产程序中的意思自治向平衡私人利益与社会公共利益的现代破产法治的目标发展。

(二)努力发掘破产法的正外部性价值

结合破产法治基本价值共识,破产法在保障债权人受偿利益中应保持谦抑性,这也是破产法的主要任务,破产法院与管理人的任何工作不能突破债权人中心主义的合法性底线。与此同时,在追求债务人事业拯救,尤其是增进社会公共福利的破产法目标上,破产法院与管理人应当积极作为,在破产法治框架内努力寻求一切可能的机会,最大限度地发挥破产法的正外部功能。受到个案固有的利益格局的限制,在经过比例原则的衡量之后,对于有必要在破产程序中实现的与私人利益相冲突的社会公共利益,国家可基于"准征收"的法理进行"破局",通过国家财政支出的方式,对利益受损的破产当事人予以充分补偿,在满足破产当事人的合理期待利益之后,实现社会福利的增进。详言之,准征收是"无正式的征收权行使而人民财产权受到侵害请求价值损失补偿之情形"。① 有时为了公共目的而不得不对私人财产权进行若干限制或干涉,调和公益与私人财产权利益即为准征收的规范目的。② 在大陆法系,准征收法理源于德国的特别牺牲理论(Special sacrifice)。德国联邦最高法院根据帝国法院的具体行为理论创造了特别牺牲理论。③ 准征收将产生对财产的强制侵犯,致使受害人同其他人相比时有所区别,构成特别的、其他人都无法成为的牺牲者,承受了更多的不利益负担,有违宪法上平等原则的要求,而通过补偿,可以使平等原则得到遵守。④ 即人民的财产权同时负有社会义务,必须不违反公益。但一旦既为公益所牺牲——亦可称为特别牺牲(Sonderopfer),为了保障平等权及人民财产权起见,应给予被害之人民公平之补偿,也是借公众之力来平衡个人为公益的损失——负担平衡(Lastenausgleich)。⑤ 公共利益由全民获益,由此对破产事件中的私人所造成的个别负担,亦由全民分担才符合公平理念。债务人事业拯救与债权人利益最大化目标的统一也可以参照"准征收"的法理,在债权人预估债务人重整程序不利于自身利益实现的情况下,执着于挽救债务人事业目标的其他当事人可以尝试对利益受损债权人予以补偿,以求得其同意重整,因未直接涉及公共利益,补偿资金只能源于私人,根据"受益者付费"的原则,由追求重整的债务人的股东或者外部投资人额外负担该笔费用为妥。总之,在债权人利益受损的"裂痕"通过补偿获得弥合之后,理性的债权人没有理由再阻止破产法院与管理人积极实现债务人事业拯救与增进社会公共福利的目标。当然,在债权人利益、债务人事业拯救以及社会公共利益三者不冲突的特殊个案情境下,不存在准征收理论适用的空间,破产法院、管理人应面向破产法机制融合的目标来适用相关破产法律规范,譬如,破产管理人在选择解除还是继续履行尚未履行完毕的双务合同之际,应根据能否实现破产法 3 项价值的基准进行判断与抉择,不宜盲目行使选择履行权。

(三)完善破产信息披露制度

破产信息披露制度旨在实现破产当事人之间掌握信息的均衡,以促进破产共识的形成。破产事件中的债权人有时并非刻意不与债务人开展合作,而是出于对债务人欺

---

① 谢哲胜:《财产法专题研究(二)》,中国人民大学出版社 2004 年版,第 159 页。

② 谢哲胜:《财产法专题研究(二)》,中国人民大学出版社 2004 年版,第 181 ~ 182 页。

③ 参见[德]哈特穆特·毛雷尔:《行政法学总论》,高家伟译,法律出版社 2000 年版,第 667 ~ 668 页。

④ 参见[德]康拉德·黑塞:《联邦德国宪法纲要》,李辉译,商务印书馆 2007 年版,第 355 ~ 356 页。

⑤ 参见陈新民:《行政法学总论》(第 9 版),台北,三民书局 2015 年版,第 489 页。

诈的担忧所引发的不信任,在当事人互相提防、严格防控被欺诈风险的心态下,当事人难以达成破产共识,更遑论在破产程序中努力实现社会公共利益的目标。因此,完善破产信息披露制度,缓解当事人之间的信息不对称,保障债权人的知情权,消除债权人对债务人欺诈嫌疑的"不安全感",是个案破产联动的"助推器"。其他防范、纠正破产欺诈的制度规范,譬如,破产无效制度、破产撤销制度之功能发挥与有效运行,也有赖信息披露制度。① 同时,破产债权人并非在所有场合均为"精致的利己主义者",尤其在特定情境下,秉持利他主义的"大爱"精神的债权人不在少数。类似于近年来社会重大突发公共卫生事件,破产程序中充分的信息披露也为各方当事人寻求发挥破产事件的正外部性价值提供了契机。对于破产信息披露规范体系的建构设计,笔者有如下建议:首先,破产程序中负有信息披露义务的主体范围应突破当前我国《企业破产法》的规定,向债务人以外予以扩张,债务人企业的法定代表人、董事、监事、高级管理人员以及掌握企业信息的雇员、股东等债务人的相关人员,以及管理人均应成为向债权人进行信息披露的义务主体,以此确保信息披露的充分性、全面性和准确性。② 其次,须明确规定破产程序各环节中债务人等主体披露信息的时点以及信息披露所产生的法律效力,如可规定债务人未进行信息披露则重整计划不能开展表决等。再次,结合破产程序相应环节的信息要求,明确规定信息披露的全面、准确的标准以及对信息披露时间、方式、内容等产生争议的解决路径。最后,完善我国破产法律责任体系,针对不履行或不适当履行信息披露义务,甚至虚假披露信息的义务人,规定承担相应的妨碍民事程序责任、民事责任或刑事责任等不利后果。③ 我国最高人民法院《关于适用〈中华人民共和国企业破产法〉若干问题的规定(三)》(以下简称《破产法司法解释三》)第10条规定了单个债权人查阅参与破产程序所必需的债务人财务和经营信息资料的权利,并课予债权人以商业秘密与国家秘密保护的负担。此项规定虽然有利于充分保障债权人个体的知情权,但也由此可能引发债权人恶意串通,借行使个体知情权的名义拖延、阻挠破产程序的正常进展的问题,尤其是在债权人数量众多、内部利益复杂的个案中。对此,结合债务人等相关主体信息披露的方式、标准与责任规范,将债权人个体的主张一并纳入破产信息披露的法律规范体系中当为妥适的调整路径。

(四)攻克破产钳制的难题

恶意的破产当事人对破产程序的不当干扰与破坏性行为主要发生于破产重整

---

① 参见王欣新、丁燕:《论破产法上信息披露制度的构建与完善》,载《政治与法律》2012年第2期。

② 参见徐阳光、韩玥:《破产重整程序中的信息披露》,载《人民司法(应用)》2019年第34期。

③ 参见张艳丽:《破产重整制度有效运行的问题与出路》,载《法学杂志》2016年第6期。

程序,并集中于破产重整计划表决之中。需要辨明的是,我国《企业破产法》第 82 条规定的参与重整计划表决的债权人分组是法律规定的最低限度的分组要求,在此基础上不排除管理人再根据个案具体情况再设置更细致的组别。针对重整计划的表决结果而言,债权人分组是一种重要的技术性工作,破产管理人不仅须通过债权人分组以全面、准确地体现不同债权人群体间的利益诉求,以达至表决结果的公正性,还可以在满足第 82 条的基本要求的前提下,通过分化或合并债权人分组的灵活的技术性安排,降低恶意钳制的债权人的表决影响力,譬如,可将不同债权性质的恶意债权人分置于不同组别,每个组别须保证除恶意债权人外能够满足表决组通过重整计划的法定的人数与债权额的比例要求。但在恶意债权人的人数足够多或债权额充分大的情况下,通过"稀释"手段也难以分解其表决控制力时,管理人只能与法院配合,争取通过法院强制批准重整计划的方式解决个别债权人恶意钳制的难题,管理人仍须在破产计划表决前的债权人分组环节"未雨绸缪",面向法院强制批准重整计划的条件进行分组设计。譬如,我国《全国法院破产审判会议纪要》第 18 条规定,法院强制批准重整计划草案的一项要求是债权人中至少有一组已经通过重整计划草案,为此,管理人就要以"合并"恶意债权人以集中于一组或数组等方法设法避免其对每一个组别的表决行为的操纵,至少要在分组中确保有一个及以上的组别能够脱离恶意债权人的控制。当然,法院强制批准重整计划的方式不能被滥用,法院在强制批准前要实质性审查各表决组的清偿利益是否受到重整计划草案的损害,《破产法司法解释三》第 11 条第 2 款规定,权益未受重整计划内容影响的债权人组不参加重整计划草案的表决,这进一步挤压了重整计划表决组的水分,但也不可避免地给管理人以分组方式减少恶意债权人的影响力增加了难度,更加考验管理人的专业能力。

五、结语

当我们回顾过去,不唯中华民族,整个人类的历史发展进程充满坎坷。在攻坚克难中我们自觉或无意识达成的社会共识是社会革新、民族进步的宝贵财富,将此来之不易的集体意识相应地转化为社会治理不同领域的价值共识,探索、发挥其对人类社会的持续影响力,多难兴邦才能成为现实。受到贡献自我力量、参与社会治理的社会共识的推动,在我国行政权针对重大突发公共卫生事件进行特殊社会管控措施的同时,破产法院积极转换工作思路与工作方式,积极推动、协调破产管理人、债权人、债务人、其他利害关系人在破产程序中全面助力社会治理的总体目标,取得了破产联动的重要实践经验。其中,通过当事人有效的意思自治、司法权与行政权之间的充分联动等方式形成的破产法治完善的主要路径,应该借此契机尽快完善我国破产法律规范以及配套法律制度体系,将破产联动中的朴素、正向的社会共识转化为破产法治价值共识,以此建构我国的破产联动长效机制。

（责任编辑:游紫薇）

【域外法制】

法规中反竞争因素评估指南*

李胜利** 译

一、目标(目的)

本指南的目的是:根据《垄断规制和公平交易法》(以下简称《公平交易法》)第63条(包含反竞争因素法规的立法协商)和《立法工作操作条例》第11条(政府法案立法过程中各机构间的合作),制定一般规则并提供具体的事例,以评估某一法规、既定规则、公告和有关行政机构的处置(以下简称法规等)中是否包含任何反竞争因素,从而提升法规制定的协商效率,并确保有关行政机构的法规等法律文件中不包含反竞争因素。

二、适用范围

1. 这些准则规定了在下列情况中,评估有关行政机构的法规等是否包含任何反竞争因素的标准:

(1)有关行政机构负责人拟制定或者修改含有反竞争因素的法规,并要求事先与公平交易委员会协商的;

---

* 韩国公平交易委员会2010年3月17日发布,2017年11月14日修订并执行。英文版(Guidelines for Assessment of anti-competitive Factors in Statutes)载https://ftc.go.kr/eng/cop/bbs/selectBoardList.do?key=2836&bbsId=BBSMSTR_000000003636&bbsTyCode=BBST11。原文"법령 등의 경쟁제한사항 심사지침",参见韩国公平交易委员会官网或者https://www.law.go.kr/admRulSc.do?menuId=5&subMenuId=41&tabMenuId=183&query=%EB%B2%95%EB%A0%B9%20%EB%93%B1%EC%9D%98%20%EA%B2%BD%EC%9F%81%EC%A0%9C%ED%95%9C%EC%82%AC%ED%95%AD%20%EC%8B%AC%EC%82%AC%EC%A7%80%EC%B9%A8#liBgcolor0。

2015年国家社科基金年度项目"反不正当竞争法与反垄断法的关系研究"(15BFX123)部分成果。

** 博士,安徽大学法学院副院长、教授。

(2)有关行政机构负责人计划向企业或企业组织发出含有反竞争因素的许可或者采取其他处置,并要求事先与公平交易委员会协商,或者在作出处置后通知公平交易委员会的;

(3)有关行政机构负责人拟制定或者修改含有反竞争因素的既定规则或公告,并事先通知公平交易委员会的;

(4)有关行政机构制定、修订或者作出处置的法规等包含有反竞争因素而没有提出协商或通知,需要进行评估的。

2. 本指南就有关行政机关的法规等中可能存在的反竞争因素提供了若干原型表现。因此,本指南中未明确列出的因素可能会被认为是反竞争因素;同时,即使属于本指南提供的反竞争因素示例,也可能被视为不限制竞争,具体取决于评估结果。

三、反竞争因素的定义和类型

1. 竞争限制因素的含义

《公平交易法》第 63 条中的"反竞争因素"一词,是指相关行政机构的法规等包含在相关市场中减少或可能减少竞争者(包括潜在竞争者)数量,或者可能会对市场竞争程度产生负面影响的因素。

2. 竞争限制因素的类型

根据相关行政机构的法规等对相关市场的影响,反竞争因素可以分为 4 类:限制竞争者数量或其业务领域的因素;限制企业竞争能力的因素;削弱企业之间竞争动机的因素;以及限制消费者选择和信息访问的因素。

(1)限制竞争者数量或其业务领域

有关行政机构的法规等,通过限制或破坏企业进入市场的方式来减少特定产品或服务市场中的企业数量,从而减少市场竞争。

(2)限制企业竞争能力

有关行政机构的法规等,在没有正当理由的情况下限制或禁止企业可以用来与其他企业竞争的任何手段,如产品或服务的价格、产量和营业时间,从而减少市场竞争。

(3)削弱企业之间竞争动机

有关行政机构的法规等,削弱企业与其他企业进行竞争的动机或意愿,从而减少市场竞争。

(4)限制消费者的选择和信息访问

有关行政机构的法规等,限制了消费者的购买选择或作出购买选择所需的信息获取,从而减少了市场竞争。

四、法规中反竞争因素的评估标准

1. 一般规则

评估反竞争因素意味着确定相关行政机构的法规等是否可能对相关市场的竞争产生负面影响。为此,首先应界定法规等预期规范的产品或服务市场的范围。然后,应根据反竞争因素的类型,并综合考虑各种因素,包括对相关市场结构、价格及其产出的影响,以确定对相关市场中竞争的影响。

2. 相关市场界定

(1)可以通过考虑各种因素来界定相关市场的范围,这些因素包括:与法规等相关的产品或服务的性质,交易的区域,不同交易阶段之间的相关阶段(如批发和零售)以及企业的交易对手。在这种情况下,应通过综合考虑需求替代性和供给替代性来界定市场。

(2)当市场界定范围过大时,法规等的反竞争性可能会被低估。同样,当市场的划定范围过小时,法规等的反竞争性可能会被高估。

(3)《企业合并评估标准》(公平交易委员会第2013－9号公告)中的"特定交易区域的界定标准"比照适用于此处相关市场的界定。

3. 评估市场中反竞争因素的注意事项

应综合考虑以下因素,对有关行政机构的法规等进行反竞争因素评估:

(1)相关市场是垄断的还是寡占的;

(2)新企业是否难以进入相关市场;

(3)相关市场是否对外国人开放;

(4)法规等是否维持或增强,或可能维持或增强特定企业在市场中的地位;

(5)法规等是否排除或可能排除任何企业参与竞争;

(6)法规等是否可能导致相关市场中的企业从事不公平的集体行为;

(7)法规等是否有可能提高产品或服务的价格,或减少其产量;

(8)法规等是否有可能减少产品或服务的多样性;

(9)法规等是否可能因为减少企业的创新活动(包括技术开发)而削弱企业的生产率或长期增长;

(10)法规等是否通过限制消费者的购买选择或作出购买选择所需的信息获取来

减少市场竞争。

4. 按类型划分的反竞争因素示例

(一)限制竞争者数量或其业务领域

(1)法规等向某企业授予提供产品或服务的专有权(示例)

①法规等禁止所有地面广播公司将广告销售委托给韩国广播广告公司以外的任何广告销售机构;

②法规等要求寻求根据社会服务券计划提供社会服务的企业家必须获得市、郡、区负责人的指定,从而限制了他们进入市场;

③法规等对一家垄断市场的上市公司进行私有化,不允许其他任何新企业的进入;

④法规等授予向眼镜商的商店出售矫正性或美容性隐形眼镜的专有权利,并禁止在医院或在线市场出售此类隐形眼镜。

(2)法规等限制相关市场中的企业数量(示例)

①法规等在需要许可的业务类别中,限制在一个市、郡、区中允许开设的零售商店的数量;

②法规等允许行政机构发给企业的营业执照时,施加限制该企业营业地点的条件;

③法规等规定了开设公共澡堂的许可条件,市、郡、区负责人以该地区人口、公共浴室之间的距离、公共浴室的面积等考虑因素为由,拒绝发放许可;

④法规等暂时限制某些公共交通工具的登记,并通过限制车辆转让(从其他区域转进转出)来限制每个区域中已注册车辆的总数。

(3)对于企业寻求进入某一市场,法规等引入新的证照或许可要求,或者在劳动力、设施、资金等方面设定过高要求(示例)

①一个市场中需要报告的业务与需要许可的业务共存,法规等将该市场中的业务分类统一为一个业务类别,并针对该业务类别引入了许可要求;

②法规等规定了产后保健所的统一设施标准,禁止他们在三楼或更高楼层为孕妇或婴儿设置房间;

③法规等规定,只有具有一定专业背景的公职人员才有资格担任行政管理人员;

④法规等将营业许可的资本要求提高到大多数现有企业无法满足的水平;

⑤法规等规定了文化财产修复技术人员资格考试的某些学术要求,如相关专业的学位。

(4)法规等在市场准入和业务领域方面歧视某些类型的企业(示例)

①法规等规定,对于国家或公共实体的价格不超过规定门槛的建设项目,其招标

程序仅对在特定区域设有办事处的建筑公司开放,并将该门槛设置得过高;

②法规等提高了适用于能量回收设施的能量回收率(从废物中回收能量的比率)的要求,与此同时该要求不适用于现有设施;

③法规等允许公共实体自行或通过子公司参与商业活动,并以其竞争对手无法享受的优惠条件向该实体提供贷款,或以其他方式为该实体提供利益;

④州或地方政府通过仅向先前获得许可的日托中心提供游乐场安装补贴,从而构成对日托市场新进入者的歧视待遇。

(二)对企业竞争能力的限制

(1)法规等控制或限制产品或服务价格(示例)

①法规等要求信用卡公司对所有会员商店采用相同的费率,并退还超出该费率的任何费用;

②法规等要求经营某些国内航线的航空票价必须经有关行政机构批准;

③法规等设立由民间团体代表和行政机关的有关专家组成的票价审查委员会,并授权该委员会向企业提供有关票价的意见或要求采取纠正措施;

④法规等规定,行政机构认为有必要控制和稳定化肥供求时,可以设定化肥的标准价格。

(2)法规等控制产品或服务的产出,或限制其销售和销售方式(示例)

①法规等允许地方条例在一定程度上限制大型商店的营业时间;

②法规等允许根据中小型流通企业的要求,市、郡、区负责人可以限制大型商店出售的商品种类,期限不超过一年;

③行政机构干预私人实体之间的合同,以统一业务的经营条件和企业的交易方式;

④在医疗机构负责人指示医生提供可选医疗服务时,法规等禁止医疗机构收取额外费用。

(3)法规等限制商品或服务的广告或促销(示例)

①法规对企业可以在其广告中使用的证明或认证予以限制,仅限于由行政机构发布的证明或认证,而不允许使用协会或其他组织发布的证明或认证;

②行政机构禁止在某些时段通过电视广告为企业生产、加工、进口、经销或销售某些食品作广告;

③法规等禁止在酒精饮料生产或销售方面获得许可的实体在互联网上刊登广告;

④法规等要求企业企图在广告中声明添加了功能成分或物质的畜产品具有特定

功能的,必须经过行政机构的事先审查。

(4)法规等为产品或服务设定安全或环境标准,但过分偏爱某些企业或导致效率低下(示例)

①法规等设定的安全或环境标准成本和收益不平衡,存在价格大幅上涨的风险;

②法规等要求在新生产的汽车的所有座位上都安装安全气囊,有导致汽车价格上涨的风险,结果消费者延迟现有汽车的使用时间,这使他们处于更高的风险之中;

③法规等引入了提高炼油技术标准以防止空气污染,并选择了某供应商的专利技术作为标准技术;

④法规等为了防止污染,将更换汽车电池和机油排除在消费者自行保养项目之外,并强迫他们在注册的汽车维修店进行更换。

(5)法规等为产品或服务设定认证,但过分偏爱某些企业,或者导致效率低下(示例)

①法规等对于获得认证要求过量的设施、劳动力或认证费用,构成小规模企业和新企业的进入障碍;

②法规等对认证产品的经营者给予优惠待遇,例如,让国家、地方政府或政府投资的机构优先购买认证产品,这会给那些没有认证的企业带来被挤出市场的风险;

③政府或公共机构直接处理认证工作,从而侵犯了企业的自主权,降低了认证过程的弹性和效率;

④某个认证机构垄断了认证工作,导致认证费用过高,审查周期延长,从而对认证市场造成负面影响;

⑤一项旨在解决市场中信息不对称的认证,与安全或环境没有直接关系,或者几乎不存在促进竞争的效果,并且可能为了行政便利而存在。

(三)削弱竞争激励

(1)法规等将过多的业务活动授权给企业组织等(示例)

①法规等要求企业提供一定的培训,并且将详细信息交由给企业组织的章程规定,而不是在法规中进行指定;

②法规等建立了一个单一的企业组织代表相关企业,并要求所有企业加入该组织;

③法规等要求韩国服务驾驶员协会(Korea Service Driver Society)与私人出租车部门等相关部门协商,确定司机服务的价格,并将价格报告给行政机构;

④法规等要求,在建立劳动律师事务所或更改公司章程时,所有批准申请都必须向作为企业组织的韩国认证公共劳动律师协会(Korea Certified Public Labor Attorneys

Association)提出;

⑤法规等仅允许韩国财产评估师协会(Korea Association of Property Appraisers)推荐的评估师执行国家或公共机构的评估项目。

(2)法规等允许多个企业或一个企业组织代表企业从事主要业务活动(示例)

①法规等规定了某些产品的经销公司,负责共同购买和管理联合销售设施和联合仓库;

②行政机构在没有明确法律依据的情况下发布行政指导,责令企业通过行业内的协议将价格提高或降低到适当水平。

(3)法规等可能通过允许或支持企业之间的合作和信息交流来鼓励不正当集体行为(示例)

①法规等允许或支持建立负责促进联合销售和促销活动的组织;

②法规等允许企业通过企业组织交换有关行业趋势和市场状况的信息;

③法规等要求企业公开其产量、价格、生产成本和其他相关信息,从而创造了一个企业可以轻松地识别其他企业价格和其他信息的环境;

④法规等允许企业制定标准设计或协商兼容性,以建立标准并实现统一;

⑤法规等允许联合研究公司进行联合研发项目和技术转让,很可能被用于不正当的集体行为。

(4)法规等包含将某些业务或企业排除在《公平交易法》适用范围之外的条款(示例)

①法规等规定,在未具体说明符合条件的活动内容或范围的情况下,《公平交易法》并不适用于所有投资于特定工业园区的企业;

②法规等允许企业组织在单个企业的授权下就产品或服务的价格进行谈判,并规定《公平交易法》不适用于此类谈判;

③法规等规定,《公平交易法》不适用于金融监管机构向金融公司发布价格相关行政指南的地区;

④法规等规定,《公平交易法》关于不公平支持的规定不适用于雇用残疾人的企业主申请指定为残疾人建立的标准营业所的情况。

(四)限制消费者的选择和信息获取

(1)法规等,通过规范消费者可以与谁进行交易、可以在哪里购买产品或服务、需要支付何种价格以及在何种条件下使用,从而限制了消费者对产品或服务的选择或使用(示例)

①法规等允许消费者只能在每月的第一天更换供应某些产品的企业,并对每年更

换一次以上供应商的消费者收取额外费用;

②法规等规定了购买某些服务的合同的最低期限要求,以阻止消费者在最低期限内终止合同,或者在终止合同的情况下遭受过度不利待遇。

(2)法规等限制选择产品或服务所需知识和信息的获得(示例)

①行政机构不公开调查结果;

②关于能效等级标签,法规等允许电子产品制造商可以显示根据不同节电程序测量的功耗,而不是根据标准出现测量的功耗而阻止消费者获得有关产品的准确信息。

五、复审期

根据《指南发布和管理条例·既定规则》(Regulation on Issuance and Management of Directives · Established Rules),公平交易委员会应自2018年1月1日起,每3年(每第3年的12月31日)重新审查该既定规则的有效性,完善本公告,并采取任何其他必要措施。

日本劳动者协同组合法/日本工人合作社法*

张德峰** 谭 赛*** 何逸舟**** 译

目 录

---

* 本法由日本众议院 2020 年 11 月 24 日通过,参议院 2020 年 12 月 4 日通过。法律条文参见日本众议院官网,http://www.shugiin.go.jp/internet/itdb_gian.nsf/html/gian/honbun/houan/g20105026.htm。

** 湖南师范大学法学院教授、博士研究生导师。

*** 湖南师范大学法学院 2019 级博士研究生。

**** 日本早稻田大学亚太研究科 2019 级硕士研究生。

第一章　总　　则

第一条　目的

本法目的是,鉴于每个人并非总是能够在保持生活和谐的同时根据自身的意愿和能力获得工作的机会,特此由组合员出资成立以体现各组合员意见、开展业务且以组合员自己从事业务为基本原理的组织,通过成立此类组织、制定管理制度等其他必要事项以创造多种就业机会,同时通过这些组织开展满足当地各种需求的业务,为建设可持续发展的、充满活力的社区贡献力量。

第二章　劳动者协同组合

第一节　通　　则

第二条　人格及地址

1. 劳动者协同组合(以下统称组合)具有法人资格。

2. 组合以其主事务所所在地为其地址。

第三条　基本原理、其他标准及运营原则

1. 组合的宗旨是按照下列基本原理开展业务,为建设可持续发展的、充满活力的社区贡献力量:

(1)由组合员出资成立;

(2)开展业务时合理地体现组合员的意见;

(3)组合员从事组合所开展的业务。

2. 除前款规定外,组合还需具备下列条件:

(1)组合员可以自由加入和退出;

(2)根据本法第二十条第1款的规定,与组合员缔结劳动合同;

(3)组合员的表决权和选举权与其出资的金额数无关,皆为平等;

(4)与组合签订劳动合同的组合员拥有全体组合员一半以上的表决权;

(5)组合盈余应按劳分配。

3. 组合不得以营利为目的而经营。

4. 组合应通过其实施的业务直接为组合员提供服务，而非仅为特定组合员的利益而开展业务。

5. 组合不得为特定政党所用。

6. 组合不应属于下列任何组织或个人：

(1)黑社会组织{适用《关于防止黑社会成员的违法行为的法律》[1991 年(平成三年)第七十七号法律]第二条第 2 款所定义的黑社会组织，下同}；

(2)黑社会组织、黑社会组织成员(包括黑社会构成组织的成员，下同)或是脱离黑社会组织成员身份不满 5 年的人{在《关于防止黑社会成员的违法行为的法律》[1991 年(平成三年)第七十七号法律]第三十五条第(5)项中称为"黑社会组织成员等"}管制下的团体。

第四条　名称

1. 在组合名称中，必须包含劳动者协同组合的字样。

2. 非组合不得在其名称中使用可能会被误认为是劳动者协同组合的文字。

3. 任何人都不得出于不正当目的，使用可能会被误认为是其他组合的名称。

4. 违反前款规定使用名称造成利益被侵害或可能被侵害的，组合有权对造成利益被侵害或可能被侵害的行为，提出停止或者预防请求。

第五条　登记

1. 组合必须按照政府条例的规定进行登记。

2. 依照前款规定需要登记的事项，仅在登记后才能对抗第三者。

第六条　组合员资格

有资格成为组合员的个体应是符合组合章程规定的个体。

第二节　业　　务

第七条

1. 组合为实现本法第三条第 1 款规定的目的开展业务。

2. 组合不得开展《关于确保劳务派遣业务的正常运行及保护派遣工人法》(昭和六十年第八十八号法律)第二条第(3)项中列出的劳务派遣业务，以及其他以此为目的(指劳务派遣业务)的、政府政令认为不宜开展的业务。

第八条

1. 从事组合业务的组合员必须占全体组合员人数的 4/5 以上。

2. 从事组合业务的人员中必须有 3/4 以上为组合员。

第三节 组 合 员

第九条 出资

1. 组合员必须入股一股以上。

2. 每股股金的金额必须相等。

3. 一名组合员的入股股数不得超过总股数的25%。但是,下列组合员基于全体大会的决议,在获得组合同意的情况下,最多可持有总股数的35%:

(1)根据本法第十四条第1款的规定发出通知后,且在组合员退出之前,接收该组合员全部或部分持股的组合员;

(2)根据本法第十五条第1款的规定,在组合员退出后的一年内,接收该组合员全部或部分持股的组合员。

4. 前款规定不适用于3人以下组合的组合员的入股股数。

5. 组合员以其出资额为限对组合承担责任。

6. 组合员不得主张通过其对组合享有的债权抵销应缴纳的出资以对抗组合。

第十条 组合员名单的创建、存放和查看等

1. 组合需编制组合员名单,并且应当记载或记录每位组合员的下列事项:

(1)姓名、地址或居住地;

(2)加入组合的年、月、日;

(3)入股股数、金额以及支付的年、月、日。

2. 组合必须在其主事务所存放组合员名单。

3. 组合员及组合的债权人可在工作时间内随时向组合提出下列请求,在此情况下,组合无正当理由不可拒绝:

(1)在组合员名单以纸质文件形式制成的情况下,要求检查或誊写该文件;

(2)在组合员名单是以电磁记录(此处依据厚生劳动省令的规定,即电子、磁性或其他无法用人类知觉识别的方式做成的记录,并通过计算机用于信息处理,下同)形式制成的情况下,要求通过厚生劳动省令规定的方法查看或誊写该电磁记录中的信息。

第十一条 表决权和选举权

1. 每名组合员均享有一票表决权,有权选举干部或选举出席组合员全体代表大会的代表。

2. 对于本法第六十一条第1款规定的需事先通知本人的事项,组合员可根据章程规定,通过书面或委托代理人的形式行使其表决权和选举权。在此情况下,非该组合的其他组合员者不得成为代理人。

3. 除依照前款的规定以书面形式行使其表决权外，组合员还可以根据章程规定，通过电磁的方式[根据厚生劳动省令的规定，使用电子情报处理组织的方法或利用其他信息通信技术的方法。本法第二十九条第3款第(3)项除外，下同]行使其表决权。

4. 依照前两款规定行使表决权或选举权的人，视为与会者。

5. 代理人不能代表5名以上组合员。

6. 代理人必须向组合提交一份代理权证明的书面材料。在此情况下，如若章程规定以电磁方式行使表决权，则可以通过电磁方式证明其代理权，而不必提交书面材料。

第十二条　加入

1. 具备组合员资格的人有意愿加入组合时，组合无正当理由不可拒绝其加入，亦不可附加比现组合员加入时更苛刻的条件。

2. 有意向加入组合的人，根据章程规定，在获得组合同意并完成与认股股数对应金额的支付后成为组合员。

第十三条　股权转让限制

组合员所持股份不可转让。

第十四条　自由退出

1. 组合员可提前90天发出通知，在本业务年度结束时退出组合。

2. 章程可以延长前款规定的通知期限，但是此期限不能超过一年。

第十五条　法定退出

1. 组合员可因下列原因退出组合：

(1)失去组合员资格；

(2)死亡；

(3)除名。

2. 对于属下列各项情况之一者，经组合员全体大会决议，可以予以除名。在此情况下，组合应在全体大会召集的10日前通知本人，并赋予本人以在组合员全体大会上提出申辩的机会：

(1)长期不从事组合业务的组合员；

(2)不向组合履行缴纳股金以及其他义务的组合员；

(3)具有由章程所规定的其他行为的组合员。

3. 前款规定的除名事宜，在未通知本人的情况下不得对抗本人。

第十六条　退出者的持股退还

1. 组合员根据本法第十四条或前条第1款的规定退出组合时，可根据章程的规定，以出资额为限，要求组合退还其全部或部分持股。

2. 前款持股(金额)的计算,根据退出的业务年度末的该组合的财产状况决定。

3. 前款持股(金额)计算时,在组合财产不够抵偿其债务的情况下,组合可根据章程规定,请求退出的组合员缴纳应归他(她)负担的那部分未支付的出资。

第十七条　时效

前条第1款或第3款规定的请求权,如果自组合员退出之日起两年内未行使,则失去时效。

第十八条　停止退还持股

在退出的组合员还清组合债务之前,组合可停止对其退还持股。

第十九条　入股股数的减少

1. 组合员可根据章程规定,减少其入股股数。

2. 减少入股时,准用本法第十六条及第十七条的规定。

第二十条　劳动合同的缔结

1. 组合应与从事其业务的组合员(以下所列组合员除外)缔结劳动合同。

(1)执行组合业务或仅履行理事职责的组合员;

(2)担任监事(审计)的组合员。

2. 组合员根据本法第十四条或第十五条第1款[第(2)项除外]的规定退出组合的行为,不能解释为该组合员与组合之间的劳动合同关系因此终止。

第二十一条　禁止不当待遇

组合是与组合员(包括曾属于该组合员的人)缔结劳动合同并由组合员从事组合业务的组织,组合不能以组合员行使表决权或选举权、退出组合或其他基于组合员资格作出的行为为理由,对组合员作出解雇或不利的劳动关系处理。

第四节　成　　立

第二十二条　发起人

成立组合时,必须有3人以上作为发起人。

第二十三条　全体大会成立会议

1. 发起人在制定章程后,必须公告章程、会议时间及地点,召集全体大会成立会议。

2. 前款的公告需至少在会议召集的两周前发布。

3. 由发起人制定的章程的承认、业务计划的制定及其他为成立所必需的事项的决定,均需由全体大会成立会议作出决议。

4. 全体大会成立会议可以修改前款所述的章程,但是关于组合员资格的规定除外。

5. 全体大会成立会议由具有组合员资格且在会议召集前对发起人表示其同意组合成立的人过半数出席，并由其 2/3 以上的表决权通过决议。

6. 如有延期或继续举行全体大会成立会议的决议，则不再需要根据第 1 款的规定发布公告。

7. 组合必须根据厚生劳动省令的规定，将全体大会成立会议的会议内容编制会议纪要。

8. 全体大会成立会议准用本法第十一条的规定，确认全体大会成立会议的决议不存在、无效或撤销的申诉准用《公司法》[2005 年（平成十七年）第八十六号法律]第八百三十条、第八百三十一条、第八百三十四条[仅限第（16）项及第（17）项的有关部分]、第八百三十五条第 1 款、第八百三十六条第 1 款及第 3 款、第八百三十七条、第八百三十八条及第八百四十六条的规定。

第二十四条　向理事交代事务

理事选出后，发起人应立即将其工作移交给理事，不得拖延。

第二十五条　缴纳第一次股金

1. 组合的理事在根据前条规定完成交接工作后，必须责成组合员缴纳第一次股金，不得拖延。

2. 前款第一次缴纳的股金，每股不得低于其金额的 1/4。

3. 以实物入股的，在第一次缴纳股金的日期，组合员必须向组合交付其充作入股股金的全部财产。但，为对抗第三者而对该物实施登记、注册、权利设定或转移等行为可以在组合成立之后进行。

第二十六条　成立的时期

组合在其主事务所所在地进行成立登记之后，方才成立。

第二十七条　成立的呈报

组合必须自成立之日起两周内将登记事项证明书和章程、宗旨及其干部的名字及住址附上，呈报行政厅。

第二十八条　设立无效的申诉

组合设立无效的申诉准用《公司法》第八百二十八条第 1 款[第（1）项相关部分]及第 2 款[第（1）项相关部分]、第八百三十四条[第（1）项相关部分]、第八百三十五条第 1 款、第八百三十六条第 1 款及第 3 款、第八百三十七条至第八百三十九条及第八百四十六条的规定。

第五节　管　　理

第一小节　章　程　等

第二十九条　章程

1. 组合的章程,必须记载或记录下列事项:

(1)业务;

(2)名称;

(3)开展业务的都道府县的区域;

(4)事务所所在地;

(5)组合员资格的有关规定;

(6)组合员加入和退出的有关规定;

(7)每股股金的金额及其缴纳方法;

(8)关于盈余和亏损的处理办法;

(9)准备金的额度及其积累的方法;

(10)创造就业等储备金的有关规定;

(11)教育转结金的有关规定;

(12)体现组合员意见方法的有关规定;

(13)干部的人数及其选举和选任的有关规定;

(14)业务年度;

(15)公告方法{指组合公开告示的方法[不包括根据本法或其他法令的规定必须在官方公告中发布的方法。同样准用于本法第一百一十一条第 1 款第(12)项]。本条及本法第七十三条第 3 款同样适用}。

2. 组合的章程,除前款所列举的事项外,在已经决定了组合的存续时间和解散事由时,应记载或记录其存续时间和解散事由;在已决定接受组合员以实物入股时,应记载或记录该实物入股人的姓名、作为股金入股的财产及其价格,以及对应折合的股份数;如曾承诺过在组合成立后转让某财产的,则应记载或记录该财产及其价格,以及转让人的姓名。

3. 除在组合的事务所张贴告示外,组合可根据章程规定用下列任何一种方法作为公告方法:

(1)在官方公告中进行发布;

(2)在刊登时事内容的日报上进行发布;

(3)电子公告{公告方法,是指以电磁的方法[《公司法》第二条第(34)项所列的电磁方法]将应公告的内容提供给不特定的多数人,使不特定多数人得以获取本项公告内容的方法。本条同样适用}。

4. 组合在章程中将前款第(3)项所列方法定为公告方法时,规定电子公告是公告方法即可。当由于事故或其他不可避免的原因而无法进行电子公告时,可以指定前款的第(1)项或第(2)项所列出的任何一种方法作为公告方法。

5. 组合通过电子公告进行公告时,应当按照下列规定,在各项指定的期间内持续公示电子公告:

(1)指定了异议期的公告,至异议期满之日;

(2)前项所列公告以外的公告,至公告后1个月满之日。

6. 组合根据本法或其他法律的规定用电子公告的方式进行公告时,准用《公司法》第九百四十条第3款、第九百四十一条、第九百四十六条、第九百四十七条、第九百五十一条第2款、第九百五十三条及第九百五十五条的规定。在此情况下,《公司法》第九百四十条第3款中“不受前两款规定的限制,这些”可置换为“不受《劳动者协同组合法》第二十九条第5款规定的限制,该款”;此外,由政令决定必要的技术性术语置换。

7. 除第1款及第2款所列的事项外,可以在组合的章程上记载或记录根据本法的规定,除非章程另有规定否则无效的事项以及不违反本法的其他事项。

第三十条　规章

除由章程规定的事项外,下列事项可以通过规章规定:

(1)有关全体大会和全体代表大会的规定;

(2)有关业务的执行和会计事务的规定;

(3)有关干部的规定;

(4)有关组合员的规定;

(5)其他的必要事项。

第三十一条　章程的备查和查阅等

1. 组合必须将章程及规章(以下统称章程)放置于各事务所。

2. 组合员和组合的债权人在工作时间内可随时向组合提出下列请求,在此情况下,组合无正当理由不可拒绝:

(1)在章程以书面材料形式制成的情况下,要求检查或誊写该文件;

(2)在章程以电磁记录形式制成的情况下,要求通过厚生劳动省令规定的方法查看或誊写该电磁记录中的信息。

3. 如果章程以电磁的形式制成,对于其各事务所(主事务所除外)根据厚生劳动省令的规定采取能应对前款第(2)项所列要求的措施的组合,在适用第1款规定时,该款中的“各事务所”可置换为“主事务所”。

第二小节　干　部　等

第三十二条　干部

1. 组合设理事和监事为干部。

2. 理事的人数为 3 人以上,监事的人数为 1 人以上。

3. 干部由全体大会根据章程规定选举产生,但是组合成立时的干部由全体大会成立会议选举产生。

4. 理事必须为组合员,但是组合成立初的理事为有意愿成为组合员的人。

5. 在组合员总人数超过政府条例规定标准的组合中,至少应有一名监事满足下列所有要求:

(1) 不是该组合的组合员。

(2) 上任的前 5 年内不是该组合的理事或办事人员①、其子公司{是指组合拥有全体股东(包括全体公司职员)半数以上的表决权[在全体股东大会上不能对可以决议的所有事项行使表决权的股份的表决权除外,表决权包括根据《公司法》第八百七十九条第 3 款规定视为拥有表决权的股份的表决权。同样准用于第六十三条第 1 款第(4)项之②]的公司}的董事、会计顾问(如果会计顾问是公司则为履行职责的员工)、执行董事或其办事人员。

(3) 不是该组合理事或其办事人员的配偶或二代以内亲属。

6. 如果缺少的理事或监事人数达到规定人数的 1/3 以上,则必须在 3 个月内补缺。

7. 选举干部采取无记名投票。

8. 投票为一人一票。

9. 不受本条第 7 款的限制,干部可以在会议出席者没有异议时,通过指名的方式选出。

10. 选用指名方式时,是否确定被指定人员为当选人,将征询全体大会的意见(组合成立时的干部指名通过全体大会成立会议进行),获全体与会者同意的人为当选人。

11. 在一次选举中选举两名及以上的理事或监事时,不得将前款规定单独适用于某指定人员。

12. 不受本条第 3 款的限制,干部可以由组合员在全体大会上(组合成立时的干部

---

① “使用人”:译为办事人员,指既不是董事也不是支配人的人。——译者注

在全体大会成立会议上)按照章程规定选任产生。[①]

第三十三条　干部变动的呈报

干部姓名或地址发生变动时,组合必须自变动之日起两周内将其呈报行政厅。

第三十四条　组合和干部的关系

组合和干部的关系遵从委任的相关规定。

第三十五条　干部的资格

下列人员不可成为干部:

(1)法人;

(2)厚生劳动省令规定因身体或精神疾病无法正常履行职责的人;

(3)违反本法或《公司法》、《关于一般社团法人及一般财团法人的法律》[2006年(平成十八年)第四十八号法律]、《关于防止黑社会成员的违法行为的法律》[该法第三十二条(三)的第7款和第三十二条(十一)的第1款规定除外]的规定,犯有《民事再生法》(平成十一年第二百二十五号法律)第二百五十五条、第二百五十六条、第二百五十八条至第二百六十条或第二百六十二条规定的罪,犯有《破产法》(平成十六年第七十五号法律)第二百六十五条、第二百六十六条、第二百六十八条至第二百七十二条或第二百七十四条规定的罪,犯有《刑法》(明治四十年第四十五号法律)第二百零四条、第二百零六条、第二百零八条、第二百零八条(二)、第二百二十二条或第二百四十七条规定的罪,犯有《暴力行为处罚法》(大正十五年第六十号法律)规定的罪,被判处刑罚,自完成服刑或自不再受执行之日起未满两年的人;

(4)违反前项所列法律以外的法律的规定,处以有期徒刑以上的刑罚,在完成服刑前或被确定不再受执行前的人(被暂缓执行的人除外);

(5)黑社会组织成员等。

第三十六条　干部任期

1. 理事的任期不超过2年,具体由章程规定。

2. 监事的任期不超过4年,具体由章程规定。

3. 组合成立时干部的任期可以不受前两款规定的限制,由全体大会成立会议决定,但是其任期不得超过1年。

4. 前三款的规定不妨碍章程将规定的任期延长至其任期中的最终决算期的股东

---

① 本款的"选任产生"与本条第3款的"选举产生"区别在于:"选举产生"是指全体组合员在全体大会上通过无记名投票或指名的方式选出;"选任产生"则是由设立的专门委员会选出候选人,然后在全体大会进行多数表决选出。——译者注

大会结束后。

第三十七条　干部缺人时的措施

1. 如果本法或章程所定的干部人数不足,由于任期届满或辞职而退休的干部仍具有作为干部的权利和义务,直到新任命的干部(包括下一款的作为应执行其职务的临时干部)上任为止。

2. 在前款规定的情况下,当因事务延误而有造成损害的风险时,行政机关可以应组合员或其他有利益关系人的要求或依职权任命一名执行干部职务的人为临时干部。

第三十八条　干部的职务和权限

1. 理事必须遵守法律、法规、章程和规章以及全体大会的决议,忠实地为组合履行职责。

2. 监事对理事职务的执行情况进行监查。在这种情况下,监事应根据厚生劳动省令的规定作出监查报告。

3. 理事准用《公司法》第三百五十七条第1款、根据《公司法》第三百六十条第3款的规定置换术语后的该条第1款、《公司法》第三百六十一条第1款[第(3)项至第(5)项除外]及第4款。监事准用《公司法》第三百四十三条第1款及第2款、第三百四十五条第1款至第3款、第三百八十一条(第1款除外)、第三百八十二条、第三百八十三条第1款本文[①]、第2款及第3款、第三百八十四条、第三百八十五条、第三百八十六条第1款[仅限第(1)项相关部分]及第2款[仅限第(1)项及第(2)项相关部分]、第三百八十七条及第三百八十八条。在这种场合,《公司法》第三百四十五条第1款及第2款中的"会计参与"可置换为"监事";《公司法》第三百八十二条中"取缔役(对于有董事会的公司,则为董事会)"可置换为"理事会";《公司法》第三百八十四条中"法务省令"可置换为"厚生劳动省令";《公司法》第三百八十八条中"监查役设置会社(包括章程规定将监查职员的监查范围限定在与会计有关的范围的公司)"及"监查役设置会社"可置换为"组合";此外,由政令决定必要的技术性术语置换。

第三十九条　理事会的权限

1. 组合必须设有理事会。

2. 理事会组织全体理事。

3. 组合的业务由理事会执行。

---

① "本文",是指该条/款/项中"但是"前的内容。——译者注

第四十条 理事会的决议

1. 理事会的决议应由可以参与决议的过半以上(如果章程或规章规定的比例超过该比例,则应在该比例以上)理事出席,由可以参与决议的过半以上(如果章程或规章规定的比例超过该比例,则应在该比例以上)理事执行。

2. 与前款的决议有特别利益关系的理事不得参与决议。

3. 根据章程的规定,理事可以通过书面或电磁的方式参与理事会的决议。

4. 当理事(仅限那些可以对此事进行表决的人)对理事会决议案的目的事项提出提案,所有理事均以书面或电磁记录方式表示同意该提案(监事不同意该提案时除外)时,章程可以规定理事会已通过该提案。

5. 当理事或监事将要向理事会报告的事项通知所有理事和监事时,不需要再向理事会报告该事项。

6. 理事的召集准用《公司法》第三百六十六条及第三百六十八条的规定。在此情况下,由政令决定必要的技术性术语置换。

第四十一条 理事会的记事簿

1. 理事会的会议记录必须根据厚生劳动省令编制记事簿,如果记事簿以书面形式制成,则出席会议的理事和监事必须在记事簿上签名或盖章。

2. 如果前款记事簿以电磁形式制成,对于电磁中记录的事项则应采取厚生劳动省令规定的代替签字或盖章的措施。

3. 组合必须自理事会议之日(包括根据前条第 4 款的规定认为已作出理事会决议的日期,下一款同样适用)起,将第 1 款的记事簿或本条第 4 款的记录内容,或记录书面材料或电磁记录(以下本条统称记事簿等)放置于主事务所 10 年。

4. 组合必须自理事会议之日起,将记事簿等的副本放置于其下属办公室 5 年。但是,如果记事簿等以电磁形式制成时,当下属办公室采取了厚生劳动省令规定的以使下一款第(2)项列出的请求成为可能的措施时,将不受此规定限制。

5. 组合员及组合的债权人可在工作时间内随时向组合提出下列请求。在此情况下,组合无正当理由不可拒绝:

(1)在记事簿等以纸质文件形式制成的情况下,要求检查或誊写该文件;

(2)在记事簿等是以电磁记录形式制成的情况下,要求通过厚生劳动省令规定的方法查看或誊写该电磁记录中的信息。

第四十二条 代表理事

1. 理事会应从理事中选定代表组合的理事(本条及第四十五条第 5 款统称代表理事)。

2. 代表理事有权执行与组合业务有关的一切诉讼行为及一般法律行为。

3. 对前款权利施加的限制不得对抗善意第三人。

4. 代表理事只有在章程或全体大会决议未禁止的情况下,才能将其特定的行为授权他人代理。

5. 理事准用本法第三十七条、《关于一般社团法人及一般财团法人的法律》第七十八条及《公司法》第三百五十四条的规定。

第四十三条　禁止监事兼职

监事不得兼任组合的理事或办事人员。

第四十四条　理事的自我契约等

1. 在下列事项上,理事应当公开各项交易的重要内容,并报理事会批准:

(1)理事打算为自己或为第三方与组合开展业务时;

(2)理事打算与其他理事以外的人进行交易而组合为该理事的债务提供担保,且在该交易中组合与该理事的利益相互冲突时。

2.《民法》(明治二十九年第八十九号法律)第一百零八条的规定不适用于前款批准的各项交易。

3. 进行了第1款各项所列交易的理事应在交易后立即向理事会报告有关交易的重要内容。

第四十五条　干部对组合的损害赔偿责任

1. 干部玩忽职守时,要对组合承担连带损害赔偿责任。

2. 如果前款的玩忽职守行为是基于理事会的决议而发生的,则同意其决议的理事视同发生了玩忽职守行为。

3. 参加前款决议的理事对会议内容虽持有异议但未进行传达,[①]则推定为赞成该决议。

4. 未经全体组合员同意,不能免除本条第1款的责任。

5. 如果承担本条第1款责任的干部是善意的并且在履行职责时没有重大过失,则可不受前款规定限制,根据厚生劳动省令规定的方法计算出该干部在其任期内从组合收取或应收取的作为履行职责薪酬的财产的年平均金额,再根据下列各项中列出的人员类别,乘以每个项目中指定的数目,所得出的金额可以作为从责任赔偿金额中扣除的最大限度,通过全体大会的决议予以豁免:

(1)代表理事,乘数为6;

① “異議をとどめない”,即尽管有异议,但未告知对方。——译者注

（2）代表理事以外的理事，乘数为4；

（3）监事，乘数为2。

6. 在前款情况下，理事应当在全体大会上公开下列事项：

（1）承担赔偿责任的原因和责任赔偿额；

（2）根据前款规定可以免除的额度及其计算依据；

（3）免除责任的理由和免除额。

7. 理事向全体大会提交免除本条第1款责任（仅限于免除理事的责任）的议案时，必须征得各监事的同意。

8. 在作出第5款所述决议的情况下，如果组合在决议后向该款的干部提供厚生劳动省令规定的退休金或其他财产福利时，则应获得全体大会的批准。

9. 尽管有第4款的规定，但第1款的责任准用《公司法》第四百二十六条（第4款至第6款除外）及第四百二十七条的规定。在这种场合，《公司法》第四百二十六条第1款中"取缔役（承担该责任的取缔役除外）的半数以上同意（对于设有董事会的公司，则为董事会的决议）"可置换为"理事会的决议"；该条第3款中"同意免除责任（对于设有董事会的公司则为董事会的决议）"可置换为"理事会决议免除责任"；此外，由政令决定必要的技术性术语置换。

第四十六条　干部对第三者的损害赔偿责任

1. 干部在履行职务过程中，如有恶意或重大过失时，应对第三者负连带赔偿责任。

2. 当下列人员作出各项中规定的行为时同样适用前款规定。但是，如果证明该人没有该玩忽职守的行为，则不适用。

（1）理事以下行为：

①对根据本法第五十一条第1款和第2款规定应准备的文件的重要事项作虚假记载或记录；

②虚假的登记；

③虚假的公告。

（2）监事：对监查报告的重要事项作虚假记载或记录。

第四十七条　干部的连带责任

干部对组合或第三者造成的损害承担责任时，如果其他干部也对该损失负责，则为连带责任人。

第四十八条　补偿合同

1. 组合必须根据理事会决议，订立由该组合向干部补偿下列全部或部分费用的合

同(以下本条统称补偿合同):

(1)该干部因履行其职责被质疑违反法律规定或与追究责任相关而被要求支付的费用;

(2)该干部因履行其职责而对第三者造成了损害且有赔偿责任时遭受的下列损失:

①该干部由于赔偿该损害产生的损失;

②当双方就损害赔偿的相关问题达成和解时,该干部根据该和解行为支付费用而产生的损失。

2. 即使组合签订了补偿合同,也不能根据合同赔偿下列费用:

(1)超出前款第(1)项所列费用中正常需要的费用金额;

(2)如组合需赔偿前款第(2)项所列费用,当涉及该损害的干部根据第四十五条第1款对该组合负有责任时,该项所列损失中与其责任相关的部分;

(3)干部在履行职务中因恶意或重大过失而需承担前款第(2)项责任的情况下,需要负担该项的全部损失。

3. 根据补偿合同补偿第1款第(1)项所列费用的组合,发现与该费用有关的干部旨在谋求本人或第三者的不正当利益,或以损害组合为目的而履行了该项职责时,组合可要求返还相当于补偿金额的款项。

4. 根据补偿合同作出补偿的理事和获得补偿的理事应立即向理事会报告有关补偿的重要内容。

5. 第四十四条第1款及第3款、第四十五条第2款及第3款的规定不适用于组合与理事之间的补偿合同。

6.《民法》第一百零八条的规定不适用于由第1款决议决定其内容的补偿合同的缔结。

第四十九条　为干部缔结的保险合同

1. 对于组合与保险人签订的,由保险人承诺赔偿因干部履行职务需承担责任而产生的损失或涉及因要求追究该责任而产生的损失且以干部作为被保险人的保险合同[根据厚生劳动省令的规定缔结该合同可能会影响被保险人履行职务正当性的除外。该合同在本条第3款的(附属文①)中称为"干部赔偿责任保险合同"],该合同的内容必须经过理事会决议通过。

2. 对于组合与保险人签订的,由保险人承诺赔偿因干部履行职务需承担责任而产

① ただし書:"附属文",是指该条/款/项中"但是"后跟随的内容。——译者注

生的损失或涉及追究该责任而产生的损失且以理事作为被保险人的保险合同,其缔结不适用第四十四条第1款及第3款、第四十五条第2款及第3款的规定。

3. 前款保险合同的缔结不适用《民法》第一百零八条的规定。但是,经本条第1款决议的干部赔偿责任保险合同除外。

第五十条 干部对责任追究的申诉

干部责任追究的申诉准用《公司法》第七编第二章第二节[第八百四十七条第二款,第八百四十七条(二),第八百四十七条(三),第八百四十九条第2款、第3款第(2)项及第(3)项、第6款至第11款,第八百四十九条(二)的第(2)项及第(3)项,第八百五十一条,第八百五十三条第1款第(2)项及第(3)项除外]的规定。在此情况下,《公司法》第八百四十七条第1款及第4款中"法务省令"置换为"厚生劳动省令";此外,由政令决定必要的技术性术语置换。

第三小节 决算相关文件等的监查等

第五十一条 决算有关文件的提出、备查和查阅等

1. 组合应根据厚生劳动省令的规定,在成立之日起制作资产负债表。

2. 组合应当准备每个业务年度的资产负债表、损益表、盈余处置计划或亏损处理计划(以下本条统称决算有关文件)以及业务报告书,并制作这些文件的附属明细文件。

3. 决算有关文件、业务报告书及这些文件的附属明细材料可以电磁的形式制成。

4. 决算有关文件制成后,组合必须保存决算有关文件及其附属明细材料10年。

5. 第2款的决算有关文件、业务报告书及这些文件的附属明细材料必须接受监事的监查。

6. 第2款的决算有关文件、业务报告书及这些文件的附属明细材料必须获得理事会的承认。

7. 理事在通知普通全体大会时,必须根据厚生劳动省令的规定,向组合员提供前款获得承认的决算有关文件及业务报告书(包括监查报告)。

8. 理事必须将记有监事意见的书面材料或记录有应该记载的事项的电磁记录作为决算有关文件及业务报告书的附件向普通全体大会提出或提供,并获得其承认。

9. 理事必须向普通全体大会报告根据前款规定提出或提供的业务报告书的内容。

10. 组合必须将每个业务年度的决算相关文件等[决算有关文件及业务报告书及这些文件的附属明细材料(包括监查报告),以下本条中相同]在普通全体大会的前2

周至会议结束后的5年内放置于主事务所。

11. 决算相关文件等的副本必须自普通全体大会之日前2周至会议结束后的3年内放置于其下属办公室。但是,如果决算相关文件等以电磁形式制成,当下属办公室采取了厚生劳动省令规定的以使下一款第(3)项和第(4)项列出的请求成为可能的措施时,将不受此规定限制。

12. 组合员及组合的债权人可在工作时间内随时向组合提出下列请求。但是,提出第(2)项或第(4)项的要求时,必须支付组合指定的费用:

(1)在决算相关文件等以纸质文件形式制成的情况下,要求检查或誊写该文件;

(2)要求交付前项书面材料的誊本或抄本;

(3)在决算相关文件等是以电磁记录形式制成的情况下,要求通过厚生劳动省令规定的方法查看或誊写该电磁记录中的信息;

(4)要求根据组合的规定提供前项的电磁记录中记录的信息或交付记载其信息的书面材料。

第五十二条 会计账簿等的作成等

1. 组合应根据厚生劳动省令的规定,在适当的时间作成会计账簿。

2. 组合必须自会计账簿闭锁后的10年内保存其会计账簿及其业务相关的重要资料。

3. 占全体组合员人数的3%以上(如果章程规定的比例更低,则为该比例)的组合员可在工作时间内,随时向组合提出下列请求。在此情况下,组合无正当理由不可拒绝:

(1)在会计账簿或相关资料以纸质文件形式制成的情况下,要求检查或誊写该文件;

(2)在会计账簿或相关资料以电磁记录形式制成的情况下,要求通过厚生劳动省令规定的方法查看或誊写该电磁记录中的信息。

第五十三条 干部的改选

1. 占全体组合员人数的1/5(如果章程规定的比例更低,则为该比例)以上的组合员可以要求进行干部改选,全体大会上过半的与会者同意该请求时,涉及该请求的干部失去其职务。

2. 前款规定的改选要求,应同时包括全体理事和全体监事的改选。但是,如果由于违反法律、章程或规章而要求的改选,则不受此限制。

3. 根据第1款规定提出的改选请求,必须写明请求改选的理由,以书面形式向组合提出。

4. 根据第1款规定提出改选请求的人,可根据章程规定,在获得组合的同意后将按规定应该以书面材料记载的内容以电磁的方式提出，而不再出具书面材料。

5. 根据第 1 款规定进行改选（仅限第 3 款有书面材料出具的情况）时，理事需将其请求纳入全体大会的会议内容，并且在全体大会召集的 7 日前，将第 3 款的书面材料送给涉及该请求的干部，并给予干部以在全体大会上提出申辩的机会。

6. 根据第 1 款规定进行改选（仅限第 4 款以电磁的形式提供的情况）时，理事需将其请求纳入全体大会的会议内容，并且在全体大会召集的 7 日前，将按第 4 款规定提供的书面材料送给涉及该请求的干部，并给予干部以在全体大会上提出申辩的机会。

7. 在前款规定中，组合可根据政府规定在获得涉及该请求的干部同意下，将第 4 款规定的内容以电磁的方式提出，而不再出具前款的书面材料。

8. 第五十九条第 2 款及第六十条的规定可准用于第 5 款及第 6 款。在此情况下，第五十九条第 2 款中“获得全体组合员的 1/5（如果章程规定的比例更低，则为该比例）以上的同意，通过向理事会提交说明会议目的和召集理由的书面材料以要求召集全体大会时”，以及第六十条后段中“获得全体组合员的 1/5（如果章程规定的比例更低，则为该比例）以上的同意”可置换为“当根据第五十三条第 1 款的规定提出干部改选要求时”。

第四小节　组合员监查委员会

第五十四条　组合员监查委员会的设置和权限

1. 尽管有本法第三十二条第 1 款的规定，但在组合员总人数不超过 20 人的组合，可根据章程的规定成立组合员监查委员会（以下本小节统称监查会），该会由除理事以外的所有组合员组成，代替监事。

2. 组成监查会的组合员（以下本小节统称监查会员）必须 3 人以上。

3. 监查会监查理事的职务执行。在此情况下，必须依据厚生劳动省令的规定作成监查报告。

4. 监查会准用《公司法》第三百八十一条（第 1 款除外）、第三百八十二条、第三百八十三条第 2 款及第 3 款、第三百八十四条、第三百八十五条的规定。在此情况下，《公司法》第三百八十二条“取缔役（对于有董事会的公司则为董事会）”可置换为“理事会”；《公司法》第三百八十四条中“法务省令”可置换为“厚生劳动省令”；此外，由政令决定必要的技术性术语置换。

第五十五条　监查会的决议等

1. 监查会的决议由监查会员的半数以上作出。

2. 理事已向全体监查会员报告了应向监查会报告的事项时,不需要将该事项再向监查会报告。

3. 监查会的召集准用《公司法》第三百九十一条及第三百九十二条的规定。在此情况下,由政令决定必要的技术性术语置换。

4. 组合必须根据厚生劳动省令的规定对监查会的会议记录作成记事簿。

5. 前款的记事簿准用第四十一条第 3 款至第 5 款的规定。

第五十六条 监查会员

1. 监查会员可以出席理事会并陈述意见。

2. 监查会员可基于为监查会履行职责而向组合请求相应的报酬。

3. 监查会员因监查会履行职责而进行的事务向组合提出下列请求时,除非组合可证明涉及该请求的费用或债务于履行监查会的职务不是必要的,否则不能拒绝这些请求:

(1) 偿还已支出费用的请求;

(2) 要求组合对负担了债务的债权人进行还款的请求。

4. 设置监查会的组合[下一条和附则第五条第 4 款第(4)项统称监查会设置组合]不能对监查会员进行下列行为。但是,发生本款第(2)项所列请求且在该请求的时间内履行与监查会职务有关的事务会妨碍组合业务的正常运营时,可以根据厚生劳动省令变更时间:

(1) 在监查会履职时,根据雇佣关系对其发出业务上的命令;

(2) 监查会员在工作时间内执行与监查会职责相关的事务而对所需的时间提出请求时,拒绝该请求;

(3) 以监查会的履职为理由,解雇其劳动关系或做出其他不利的行为。

第五十七条 监查会设置组合相关术语替换

1. 关于监查会设置组合在本法第二十条第 1 款[限第(2)项相关部分]的规定,第四十条第 4 款、第四十一条第 1 款及第四十五条第 7 款(包括这些规定准用于第九十四条第 2 款的情况,以下在本节中同样适用)的规定,第五十条的规定,第五十一条第 5 款、第 6 款及第 8 款、第六十七条(包括这些规定准用于第九十四条第 2 款的情况,以下在本节中同样适用)的规定和第九十四条第 2 款及第 3 款的规定中的适用,下表左列各条款中包含的被列于该表中间列的各相关字句,应分别对应该表右列中列出的各字句。

第二十条第1款第(2)项	监事	仅执行监查会履职相关的事务
第四十条第4款	监事	监查会
第四十一条第1款	监事	监查会员
第四十五条第7款	各监事	监查会
第五十条	第3款第(2)项及第(3)项	第3款各项
	置换	《公司法》第八百四十九条第3款中“对应以下各项列出的公司类别,对应各项指定的人员”置换为“监查会”
第五十一条第5款、第6款及第8款	监事	监查会
第六十七条	监事	监查会选定的监查会员
第九十四条第2款	第三十八条第1款及第2款	第三十八条第1款
	第五十一条(第1款及第11款除外)	第五十一条(第1款及第11款除外)、第五十四条第3款、第五十六条第1款、第五十七条第2款
	第三百八十三条第1款本文、第2款	第三百八十三条第2款
第九十四条第3款	第3款第(2)项及第(3)项	第3款及各项
	置换	《公司法》第八百四十九条第3款中“对应以下各项列出的公司类别,对应各项指定的人员”置换为“监查会”

2. 监查会设置组合与理事间的申诉准用《公司法》第三百五十三条的规定。此外,由政令决定必要的技术性术语置换。

第五小节　全体大会等

第五十八条　全体大会的召集

普通全体大会,必须根据章程规定,每业务年度召集一次。

第五十九条

1. 临时全体大会可在必要时根据章程规定随时召集。

2. 组合员获得全体组合员的1/5(如果章程规定的比例更低,则为该比例)以上的同意,通过向理事会提交说明会议目的和召集理由的书面材料以要求召集全体大会时,理事会应自请求之日起20天内召集临时全体大会。

3. 在前款情况下,根据章程的规定行使决议权时,可以通过电磁的形式提交该书面材料应记载的事项和理由,不需要再出具该款的书面材料。在此情况下,以此方式提交的组合员被视为提交了该书面材料。

4. 通过前款前段的电磁方式(厚生劳动省令规定的方式除外)提交的第2款规定的书面材料应记载的事项和提供的理由,当其被记录到理事会使用的计算机文件中时,则视为已到达理事会。

第六十条

组合员根据前条第2款的规定提出请求,自提出请求之日起10日内,理事未进行全体大会召集时,经行政厅批准可以召集全体大会。如果没有人履行理事职务,组合员获得全体组合员的1/5(如果章程规定的比例更低,则为该比例)以上的同意,亦可召集全体大会。

第六十一条　召集全体大会的手续

1. 全体大会的召集,必须根据章程规定,在会议召集的10天(如果章程规定的时间低于此规定,则为该时间)前公开会议目的事项。

2. 全体大会的召集,除非本法另有规定,由理事会决定。

3. 在获得全体组合员的同意时,不受本条第1款限制,可省去召集手续直接召开。

第六十二条　通知或催告

1. 对组合员发出的通知或催告,寄往组合员名单上记载或记录的该组合员的住址(如果此人告知了组合其他的接受通知或催告的地点或联络地址,则为该地点或联络地址)即可。

2. 前款通知或催告,在认为其应当到达时,通常视为送达。

第六十三条　全体大会的决议事项

1. 下列事项,必须由全体大会作出决议:

(1)修改章程;

(2)制定、修改和废除规章;

(3)制定和修改每业务年度的收支预算和业务计划;

(4)转让组合子公司全部或部分的股份(仅限于下列任一情况的转让):

①按照厚生劳动省令规定的方法计算,该全部或部分被转让的股份的账面价值超过组合总资产的1/5(如果章程规定的比率低于此比率,则为该比率)时;

②该组合在全部或部分转让生效之日失去该子公司的半数以上表决权时。

(5)加入或退出劳动者协同组合联合会;

(6)其他章程规定的事项。

2. 修改规章时,微小的变动和其他涉及厚生劳动省令规定的事项,不受前款限制,根据章程可不需要全体大会决议。在这种情况下,章程应规定不需要全体大会决议的事项的范围,以及该内容修改对组合员的通知、公告等其他让人知悉的方法。

3. 组合修改章程时,必须在修改之日起两周内将与修改有关的事项向行政厅申告。

第六十四条　全体大会的议案

1. 全体大会的议案,除本法、章程和规章有特别规定外,有超过半数的出席者的赞成票即视为通过。赞成票与否决票票数相等时,由会议主席作出决定。

2. 会议主席由全体大会选出。

3. 会议主席没有以组合员的身份参加表决的权利。

4. 全体大会只能对根据本法第六十一条第1款的规定提前通知的事项进行决议。但是,如果章程另有规定或出现该条第3款的情况,则不受此限制。

第六十五条　特别决议

下列事项,必须有全体组合员的过半数出席,并获出席组合员表决权的2/3以上多数通过,方为有效:

(1)修改章程;

(2)组合的解散或合并;

(3)组合员除名;

(4)业务的全部转让;

(5)对本法第九条第3款(附属文)的同意;

(6)根据本法第四十五条第5款规定的责任免除。

第六十六条　对全体大会的报告

1. 理事必须向普通全体大会报告体现组合员对每个业务年度内意见的措施的执行情况及其结果。

2. 下列各项所列情况发生时,理事必须将其情况在事件发生后首次召集的全体大会上报告:

(1)制定就业规则的,则该就业规则的内容;

(2)修改就业规则的,则该变更的内容;

(3)缔结劳动合同的,则该劳动合同的内容;

(4)订立或作出《劳动基准法》(昭和二十二年第四十九号法律)第四章规定的协议或委员会的决议的,则该协议或决议的内容。

第六十七条 理事及监事的说明义务

理事和监事在被组合员要求对特定问题进行解释时,必须提供关于该问题的必要解释。但是,如果该事项与全体大会的目的无关,或者其解释会严重损害组合员的共同利益或根据厚生劳动省令有其他正当理由时,不受此限制。

第六十八条 推迟或继续的决议

在全体大会决议推迟或继续会议的情况,不适用本法第六十一条的规定。

第六十九条 全体大会的记事簿

1. 组合对于全体大会的会议记录,必须根据厚生劳动省令的规定编制记事簿。

2. 组合必须自全体大会之日起,将前款记事簿放置于主事务所10年。

3. 组合必须自全体大会之日起,将本法第1款的记事簿副本放置于其下属办公室5年。但是,如果记事簿等以电磁形式制成时,当下属办公室采取了厚生劳动省令规定的以使下一款第(2)项列出的请求成为可能的措施时,将不受此规定限制。

4. 组合员及组合的债权人可在工作时间内随时向组合提出下列请求。在此情况下,组合无正当理由不可拒绝:

(1)在第1款的记事簿以书面材料形式制成的情况下,要求检查或誊写该文件;

(2)在第1款的记事簿是以电磁记录形式制成的情况下,要求通过厚生劳动省令规定的方法查看或誊写该电磁记录中的信息。

第七十条 确认全体大会成立会议的决议不存在或无效抑或是撤销的申诉

确认全体大会成立会议的决议不存在或无效抑或是撤销的申诉准用《公司法》第八百三十条、第八百三十一条、第八百三十四条[仅限第(16)项和第(17)项的有关部分]、第八百三十五条第1款、第八百三十六条第1款及第3款、第八百三十七条、第八百三十八条及第八百四十六条的规定。

第七十一条 全体代表大会

1. 组合员超过200人的组合,根据章程规定,可以成立全体代表大会代替全体大会。

2. 全体代表大会代表必须根据章程规定,从组合员中根据其地址等进行公平选举。

3. 全体代表大会代表的人数不得少于选举时组合员总人数的1/10(组合人数超过

2000 的组合为 200 人)。

4. 全体代表大会代表选举准用本法第三十二条第 7 款及第 8 款的规定。

5. 全体代表大会代表任期由章程规定,不超过 3 年。

6. 全体大会的相关规定准用于全体代表大会。在此情况下,第十一条第 5 款中“5 名”置换为“2 名”。

7. 全体代表大会不能对全体代表大会代表的选举(不包括补充欠缺的全体代表大会代表的选举)、第六十五条第(2)项和第(4)项的事项进行决议。

第六小节　每股股金金额的减少

第七十二条　借贷对照表的作成

1. 组合在全体大会作出每股股金金额减少的决议时,必须自作出决议之日起两周内,编制出财产目录和借贷对照表,并放置在主事务所。

2. 组合员及组合的债权人可在工作时间内随时向组合提出下列请求。在此情况下,组合无正当理由不可拒绝:

(1)在前款的财产目录和借贷对照表以书面材料形式制成的情况下,要求查阅该文件;

(2)在财产目录和借贷对照表以电磁记录形式制成的情况下,要求通过厚生劳动省令规定的方法查阅该电磁记录中的信息。

第七十三条　债权人的异议

1. 组合减少每股股金金额时,组合的债权人可对该组合每股股金金额的减少提出异议。

2. 在前款情况下,组合应在官方公报上公开下列事项,并将其分别通知债权人。但是,第(2)项规定的期间不得少于 1 个月:

(1)减少每股股金金额的原因;

(2)债权人可以在一定时间内提出异议的事项。

3. 尽管有前款的规定限制,但组合根据前款规定进行公告时,除官方公报外,根据本法第二十九条第 3 款中制定的章程的规定使用该款第(2)项或第(3)项所列的公告方法时,不再需要按照前款的规定进行个别的通知。

4. 债权人没有在本条第 2 款第(2)项的期间内陈述异议时,视为该债权人同意每股股金金额的减少。

5. 债权人在本条第 2 款第(2)项的期间内陈述异议时,组合必须对债权人进行债务偿还或提供合理数量的抵押品或委托信托公司等{指经营信托公司和信托业务的金融机构{指根据《金融机关的信托业务的兼营的相关法律法》[1943年(昭和十八年)法律第四十三号]第一条第1款获得批准的金融机构},本法附则第六条第6款同样适用}提供相当数量的财产,以使债权人获得还款。但是,减少每股股金金额没有损害该债权人利益的风险时,不受此限制。

第七十四条　每股股金金额减少的无效申诉

每股股金金额减少的无效申诉准用《公司法》第八百二十八条第1款[仅限第(5)项相关部分]及第2款[仅限第(5)项相关部分]、第八百三十四条[仅限第(5)项相关部分]、第八百三十五条第1款、第八百三十六条至第八百三十九条及第八百四十六条的规定。

第七小节　计　　算

第七十五条　会计原则

组合的会计应遵守公认的公正妥当的会计惯例。

第七十六条　准备金、创造就业等的储备金和教育转结金

1. 组合在其准备金达到章程所规定的额度之前,必须从其每个业务年度的盈余金中提取1/10以上作为准备金。

2. 章程规定的前款的准备金额不得少于入股股金总额的1/2。

3. 第1款所列的准备金除非用于弥补亏损,否则不得提取并使用。

4. 组合必须提取每个业务年度盈余金的1/20以上作为创造就业等的储备金,以保障为创造就业机会而扩大业务规模或增加业务活动所需的费用。

5. 组合必须将每个业务年度盈余金的1/20以上结转至下一个业务年度,作为教育结转金,以支付提高组合员对组合业务相关知识的必要支出。

第七十七条　盈余金的分配

1. 组合在补偿亏损并扣除前条第1款的准备金、第4款的创造就业等的储备金以及第5款的教育转结金之后,方可进行盈余金的分配。

2. 盈余金的分配,必须根据章程的规定进行按劳分配。

第七十八条

组合可根据章程规定,在组合员完成入股资金支付前,将分配给该组合员的盈余金用于支付其剩余未支付的入股资金。

第七十九条　禁止组合获取持股

组合不可以抵押为目的获取或接受组合员的股份。

第六节 解散、清算、合并

第八十条 解散的事由

1. 组合因下列事由而解散:

(1)全体大会的决议;

(2)组合的合并(仅限因合并导致该组合不存在的情况);

(3)作出组合破产的决定;

(4)根据章程的规定,组合的存续期间届满或发生解散的事由;

(5)根据本法第一百二十七条第3款规定的解散命令。

2. 除前款规定外,组合的组合员不满3人且在6个月内组合员人数仍未达到3人,组合经过该6个月后解散。

3. 组合因除本条第1款第(2)项、第(3)项和第(5)项所列事由外的其他事由解散时,必须在解散后两周内通知行政厅。

第八十一条 (休眠组合)

1. 休眠组合(是指自组合最后一次登记之日起已经过去5年的组合,以下本条同样适用)在行政厅要求组合根据厚生劳动省令的规定,在两个月内向行政厅提出不废止其业务的申告并将申告在公报上公开的情况下,如未发出申告,则组合在两个月期限届满时视为已解散。但是,如果在该期间内已登记为休眠组合,则不受此限制。

2. 行政厅根据前款的规定发布公告时,应当通知休眠组合。

第八十二条 组合的存续

1. 组合根据本法第八十条第1款第(1)项或第(4)项所列的事由解散(包括根据前条第1款规定的解散)时,可根据全体大会的决议在清算结束之前(如果根据前条第1款规定被认为已经解散则在被认为已解散后的3年内)保持组合的存续。

2. 前款规定的组合的存续准用本法第六十五条的规定。

3. 组合根据本条第1款的规定存续时,必须在两周内向行政厅发出申告。

第八十三条 合并契约

组合可以经过全体大会的决议与其他组合进行合并。在此情况下,必须缔结合并合同。

第八十四条 吸收合并

组合进行吸收合并(是指组合与另一个组合的合并,其中因合并被消除的组合的所有权利和义务都由在合并中存续的组合继承,以下本节同样适用)时,必须在吸收合并合同中规定下列事项:

(1)吸收合并存续组合(以下本条和本法附则第二十六条统称吸收合并存续组合)

以及因合并被消除的组合(以下本条和本法附则第二十六条统称吸收合并消除组合)的名称和地址;

(2)吸收合并存续组合的每股股金金额;

(3)关于吸收合并消除组合的组合员投资分配的有关事项;

(4)对吸收合并消除组合的组合员设定了需支付的金额时,其设定;

(5)吸收合并的生效日期(以下本节统称生效日期);

(6)其他厚生劳动省令规定的事项。

第八十五条　新设合并

两个以上组合进行新设合并(是指两个以上组合合并时,其中因合并被消除的组合的所有权利和义务都由在合并中新设的组合继承,以下本节同样适用)时,必须在新设合并合同中规定下列事项:

(1)因新设合并被消除的组合(以下本节统称新设合并消除组合)的名称和地址;

(2)在新设合并中设立的组合(以下本节和本法附则第二十六条统称新设合并设立组合)的业务、名称、主要事务所的所在地和每股股金金额;

(3)关于新设合并消除组合的组合员投资分配的有关事项;

(4)对新设合并消除组合的组合员设定了需支付的金额时,其设定;

(5)其他厚生劳动省令规定的事项。

第八十六条　吸收合并消除组合的手续

1.吸收合并消除组合应从下列日期中的较早日期起至吸收合并的生效日期内,将记载或记录吸收合并合同的内容以及厚生劳动省令规定的其他事项的书面材料或电磁的记录放置于主事务所:

(1)本条第3款中全体大会会议日前两周的时间;

(2)本条第5款中根据准用的本法第七十三条第2款的规定进行公告的时间或本条第五款中根据准用的本法第七十三条第2款的规定进行催告的时间中的较早日期。

2.吸收合并消除组合的组合员及组合的债权人,可在工作时间内随时向吸收合并消除组合提出下列请求。但是,对于本款第(2)项或第(4)项中的请求,必须支付吸收合并消除组合规定的费用:

(1)查阅前款书面材料的要求;

(2)交付前款书面材料誊本或抄本的要求;

(3)根据厚生劳动省令规定的方法查阅前项电磁记录中信息的要求;

(4)根据吸收合并消除组合的规定提供前项电磁记录中记录的信息的要求或交付记载其信息的书面材料的要求。

3. 吸收合并消除组合必须在生效日期的前一日前根据全体大会的决议承认吸收合并合同。

4. 吸收合并违反法律或章程使吸收合并消除组合的组合员的利益遭受损失时,吸收合并消除组合的组合员可要求吸收合并消除组合停止该吸收合并。

5. 吸收合并消除组合准用本法第七十三条的规定。

6. 吸收合并消除组合根据吸收合并存续组合的同意,可以变更生效日期。

7. 在前款情况下,吸收合并消除组合必须在变更前的生效日期(变更后的生效日期若为变更前的生效日期前的日期,则为该变更后的生效日期)的前一日前,公告变更后的生效日期。

8. 根据本条第 6 款的规定变更生效日期时,视变更后的生效日期为生效日期,准用本条、下条及本法第九十条的规定。

第八十七条　吸收合并存续组合的手续

1. 吸收合并存续组合应从下列日期中的较早日期起,至吸收合并效力发生之日后的 6 个月内,将记载或记录吸收合并合同的内容以及厚生劳动省令规定的其他事项的书面材料或电磁的记录放置于主事务所:

(1)吸收合并合同必须由全体大会决议批准时,则为该全体大会会议日前两周的时间;

(2)根据本条第 5 款进行公告或通知中的较早日期;

(3)本条第 7 款中根据准用的本法第七十三条第 2 款的规定进行公告的时间或本条第 7 款中根据准用的本法第七十三条第 2 款规定进行催告的时间中的较早日期。

2. 吸收合并存续组合的组合员及组合的债权人,可在工作时间内随时向吸收合并存续组合提出下列请求。但是,对于本款第(2)项或第(4)项中的请求,必须支付吸收合并存续组合规定的费用:

(1)查阅前款书面材料的要求;

(2)交付前款书面材料誊本或抄本的要求;

(3)根据厚生劳动省令规定的方法查阅前款电磁记录中信息的要求;

(4)根据吸收合并存续组合的规定提供前款电磁记录中记录的信息的要求或交付记载其信息的书面材料的要求。

3. 吸收合存续组合必须在生效日期的前一日前,根据全体大会的决议承认吸收合并合同。但是,如果吸收合并消除组合的组合员的总人数不超吸收合并存续组合总人数的1/5,并且根据吸收合并消除组合的最终借贷对照表,吸收合并消除组合的现存的资产不超过根据吸收合并存续组合的最终借贷对照表确定的吸收合并存续组合现存资产的1/5,则该合并不受此限制。

4. 在根据前款附属文的规定不经过全体大会进行合并的情况下,如果吸收合并消除组合的组合员中有1/6以上,在根据下款的规定发出公告或通知之日起两周内,对吸收合并存续组合发出反对通知时,则全体大会必须于生效日期的前一日前决议批准吸收合并合同。

5. 吸收合并存续组合根据本条第3款的规定不经过全体大会进行合并的情况下,吸收合并存续组合必须在生效日期的20天前,将合并事项和吸收合并消除组合的名字和地址进行公开,并通知组合员。

6. 吸收合并违反法律或章程使吸收合并存续组合的组合员的利益遭受损失时,吸收合并存续组合的组合员可要求停止该吸收合并。但是,如果吸收合并存续组合根据本条第3款的规定未经全体大会决议进行合并的情况(根据本条第4款的规定进行了通知的情况除外),不受此限制。

7. 吸收合并存续组合准用本法第七十三条的规定。

8. 吸收合并存续组合必须在吸收合并生效后,立即根据厚生劳动省令的规定,以书面材料或电磁记录的形式记载或记录因吸收合并继承的吸收合并消除组合的权利和义务以及其他与吸收合并相关的事项。

9. 吸收合并存续组合必须自吸收合并生效起的6个月内,将前款书面材料或电磁记录放置于主事务所。

10. 吸收合并存续组合的组合员及组合的债权人,可在工作时间内随时向吸收合并存续组合提出下列请求。但是,对于本款第(2)项或第(4)项中的请求,必须支付吸收合并存续组合规定的费用:

(1)查阅前款书面材料的要求;

(2)交付前款书面材料誊本或抄本的要求;

(3)根据厚生劳动省令规定的方法查阅前款电磁记录中信息的要求;

(4)根据吸收合并存续组合的规定提供前款电磁记录中记录的信息的要求或交付记载其信息的书面材料的要求。

第八十八条　新设合并消除组合的手续

1. 新设合并消除组合应从下列日期中的较早日期起至新设合并的生效日期内,将记载或记录吸收合并合同的内容以及厚生劳动省令规定的其他事项的书面材料或电磁的记录放置于主事务所:

(1)本条第3款中的全体大会会议日的前两周的时间;

(2)本条第5款中根据准用的本法第七十三条第5款规定进行公告的时间或本条第5款中根据准用的本法第七十三条第2款规定进行催告的时间中的较早日期。

2. 新设合并消除组合的组合员及组合的债权人,可在工作时间内随时向新设合并消除组合提出下列请求。但是,对于本款第(2)项或第(4)项中的请求,必须支付新设合并消除组合规定的费用:

(1)查阅前款书面材料的要求;

(2)交付前款书面材料誊本或抄本的要求;

(3)根据厚生劳动省令规定的方法查阅前款电磁记录中信息的要求;

(4)根据新设合并消除组合的规定提供前款电磁记录中记录的信息的要求或交付记载其信息的书面材料的要求。

3. 新设合并消除组合根据全体大会的决议承认新设合并合同。

4. 新设合并违反法律或章程使新设合并消除组合的组合员的利益遭受损失时,新设合并消除组合的组合员可要求新设合并消除组合停止该新设合并。

5. 新设合并消除组合准用本法第七十三条的规定。

第八十九条　新设合并设立组合的手续等

1. 本法第二章第四节(第二十六条除外)的规定不适用于新设合并设立组合的成立。

2. 合并成立(新)组合时,由各组合在各自全体大会上从组合员中选任成立委员,共同制作章程,选出干部,进行其他成立所必需的行动。

3. 根据前款规定选出的干部,任期到第一次普通全体大会为止。

4. 本条第2款规定的成立委员的选任准用本法第六十五条的规定。

5. 本条第2款规定的干部的选任准用本法第三十二条第4款本文及第5款的规定。

6. 新设合并设立组合必须在成立后,立即根据厚生劳动省令的规定,以书面材料或电磁记录的形式记载或记录因新设合并继承的新设合并消除组合的权利和义务以及其他与新设合并相关的事项。

7. 新设合并设立组合必须在成立起的6个月内,将前款的书面材料或电磁的记录放置于主事务所。

8. 新设合并设立组合的组合员及组合的债权人,可在工作时间内随时向新设合并成立组合提出下列请求。但是,对于本款第(2)项或第(4)项中的请求,必须支付新设合并设立组合规定的费用:

(1)查阅前款书面材料的要求;

(2)交付前款书面材料誊本或抄本的要求;

(3)根据厚生劳动省令规定的方法查阅前款电磁记录中的信息的要求;

(4)根据新设合并设立组合的规定提供前款电磁记录中记录的信息的要求或交付记载其信息的书面材料的要求。

第九十条 合并的效果

1. 吸收合并存续组合在吸收合并生效后,继承吸收合并消除组合的权利和义务(包括组合根据其开展的业务、行政厅的许可、批准和其他处分拥有的权利和义务,下项相同)。

2. 新设合并设立组合自其成立之日起,继承新设合并消除组合的权利和义务。

第九十一条 合并的申告

组合合并时,必须在合并之日起的两周内,附上登记事项证明书(如为新设合并设立组合的情况,则为登记事项证明书和章程),将合并事宜(如为新设合并设立组合的情况,则为其合并事宜及干部姓名、住所)向行政厅进行申告。

第九十二条 合并的无效申诉

合并的无效申诉准用《公司法》第八百二十八条第1款[仅限第(7)项及第(8)项相关部分]及第2款[仅限第(7)项及第(8)项相关部分]、第八百三十四条[仅限第(7)项及第(8)项相关部分]、第八百三十五条第1款、第八百三十六条至第八百三十九条、第八百四十三条[第1款第(3)项及第(4)项和第2款除外]和第八百四十六条的规定;本条中准用的《公司法》第八百四十三条第4款的申告准用《公司法》第八百六十八条第6款、第八百七十条第2款[仅限第(6)项相关部分]、第八百七十条(二)、第八百七十一条本文、第八百七十二条[仅限第(5)项相关部分]、第八百七十二条(二)、第八百七十三条本文、第八百七十五条及第八百七十六条的规定。

第九十三条 清算人

组合解散时,除因合并、宣告破产而解散的情况外,理事为其清算人。但是全体大会选任了其他人时,不受此限。

第九十四条 《公司法》等的准用

1. 组合的解散和清算准用《公司法》第四百七十五条[第(3)项除外]、第四百七十六条、第四百七十八条第2款及第4款、第四百七十九条第1款及第2款(仅限各项列记[①]以外的部分)、第四百八十一条、第四百八十三条第4款及第5款、第四百八十四

---

① “各项列记”,是指法条中进行列举的部分。——译者注

条、第四百八十五条、第四百八十九条第4款及第5款、第四百九十二条第1款至第3款、第四百九十九条至第五百零三条、第五百零七条、第八百六十八条第1款、第八百六十九条、第八百七十条第1款[仅限第(1)项及第(2)项相关部分]、第八百七十一条、第八百七十二条[仅限第(4)项相关部分]、第八百七十四条[仅限第(1)项及第(4)项相关部分]、第八百七十五条和第八百七十六条的规定;在此情况下,《公司法》第四百七十九条第2款各项列记以外的部分中,"以下所列持股人"置换为"获全体组合员的1/5以上的同意的组合员";《公司法》第四百九十二条第1款及第五百零七条第1款中"法务省令"置换为"厚生劳动省令";《公司法》第四百九十九条第1款中"在官报中公告"置换为"公告";此外,由政令决定必要的技术性术语置换。

2. 组合的清算人准用本法第三十四条、第三十五条、第三十七条、第三十八条第1款及第2款、第三十九条至第四十七条(第四十一条第4款除外)、第五十一条(第1款及第11款除外)、第五十九条第2款至第4款、第六十条、第六十七条及《公司法》第三百五十七条第1款、根据《公司法》第三百六十条第3款规定的术语置换后的该条第1款、《公司法》第三百六十一条第1款[第(3)项至第(5)项除外]及第4款、第三百八十一条第2款、第三百八十二条、第三百八十三条第1款本文和第2款至第3款、第三百八十四条、第三百八十五条、第三百八十六条第1款[仅限第(1)项相关部分]及第2款[仅限第(1)项及第(2)项相关部分]和第五百零八条的规定。在此情况下,第五十一条第2款中"资产负债表、损益表、盈余处置计划或亏损处理计划"置换为"资产负债表";"业务报告书"置换为"事务报告书";该条第3款及第5款至第10款的规定中"业务报告书"置换为"事务报告书";《公司法》第三百八十二条中"取缔役(对于有董事会的公司,则为董事会)"置换为"清算人会"①;该法第三百八十四条中"法务省令"置换为"厚生劳动省令";此外,由政令决定必要的技术性术语置换。

3. 组合的清算人的责任追究准用《公司法》第七编第二章第二节[第八百四十七条第2款、第八百四十七条(二)、第八百四十七条(三)、第八百四十九条第2款和第3款第(2)项及第(3)项和第6款至第11款、第八百四十九条(二)第(2)项及第(3)项、第八百五十一条和第八百五十三条第1款第(2)项及第(3)项除外]的规定。在此情况下,《公司法》第八百四十七条第1款及第4款中"法务省令"置换为"厚生劳动省令";此外,由政令决定必要的技术性术语置换。

① "清算人会":决定清算公司的业务执行,并监督清算人的职责的机构(组织)。是否设置清算人会原则上是任意的。——译者注

第三章 劳动者协同组合联合会

第九十五条 人格和地址

1. 劳动者协同组合联合会(以下统称联合会)具有法人资格。

2. 联合会以其主事务所所在地为其地址。

第九十六条 禁止为特定政党所用

联合会不得为特定政党所用。

第九十七条 名称

1. 联合会的名称中,必须包含“劳动者协同组合联合会”一词。

2. 非联合会不得在其名称中使用可能被误认为是劳动者协同组合联合会的文字。

第九十八条 登记

1. 联合会必须按照政府条例的规定进行登记。

2. 依照前款规定需要登记的事项,仅在登记后才能对抗第三者。

第九十九条 会员的资格

有资格成为联合会会员的为组合或联合会,并应在章程中规定。

第一百条 业务

联合会对会员进行指导、联络并协调相关的业务。

第一百零一条 出资

1. 联合会可根据章程规定让会员出资。

2. 出资准用本法第九条(第3款及第4款除外)的规定。在此情况下,该条第5款中的“其”置换为“除根据第一百零四条规定负担的经费外,(会员以)其”。

第一百零二条 会员名单的创建、存放和查看等

联合会的会员名单准用本法第十条[指不让会员出资的联合会(以下本章统称非出资联合会)的会员名单的情况,该条第1款第(3)项除外]的规定。

第一百零三条 表决权和选举权

1. 每名会员享有一票表决权和干部选举权。但是,可以根据组合会员的组合员人数在章程中作出其他规定。

2. 表决权和选举权准用本法第十一条第2款前段和第3款至第6款的规定。

第一百零四条 经费的收取

1. 联合会可根据章程规定收取会员经费。

2. 会员支付前款经费时,不得主张通过其对联合会享有的债权抵销应缴纳的经费,以对抗联合会。

第一百零五条 加入

1. 符合会员资格的人有意愿加入联合会时，联合会无正当理由不可拒绝其加入，亦不可附加比现会员加入时更苛刻的条件。

2. 有意向加入需会员出资的联合会（以下本章统称出资联合会）的个体，根据章程规定在获得联合会同意并支付与认股股数对应的金额后方可成为会员。

3. 有意向加入非出资联合会的个体，根据章程规定在获得联合会同意时成为会员。

第一百零六条 退出

1. 会员可提前30天发出通知，在业务年度结束时退出联合会。

2. 会员的退出准用本法第十四条第2款及第十五条的规定，出资联合会的会员的退出准用本法第十六条至第十八条的规定。在此情况下，本法第十五条第1款第(2)项中“死亡”置换为“解散”；该条第2款第(1)项中“不从事”置换为“不利用”；该款第(2)项中“缴纳股金”置换为“缴纳股金，支付经费”。

第一百零七条 入股股数的减少

1. 出资联合会的会员可根据章程规定减少入股股数。

2. 前款的情况准用本法第十六条及第十七条的规定。

第一百零八条 发起人

成立联合会时，必须有两个以上组合或联合会作为发起人。

第一百零九条 全体大会成立会议

1. 发起人在制定章程后，必须公告章程、会议时间及地点，召集全体大会成立会议。

2. 如有延期或继续举行全体大会成立会议的决议，则不再需要根据第1款的规定发布公告。

3. 必须根据厚生劳动省令的规定，将全体大会成立会议的会议内容编制会议纪要。

4. 全体大会成立会议准用本法第二十三条第2款至第5款及第一百零三条的规定，确认全体大会成立会议的决议不存在或无效抑或撤销的申诉准用《公司法》第八百三十条、第八百三十一条、第八百三十四条［仅限第(16)项及第(17)项相关部分］、第八百三十五条第1款、第八百三十六条第1款及第3款、第八百三十七条、第八百三十八条和第八百四十六条的规定（这些法规中与监事人员有关的部分除外）。

第一百一十条 成立

联合会的成立准用本法第二十四条至第二十八条（非出资联合会的成立则不包括

第二十五条)的规定。

第一百一十一条 章程

1. 联合会的章程,必须记载或记录下列事项[非出资联合会则不包括本款第(6)项、第(8)项和第(9)项中的事项]:

(1)业务;

(2)名称;

(3)事务所所在地;

(4)联合会会员资格的有关规定;

(5)联合会会员加入和退出的有关规定;

(6)每股股金的金额及其缴纳方法;

(7)经费分担的相关规定;

(8)关于盈余金和亏损的处理办法;

(9)准备金的额度及其积累的方法;

(10)干部的人数及选举和选任的相关规定;

(11)业务年度;

(12)公告方法(指联合会公开告示的方法)。

2. 联合会的章程和公告准用本法第二十九条第 2 款至第 7 款的规定。

第一百一十二条 规章

除由章程规定的事项外,下列事项可以通过规章规定:

(1)全体大会和全体代表大会的有关规定;

(2)业务的执行和会计的有关规定;

(3)关于干部的规定;

(4)关于会员的规定;

(5)其他的必要事项。

第一百一十三条 章程的存放和查阅等

章程和规章准用本法第三十一条的规定。

第一百一十四条 干部

1. 联合会设理事和监事为干部。

2. 理事的人数为 5 人以上,监事的人数为 3 人以上。

第一百一十五条 干部的职务

1. 干部必须遵守法律、法规、章程和规章以及全体大会的决议,忠实地为联合会履行职责。

2. 监事对理事职务的执行情况进行监查。在这种情况下,监事应根据厚生劳动省令的规定作出监查报告。

第一百一十六条　理事会的权限

1. 联合会应设理事会。

2. 理事会组织全体理事。

3. 联合会的业务执行由理事会决定。

第一百一十七条　代表理事

理事会必须从理事中选定代表联合会的理事(下条第1款统称代表理事)。

第一百一十八条　准用规定

1. 干部准用本法第三十二条第3款、第4款和第6款至第12款,第三十三条至第三十七条,第三十八条第3款及第四十五条至第五十条的规定;理事会准用本法第四十条及第四十一条的规定;代表理事准用本法第四十二条第2款至第5款的规定,理事准用第四十四条及第五十一条第7款至第9款的规定;监事准用本法第四十三条的规定。在此情况下,本法第三十二条第4款本文中的"组合员"置换为"作为会员的组合或联合会的干部";该款附属文中的"有意愿成为组合员的人"置换为"有意愿成为会员的组合或联合会的干部";该条第8款中的"一人"置换为"一票选举权"。

2. 联合会准用本法第五十一条(第7款至第9款除外)、第五十二条及第五十三条。

第一百一十九条　全体大会

1. 普通全体大会必须根据章程规定每业务年度召集一次。

2. 临时全体大会可在必要时根据章程规定随时召集。

3. 下列事项必须由全体大会作出决议:

(1)修改章程;

(2)制定、修改和废除规章;

(3)制定和修改每业务年度的收支预算和业务计划;

(4)缴纳及征收经费的方法;

(5)加入或退出联合会;

(6)其他章程规定的事项。

4. 下列事项,必须由拥有总表决权的半数以上的会员出席,并获其表决权2/3以上的多数通过,方为有效:

(1)修改章程;

(2)联合会的解散或合并;

(3)会员的除名;

(4)前条第1款中根据本法第四十五条第5款规定进行责任免除。

5. 全体大会准用本法第五十九条第2款至第4款、第六十条至第六十二条、第六十三条第2款及第3款、第六十四条、第六十七条至第七十条的规定。

第一百二十条　每股股金金额的减少

涉及联合会的每股股金金额的减少准用本法第七十二条至第七十四条的规定。

第一百二十一条　计算

1. 联合会的会计准用本法第七十五条的规定。

2. 出资联合会的计算准用本法第七十六条第1款至第3款、第七十七条至七十九条的规定。在此情况下,本法第七十七条第1款中的"除前条第1款的准备金、第4款的创造就业等的储备金以及第5款的教育转结金"置换为"本法第一百二十一条第2款中准用的本法第七十六条第1款的准备金";第2款中的"按劳"置换为"按利用比例"。

第一百二十二条　解散的事由

1. 联合会因下列事由而解散:

(1)全体大会的决议;

(2)联合会的合并(仅限因合并导致该联合会不存在的情况);

(3)联合会的破产宣告;

(4)根据章程规定组合的存续期间届满或发生解散的事由;

(5)根据本法第一百二十七条第3款规定的解散命令;

(6)没有会员的情况。

2. 除前款规定外,联合会的会员只有1人,且从不满1人之日起6个月内,会员人数未达到2个或更多,则联合会经过该6个月后解散。

3. 联合会除本法第1款第(2)项、第(3)项和第(5)项所列以外的事由解散时,必须在解散之日的两周内通知行政厅。

第一百二十三条　解散、清算和合并

联合会的解散、清算和合并准用本法第八十一条至第九十四条的规定。

第四章　杂　　则

第一百二十四条　决算相关文件的提出

1. 联合会必须在每个业务年度的普通全体大会结束后的两周内,将记载业务年度的借贷对照表、损益计算书、盈余金的处理计划和损失处理方法的书面材料、业务报告书及这些文件的附属明细书向行政厅提出。

2. 前款文件的记载事项和其他必要事项，以厚生劳动省令的规定为准。

第一百二十五条　报告的征收

行政厅为了监督组合或联合会是否遵守法令、行政厅基于法令规定的处分、章程、规章，可以命令该组合或联合会提出必要的报告。

第一百二十六条　检查等

1. 行政厅认为组合或联合会的业务、会计有违反法令、行政厅基于法令规定的处分、章程、规章的嫌疑，抑或是组合、联合会的运营有明显不当的嫌疑时，可以检查该组合或联合会的业务或会计情况。

2. 根据前款规定进行检查的职员必须携带身份证件，在相关人员提出要求时出示其证件。

3. 根据本条第 1 款的规定进行检查的权限，不能解释为刑事调查的权限。

第一百二十七条　对违反法令等的处分

1. 行政厅在根据本法第一百二十五条的规定要求组合、联合会提出报告，以及进行前条第 1 款的检查时，认为组合或联合会的业务、会计有违反法令、行政厅基于法令规定的处分、章程、规章的嫌疑，抑或是其运营有明显不当的嫌疑时，可以命令该组合或联合会在期限内采取必要措施。

2. 组合或联合会不服从前款的命令时，行政厅可以命令该组合或联合会在期限内暂停全部或部分业务，并改选干部。

3. 行政厅认为组合或联合会违反本条第 1 款的命令，或没有正当理由从其成立之日起一年内没有开展业务，或连续一年以上停止其业务时，可命令该组合或联合会解散。

4. 在组合或联合会缺少代表人或无法知悉其下落时，行政厅可以在官方公告中发布其要旨，而不必根据前款的规定发出命令。

5. 前款规定的情况，从该命令在官方公告中发布之日起 20 天后生效。

第一百二十八条　意见听取

当行政厅怀疑组合属于本法第三条第 6 款各项，或组合的干部或清算人属于本法第三十五条第(5)项[第九十四条第 2 款(包括第一百二十三条中准用的情况)和包括第一百一十八条第 1 款中准用的情况，下条相同]的情况时，可将其理由附上，行政厅(级别)是厚生劳动大臣时，应当听取警察厅长官的意见；行政厅(级别)为都道府县的知事时，应当听取警察总监或都道府县的警察总部部长(下条统称警察厅长官或警察本部部长)的意见。

第一百二十九条 对行政厅的意见

当行政厅有足够理由怀疑组合属于本法第三条第6款各项的情况,或组合的干部或清算人属于本法第三十五条第(5)项的情况时,行政厅认为有必要对该组合或联合会采取适当措施的,警察厅长官或警察本部部长可以对此发表意见。

第一百三十条 方针

1. 厚生劳动大臣应制定必要的指导方针,以促进组合和联合会的正当运营。

2. 厚生劳动大臣决定前款的方针或对其进行变更时,必须与相关行政机构的负责人进行事先协商,并听取劳动政策审议会的意见。

3. 厚生劳动大臣决定前款的方针或对其进行变更时,必须立即将其公开。

第一百三十一条 厚生劳动省令的委任

除本法规定的外,依照本法实施的申告手续或本法实施所必需的其他事项,根据厚生劳动省令规定执行。

第一百三十二条 所辖行政厅

本法中所指的"行政厅",除本法第九十条第1款(包括第一百二十三条准用的情况),组合为管辖其主要事务所所在地的都道府县的知事,联合会则为厚生劳动大臣。

第五章 罚 则

第一百三十三条

符合下列任一情况者,将被处以30万日元以下的罚金:

(1)违反本法第二十九条第6款(包括第一百一十一条第2款中准用的情况)中准用的《公司法》第九百五十五条第1款的规定,没有在该款[①]规定的调查记录簿(等资料)中记载或记录与该款电子公告调查相关的法务省规定的内容,或进行虚假的记载(记录),或没有保存调查记录报告簿的人;

(2)没有根据本法第一百二十五条的规定报告或虚假报告的人;

(3)拒绝、阻碍或避开根据本法第一百二十六条第1款规定进行检查的人;

(4)违反本法第一百二十七条第1款或第2款规定的命令的人。

第一百三十四条

法人的代表人、法人或个人的代理人、使用人及其他从业人员,在执行该法人或个人的业务时违反前条规定的,除处罚行为者外,还对该法人或个人科以同条的罚金。

---

① 此处指《公司法》第九百五十五条第1款。——译者注

第一百三十五条

符合下列情况之一者,对其处以 100 万日元以下的罚金:

(1)违反本法第二十九条第 6 款(包括本法第一百一十一条第 2 款中准用的情况)中准用的《公司法》第九百四十六条第 3 款的规定,没有报告或作虚假报告的人;

(2)没有正当理由拒绝本法第二十九条第 6 款(包括本法第一百一十一条第 2 款中准用的情况)中准用的《公司法》第九百五十一条第 2 款各项和第九百五十五条第 2 款各项所列请求的人。

第一百三十六条

1. 符合下列情况之一者,对其组合或联合会的发起人、干部、清算人处以 20 万日元以下的罚金:

(1)违反本法第五条第 1 款、第九十八条第 1 款的规定,没有及时登记;

(2)实行了本法第七条第 2 款的政令所规定的业务;

(3)违反本法第十条(包括第一百零二条中准用的情况)的规定,第三十一条第 1 款(包括根据该条第 3 款规定进行术语置换的情况)或者第 2 款(包括这些规定在第一百一十三条中准用的情况)的规定,第五十一条第 1 款(包括第一百一十八条第 2 款中准用的情况)的规定,第五十一条第 2 款或第 10 款[包括这些规定在第九十四条第 2 款(包括第一百二十三条中准用的情况)或第一百一十八条第 2 款中准用的情况]的规定,第五十一条第 11 款(包含第一百一十八条第 2 款中准用的情况)的规定,第五十一条第 12 款[包括第九十四条第 2 款(包括第一百二十三条中准用的情况)或第一百一十八条第 2 款中准用的情况]的规定,第七十二条(包括第一百二十条中准用的情况)的规定,第八十六条第 1 款和第 2 款,第八十七条第 1 款、第 2 款及第 8 款至第 10 款,第八十八条第 1 款及第 2 款,第八十九条第 6 款至第 8 款(包括这些规定在第一百二十三条中准用的情况)的规定,没有存放书面材料或电磁的记录、没有在书面材料或电磁的记录中记载或记录应当记载或记录的事项,或没有正当理由的情况下,拒绝根据厚生劳动省令的规定提出的对记录事项进行查阅、誊写的请求或拒绝提供书面材料的誊本或抄本,拒绝提供以电磁的方法交付的电磁记录中记录的事项或拒绝交付记载其事项的书面材料;

(4)违反本法第十五条第 2 款(包括第一百零六条第 2 款中准用的情况)的规定和第五十三条第 5 款及第 6 款(包括这些规定中第一百十八条第 2 款中准用的情况)的规定;

(5)违反本法第二十三条第 7 款的规定,第四十一条第 1 款[包括第九十四条第 2 款(包括第一百二十三条中准用的情况)和第一百一十八条第 1 款中准用的情况]的规定,第六十九条第 1 款(包括第一百一十九条第 5 款中准用的情况)的规定,第九十四条第 1 款(包括第一百二十三条中准用的情况)中准用的《公司法》第四百九十二条第 1 款的规定及第一百零九条第 3 款的规定,没有编制记事簿、财产目录、借贷对照表,或没有在这些书面材料或电磁记录中记载或记录应该记录(记载)的事项,或进行虚假的记载或记录;

(6)没有根据本法第二十七条(包括第一百一十条中准用的情况)的规定、第三十三条(包括第一百一十八条第 1 款中准用的情况)的规定、第六十三条第 3 款(包括第一百一十九条第 5 款中准用的情况)的规定、第八十条第 3 款的规定、第八十二条第 3 款的规定、第九十一条(包括这些规定在第一百二十三条中准用的情况)的规定及第一百二十二条第 3 款的规定进行申报,或进行虚假申报;

(7)违反本法第二十九条第 6 款(包括第一百十一条第 2 款中准用的情况)中准用的《公司法》第九百四十一条的规定,没有要求进行该第九百四十一条规定的调查时;

(8)违反本法第三十二条第 5 款[包括第八十九条第 5 款(包括第一百二十三条中准用的情况)中准用的情况]的规定,没有选举符合第三十二条第 5 款规定的人员为监事;

(9)违反本法第三十二条第 6 款(包括第一百一十八条第 1 款中准用的情况)的规定;

(10)在根据本法第三十八条第 3 款(包括第一百一十八条第 1 款中准用的情况)中准用的《公司法》第三百四十三条第 2 款的规定提出了请求的情况下,没有将请求的有关事项作为全体大会的目的,或者未将与请求有关的议案提交给全体大会;

(11)违反本法第三十八条第 3 款(包括第一百一十八条第 1 款中准用的情况)中准用的《公司法》第三百八十一条第 2 款的规定及第三百八十四条的规定;第九十四条第 1 款(包括第一百二十三条中准用的情况)准用的该法第四百九十二条第 1 款的规定;第九十四条第 2 款(包括第一百二十三条中准用的情况)准用的该法第三百八十一条第 2 款的规定及第三百八十四条的规定,阻碍调查;

(12)违反本法第四十一条第 5 款[第九十四条第 2 款(包括第一百二十三条中准用的情况)及第一百一十八条第 1 款中准用的情况]的规定、第五十二条第 3 款(第一百一十八条第 2 款中准用的情况)的规定及第六十九条第 4 款(第一百一十九条第 5 款中准用的情况)的规定,在没有正当理由的情况下,拒绝根据厚生劳动省令的规定提出的对书面材料或电磁记录中记录事项进行查阅、誊写的请求;

(13)违反本法第四十三条[第九十四条第 2 款(包括第一百二十三条中准用的情况)的规定及第一百一十八条第 1 款中准用的情况]的规定;

(14)违反本法第四十四条第1款的规定、第四十五条第6款[包括这些规定中第九十四条第2款(包括第一百二十三条中准用的情况)及第一百一十八条第1款中准用的情况]的规定,没有及时进行公开;

(15)违反本法第四十四条第3款[第九十四条第2款(包括第一百二十三条中准用的情况)及第一百一十八条第1款中准用的情况]的规定,没有向理事会报告,或作出虚假报告;

(16)违反本法第五十八条及第一百一十九条第1款的规定;

(17)违反本法第六十六条的规定,没有向全体大会报告,或作出虚假报告;

(18)违反本法第七十二条第1款的规定、第七十三条第5款(包括这些规定中第一百二十条中准用的情况)的规定,减少入股的每股股金的金额,或违反第八十六条第5款、第八十七条第7款、第八十八条第5款(包括这些规定中第一百二十三条中准用的情况)中准用的第七十三条第5款的规定进行合并;

(19)没有根据本法第七十三条第2款[第八十六条第5款、第八十七条第7款、第八十八条第5款(包括这些规定中第一百二十三条中准用的情况)和第一百二十条中准用的情况]的规定、第九十四条第1款(包括第一百二十三条中准用的情况)中准用的《公司法》第四百九十九条第1款的规定及时进行公告,或进行了虚假公告;

(20)违反本法第七十六条第1款至第3款(包括这些规定在第一百二十一条第2款中准用的情况)的规定、第七十六条第4款或第5款的规定、第七十七条[第一百二十一条第(2)项中准用的情况]的规定;

(21)违反本法第七十九条(包括第一百二十一条第2款中准用的情况)的规定,取得组合员或会员的持股,或以质押为目的而收取;

(22)违反本法第九十四条第1款(包括第一百二十三条中准用的情况)中准用的《公司法》第四百八十四条第1款的规定,没有及时进行破产手续开始的申告;

(23)以延迟完成清算为目的,不合理地规定了本法第九十四条第1款(包括第一百二十三条中准用的情况)中准用的《公司法》第四百九十九条第1款的期间;

(24)违反本法第九十四条第1款(包括第一百二十三条中准用的情况)中准用的《公司法》第五百条第1款的规定,对债务进行了偿还;

(25)违反本法第九十四条第1款(包括第一百二十三条中准用的情况)中准用的《公司法》第五百零二条的规定,对组合或联合会的财产进行了分配;

(26)开展了本法第一百条规定的业务以外的业务;

(27)违反本法第一百二十四条第1款的规定,没有提出书面材料,或提出虚假书面材料。

2.《公司法》第九百七十六条中规定的人员,违反本法第三十八条第3款(包括第一百一十八条第1款中准用的情况)中准用的该法第三百八十一条第3款的规定妨碍调查时,科以前款惩罚。

第一百三十七条

符合下列情况之一者,对其处10万日元以下的罚金:

(1)违反本法第四条第2款的规定,在其名称中使用了可能被误认为是劳动者协同组合的文字;

(2)违反本法第四条第3款的规定,使用了可能被误认为其他组合的名称;

(3)违反本法第九十七条第2款的规定,在其名称中使用了可能被误认为是劳动者协同组合联合会的文字。

附　则

第一条　施行日期

本法于公布之日起两年内,自政令规定的日期开始施行。但是,下一条和附则第三十三条的规定自公布之日起生效。

(附则下文第二条至第三十四条略)

《经济法论丛》稿约

《经济法论丛》(Economic Law Review,ELR)(CSSSI 来源集刊)是由著名经济法学家漆多俊教授创办的专业性法学出版物,自 1998 年创办迄今已连续出版 37 卷,现任执行主编王红霞。《经济法论丛》主要收录经济法学理论与实践前沿原创研究成果,设有经济法基础理论、市场规制法、宏观调控法、国家投资经营法等常规栏目,以及热点专题、域外法动态等。

1. 本论丛热忱欢迎海内外研究者和实践工作者惠寄有关经济法的专论、评论、立法研究、成案研究、域外法与比较法研究及资料动态(包括译文)、书评等。

2. 来稿以 1 万 ~2 万字为宜,请使用 Word 文档编辑,详细格式体例参见微信公众号。编辑部对来稿统一登记分发,请以电子邮件附件形式发送至编辑部投稿专用邮箱,勿寄给编辑或主编个人,以免贻误。投稿邮件正文应附有文章题目、摘要、作者基本资料(姓名、单位及职务、职称、学位、通信地址、邮编、联系电话)。

3. 本论丛坚持文以质取,实行双向匿名审稿,三审定稿。请勿一稿多投。编辑部将于收到稿件 1 个月内将审稿结果及时反馈作者。对于采用的稿件,本论丛在尊重作者原意的前提下,可对稿件进行技术处理。

4. 为适应我国信息化建设的需要,扩大作者学术交流渠道,本论丛已加入《中国学术期刊(光盘版)》、《中国期刊网》全文数据库、中国数字化期刊群万方数据库、中国核心期刊(遴选)数据库及北大法宝数据库等。投稿视为同意上述授权。

5. 本论丛不收取任何审稿费、版面费等费用。因经费所限,亦不另付各类稿酬。稿件出版后将寄赠作者当期样书。

投稿专用邮箱:elr1998@163.com

联系电话:0731-88660273

通信地址:湖南长沙麓山南路 605 号中南大学南校区法学院 302 室

邮政编码:410012

微信公众号:经济法论丛(Economic Law Review)

《经济法论丛》编辑部

2021 年 3 月 1 日

图书在版编目(CIP)数据

经济法论丛. 2021年. 第1卷：总第37卷 / 王红霞执行主编. -- 北京：法律出版社，2021
ISBN 978-7-5197-5714-4

Ⅰ. ①经… Ⅱ. ①王… Ⅲ. ①经济法－中国－文集 Ⅳ. ①D922.290.4-53

中国版本图书馆CIP数据核字(2021)第119727号

经济法论丛 2021年第1卷(总第37卷)
JINGJIFA LUNCONG 2021 NIAN DI-1 JUAN (ZONG DI-37 JUAN)

漆多俊 名誉主编
王红霞 执行主编

策划编辑 沈小英
责任编辑 沈小英 毛镜澄
装帧设计 李 瞻

出版发行 法律出版社
编辑统筹 法治与经济出版分社
责任校对 周合芝
责任印制 吕亚莉
经　　销 新华书店

开本 710毫米×1000毫米 1/16
印张 17.75 **字数** 336千
版本 2021年6月第1版
印次 2021年6月第1次印刷
印刷 中煤(北京)印务有限公司

地址：北京市丰台区莲花池西里7号(100073)
网址：www.lawpress.com.cn
投稿邮箱：info@lawpress.com.cn
举报盗版邮箱：jbwq@lawpress.com.cn

销售电话：010-83938349
客服电话：010-83938350
咨询电话：010-63939796

书号：ISBN 978-7-5197-5714-4
定价：110.00元
凡购买本社图书，如有印装错误，我社负责退换。电话：010-83938349